投資信託の世界

杉田浩治［著］

一般社団法人金融財政事情研究会

まえがき

日本では投資信託は人気のない商品である。「損をさせられた」「高い手数料をとられた」「買った後は業者から何も言ってこない」などなどの声がしばしば聞かれる。

アメリカでは投資信託は人気のある商品である。一般家庭１００軒中43軒は投資信託をもっている。１人当り投資信託保有額は７６６万円に達し日本の９倍である。そして退職に備える資産形成の中核を占めている。

この日米の違いは何から来るのか。

実は、このような差がついたのは１９９０年代からである。１９８０年代半ばの投資信託の世帯保有率は日本・アメリカとも十数パーセントでほぼ同じであった。しかし１９９０年初の株価を１００とすると２０１７年末にアメリカ株は７５８に値上りし、日本株は63に値下りした。この状況のなかでアメリカの投資家は成功体験を積み重ね、日本の投資家は失敗体験を繰り返した。７５８対63の違いは大きい。

要は日本の投資環境があまりにも悪過ぎたのである。

しかし、２０１２年頃から状況は変わった。

政府・日本銀行によるデフレ脱却努力が本格化し、２０１２年初から２０１７年末までに日本株は約2・5倍に値上りし、日本の投資信託残高も1・9倍に増加している。「貯蓄から資産形成へ」のスローガンのもと、「NISA」の創設（2014年）、個人型確定拠出年金「iDeCo（イデコ）」の拡充（2017年）など投資促進策も充実している。批判の強かった投資信託の販売姿勢も「顧客本位の業務運営」のもと改善しつつある。

そして何よりも、株価のベースとなる「企業の稼ぐ力」を高めるため導入された「コーポレートガバナンス・コード」や、機関投資家の「スチュワードシップ・コード」の普及が進み、日本株の基本価値が高まっている。

日本の投資信託が個人の資産形成手段としての役割を果たす環境は整いつつあるといえよう。こうした状況をふまえ、本書は投資信託の販売担当者、投資家、メディア関係者、学生、研究者など幅広い方々を対象に、グローバルな観点から投資信託を再認識していただくために編んだものである。

「そもそも投資信託とは何か」から始めて、制度・商品・販売・運用・税制などさまざまな角度から世界と日本の投資信託の現況を分析し、今後の方向を展望しようと試みた。公募の証券投資信託を中心として記述しており、10章にわたっているが読者がご関心のある箇所だけを拾い読みしてもご理解いただけるよう努めた。なお、本書中の事実認識・意見等はすべて筆者の私見である。

２０１８年は、１８６８年（明治元年）にロンドンで世界初の投資信託「フォーリン・アンド・コロニアル・ガバメント・トラスト」が誕生してから１５０年目に当たる。この間、世界の投資信託は紆余曲折を経ながら発展し、残高は５０００兆円を超えるに至っている。

本書が投資信託についてのご理解を深めていただくことに少しでもお役に立てば幸いである。なお、本書の出版にあたってはたくさんの方々にお世話になった。

執筆のきっかけをつくってくださった投資信託協会・前副会長の大久保良夫氏、作業を温かく見守ってくださった日本証券経済研究所の増井喜一郎理事長、大前忠常務理事、安田賢治前事務局長をはじめとするスタッフの方々、以前から種々のデータ提供・助言をいただいていた投資信託協会の仁木清一前事務局長、竹腰雄一郎事務局次長、土谷敦企画政策部次長および同協会の皆々様には特にお世話になった。また、私が野村アセットマネジメント勤務時代から師と仰いでいる田村威氏には、長い間アドバイス等をいただいてきた。皆様に深く感謝申し上げる。

そして、何よりも本書の出版計画時から作業全体を通じて的確なご指示・ご助言をいただいた株式会社きんざい出版部の堀内駿氏に厚く御礼申し上げたい。

２０１８年10月

杉田　浩治

目　次

第1章　投資信託とは何か

第2章　リスクとリターン

第3章　投資信託の歴史（世界と日本）

第4章　投資家保護はどのように行われるか（日本と世界）

第5章 商　品

第6章　販　売

第7章　資産運用

第8章　分配と税制

第9章 ディスクロージャー（情報開示）

第10章　これからの投資信託

第1章

投資信託とは何か

本章では、投資信託の仕組み、社会的役割、日本の投資信託の運営方法、投資家からみたメリット・デメリット、銀行預金や直接証券投資およびヘッジファンドとの違いを述べる。

1 共同投資により、分散投資と専門家運用を実現する（投資信託の仕組み）

投資信託は、多数の投資家の資金を集めて大きな基金（「ファンド」と呼ばれる）をつくり、それによって小口資金ではできない、①分散投資、②投資の専門家による資産運用を可能とする仕組みである。国際的にはＣＩＳ（“Collective Investment Schemes”、日本語に訳せば「集団投資スキーム」）と呼ばれる。

投資対象は多様であり、国内株式・国内債券のほか、先進国株式・新興国株式、先進国の国債や社債・新興国の国債や社債、不動産、そして先物・オプションなどデリバティブ取引、商品取引等にまで広がっている。これらの資産は、個人では投資が困難で、また少額資金ではコスト高になるものが多い。

資産運用会社は、こうした多様な資産を活用して、種々の投資目的に沿った個別資産ファンド

図表1－1　投資信託の仕組み

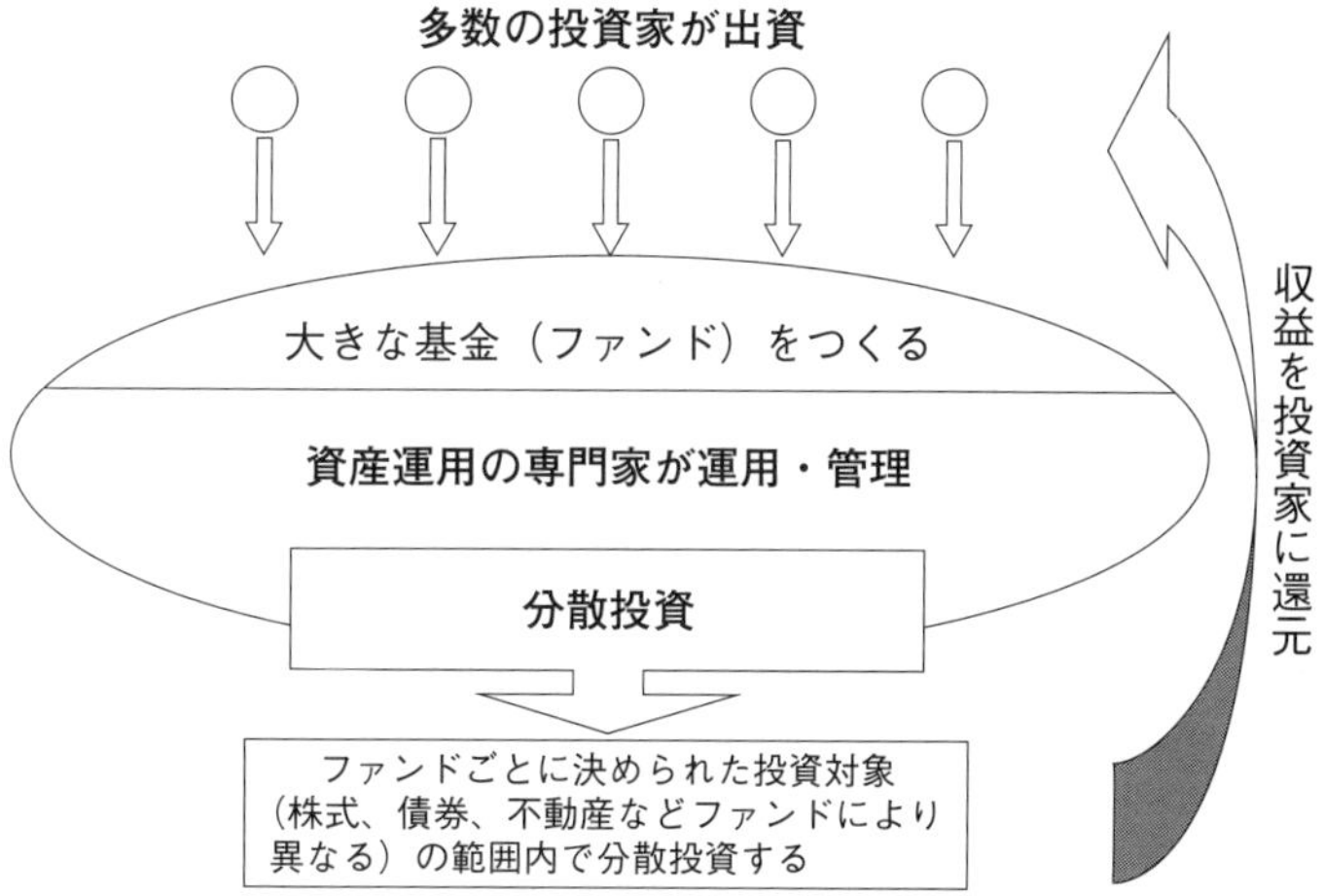

（出所）　筆者作成

（たとえば、国内株式ファンド、新興国債券ファンド）や、多資産配分ファンド（たとえば、内外の株式・債券・不動産に分散投資するファンド）を提供している。

そして、資産運用の要である「分散」については、集中投資型株式ファンドの場合でも数十社の株式に投資している。

2 投資を代行する、企業価値の向上に貢献する（投資信託の社会的役割）

以上のように投資信託は、①個人ではむずかしい「投資対象の拡大」を実現するとともに、②分散投資により、「リスク（収益の不安定性）・リターン（収益の大きさ）のトレードオフの改善に寄与」している。②を言い換えれば「リスクを抑えればリターンを犠牲にしなければならず、リターンを追求すればリスクが高まるという二律背反（トレードオフ）の問題」を、値動きの異なる資産・銘柄の組合せ（ポートフォリオ）投資により、たとえば、「同じリスクでリターンを高める」「同じリターンならリスクを小さくする」よう改善することである。

したがって、投資信託の第一の役割は、幅広い投資家のための投資代行機能の提供にある。特に、投資のグローバル化が進展するなかで個人ではむずかしい外国投資を容易にする役割は大きい。また、ファンドから支払われる分配金の自動再投資（複利運用）や、少額からの積立投資など、利便性も高めている。

第二に、資産運用会社が機関投資家として上場企業経営陣との対話を重ねることにより、企業のガバナンス（運営統治）の改善を図り、企業価値を高めるという役割も最近特に注目されている。日本では2014年2月に、金融庁に設置された有識者会議が「責任ある機関投資家の諸原則」（機関投資家が保有株式の議決権などの株主権を適切に行使し、企業経営陣との対話を深めることなどを定めた7原則であり、日本版「スチュワードシップ・コード」とも呼ばれる）を制定した。大多数の投資信託運用会社がその受入れを表明し、7原則に沿って行動している。

そして第三に、第一の役割の延長線上にあるテーマとして、世界的に高齢化が進むなかで個人の「退職に備える資産形成」および「退職後の資産運用」に貢献することも投資信託の今日的役割として期待されている。この点については第10章「これからの投資信託」において詳述する。

3 専門会社が役割分担（運営方法）

日本の投資信託は、信託契約（資産の運用を指図する投資信託委託会社を委託者、資産を保管・管理する信託銀行を受託者、投資家を受益者（運用成果の受領者）とする信託契約）に基づいて運営されている。この仕組みは「契約型投資信託」と呼ばれる（海外では株式会社に近いかたちで運営される「会社型投資信託」も多い。詳細は後述する）。

そして、投資信託の販売は、一般的に証券会社や銀行など幅広い金融機関を通じて行われている。

以上の当事者の関係と資金の流れを図示したものが図表1－2であり、各当事者の役割は次のとおりである。

・販売会社……投資家からの購入・換金申込みの受付、投資家への情報提供、投資家口座の管理、分配金・償還金の支払（税の源泉徴収など税手続を含む）、運用報告書など各種書類の送付、

図表1－2　投資信託の当事者関係と資金の流れ

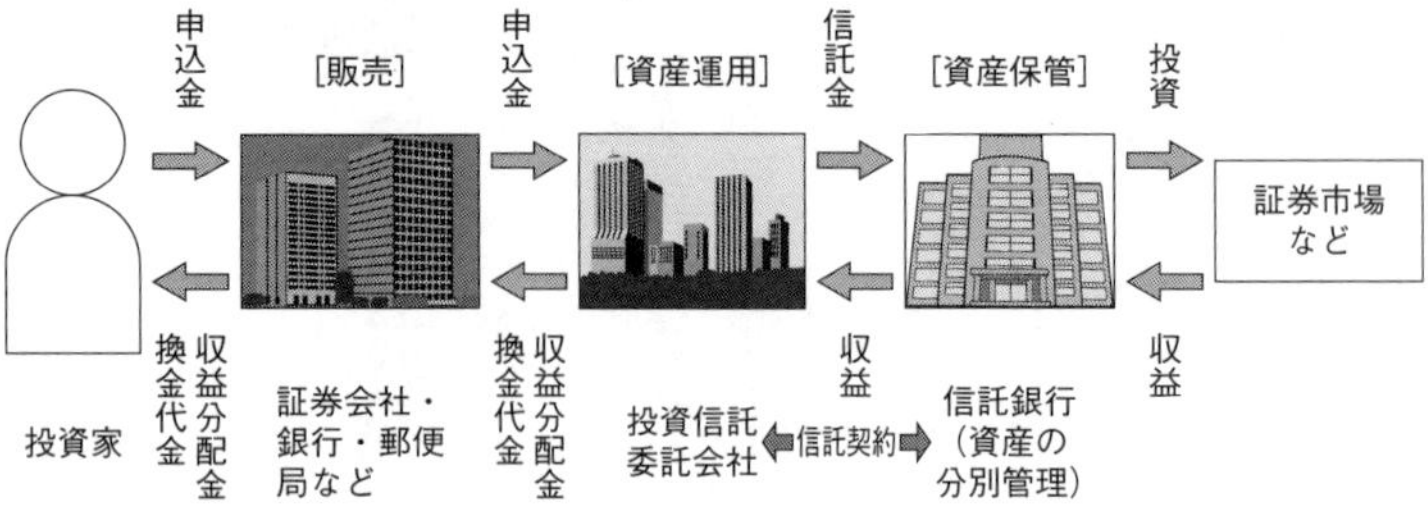

（出所）　筆者作成

ファンドの総収益（トータルリターン）の定期的通知等。

・投資信託委託会社……ファンド資産の運用（組入株式の議決権行使等を含む、いずれも信託銀行へ指図）とそれに伴う調査、説明書（目論見書《もくろみしょ》）・運用報告書の作成、法定帳簿等の作成、毎営業日のファンド時価算出等。

・信託銀行……ファンド資産の保管・管理、投資信託委託会社からの指図の実行等。

なお、販売については、投資信託委託会社が直接販売することもあり、その場合は図表1－2の［販売］に当たる機関は省略される。

また、信託銀行による資産の保管・管理については、信託法に基づき自行財産とは分別して信託財産として管理するため、万一、信託銀行が破綻しても信託銀行の債権者による差押え・強制執行の対象にならない（「倒産隔離機能」が働く）仕組みになっている。もちろん、販売会社や投資信託委託会社が破綻しても、これらの会社は信託財産を保管しているわけではないので、投資信託財産に基本的に影響はない。このように「どの運営当事者が破綻しても投資信託財産は守られる」ことが投資信託の1つの特徴である。

4 規模の効果を得られる一方、コストがかかる（メリットとデメリット）

投資家からみた投資信託の**メリット**は次のとおりである。

① 共同投資により**規模の効果を得られる**……具体的には、個人の少額資金でも、(i)多数の銘柄に分散投資ができる（ちなみに、日経平均株価指数採用225銘柄を100株ずつ買うには2018年8月末現在で約6000万円の資金が必要である）、(ii)専門家に運用を委託することができる、(iii)株式売買委託手数料など証券の売買コストを低減できる等である

② 投資信託委託会社がファンド資産を毎営業日に時価評価して「基準価額」として公表するので、**いつでも時価がわかる（高い透明性）**

③ **いつでも換金請求できる（高い流動性）**……換金代金の受取日はファンドによって異なり、一般的に国内証券に投資するファンドは換金請求日から起算して4～5営業日目、外国証券に

投資するファンドは換金請求日から起算して4～7営業日目である

④ **分配金の自動再投資や少額積立が可能**など、利便性が高い

⑤ 前述のとおり信託契約に基づく**倒産隔離機能が働く**

一方、投資家からみた投資信託の**デメリット**は、投資家が自ら投資対象を選んで投資を実行する場合に比べ**コストがかかる**ことである。

コストとしては、①購入時に販売会社に支払う購入手数料、②ファンド資産から毎日差し引かれる運用管理費用（投資信託委託会社・販売会社・信託銀行の役務に対する報酬であり、「信託報酬」と呼ばれる）、③換金時に換金価格から差し引かれる信託財産留保額（換金代金支払のためファンド資産を売却する際にかかるコスト負担分）がある。

これらのコストは、ファンドにより、また購入方法により異なる。①の購入手数料と③の信託財産留保額はゼロのファンドもある。

概していえば、債券に投資するファンドより株式に投資するファンドのほうが高く、国内投資ファンドより外国投資ファンドのほうが高い。その理由は、投資家への説明に要する手間や、資産運用にあたっての調査・運用コストが異なることにある。またインターネット経由や後述の確定拠出年金口座を通じて購入する場合には低コストですむ。

コストの水準について国内株式に投資するファンドの例でいえば、①の購入手数料が購入額の

0～4％（平均2・27％）、②の信託報酬が年率0・06～2・15％（平均1・05％）（①②とも投資信託協会による2018年3月末現在集計値）、③の信託財産留保額が換金額の0・2～0・3％程度である。

なお、信託報酬はファンドの時価評価額に対して計算するのが基本であるので、「時価が上がれば（＝投資家の保有資産が増えれば）業者の信託報酬額も増える関係」、言い換えれば「**投資家と業者がウィンウィンの関係**」になっている。

5 元利保証はない（銀行預金との違い）

図表1－3の下段に示すとおり、銀行が金融（資金の出し手から取り手へのお金の融通）を仲介する間接金融にあっては、貸出先の破綻等のリスクを銀行が負うので、資金の出し手（預金者）は元本とあらかじめ約束された利子の受取りを保証されている。これに対し、企業等が発行する債券や株式への投資（投資信託もその一形態であり、直接金融と呼ばれる）にあってはリスクを投資者が負うので、元本や一定収益の保証はない。

そのかわり、銀行預金の利子率（銀行が貸出収益等の一部を預金者に支払う利率）に比べ債券の

図表１－３　銀行預金（間接金融）と投資信託（直接金融）の違い

［お金の流れ］

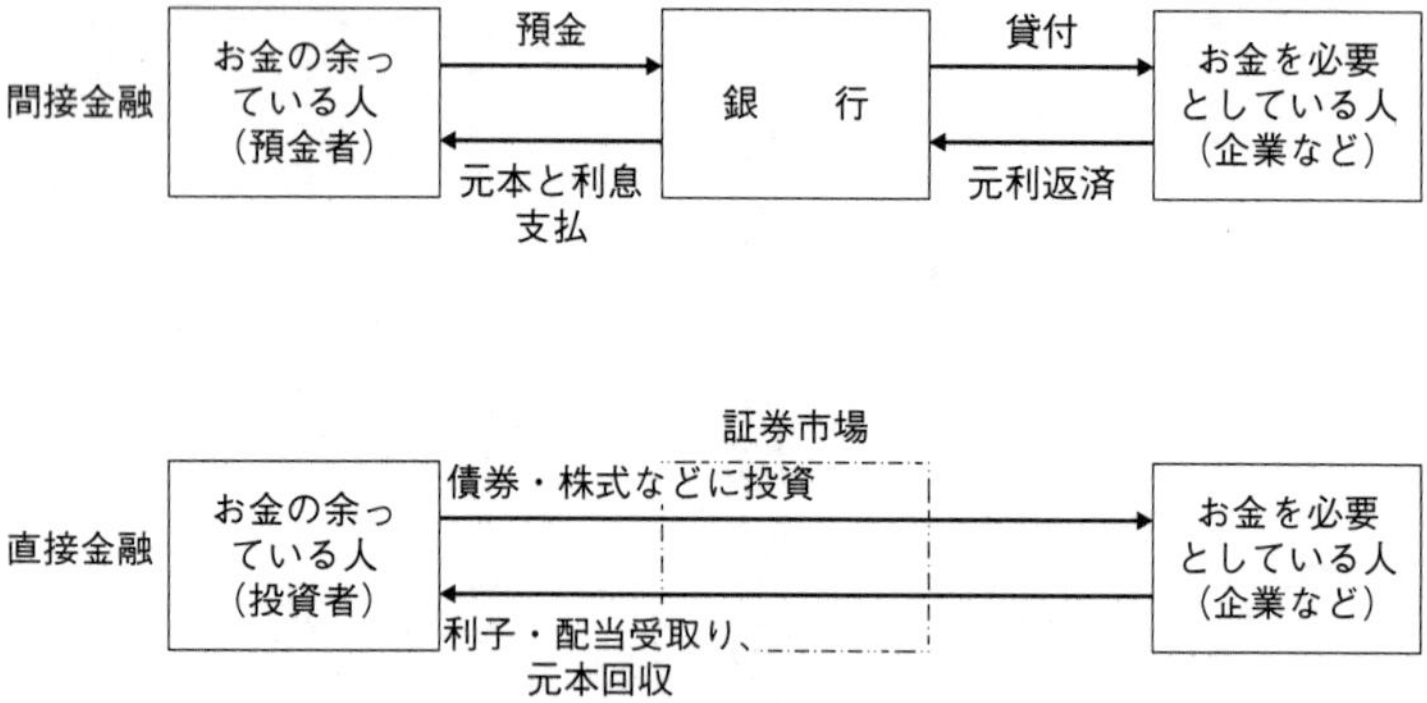

［リスク・リターンの関係］

	間接金融（預金）	直接金融（投資）
リスク	銀行が負担	投資者が負担
リターン	あらかじめ約束された利子率のみ	債券はあらかじめ約束された利子率のみ（預金より高い） 株式は配当と値上り益期待 （ただし、いずれも不確定）

（出所）　筆者作成

利子率は高く、また株式のトータルリターン（配当金と値動きの合計）は長期の平均でみれば債券よりも高い。したがって、債券や株式に投資する投資信託は、銀行預金に比べリスクがある一方で、平均リターンは銀行預金より高くなると期待される。

6 お任せ運用である（直接証券投資との違い）

株式や債券など証券への投資は、投資信託を通じないで個人が直接行うことも可能である。直接投資と投資信託への投資との違いをまとめると、図表1－4のようになる。

要約すれば、自分で時間とコストをかけて調査・分析したうえで個別銘柄に直接投資するか、信託報酬を支払って分散投資・専門家に一任するかの違いである。

合理性を重視することで知られるアメリカのベビーブーマー（団塊の世代）は、「みんなで投資することにより分散投資と専門家運用を可能とする仕組み」に魅力を感じて投資信託を利用しているといわれる。

また、アメリカでは「資産運用にあたって重要であるのは（言い換えれば収益に大きな影響を与えるのは）株式・債券・現金などへの資産配分比率の決定であり、個別銘柄の選択ではない」と

図表1－4　直接投資と投資信託を通じる投資の違い

	直接投資	投資信託
投資対象（銘柄）選択	投資者自ら行う（調査・分析が必要、多数銘柄への投資は困難）	専門家に任せる（数十銘柄以上に分散投資）
売買タイミング選択	投資者自ら行う（調査・分析が必要、多数銘柄への投資は困難）	専門家に任せる
株式の配当金、債券の利金・償還金の管理・運用	投資者自ら行う（手間がかかるうえ、少額では再投資は困難）	ファンド内で行われる（無駄なく再投資が行われる）
株式売買手数料	個人の少額売買では高くつく	大資金運用であるので安い
ファンド購入手数料	不要	必要（インデックスファンドなどでゼロ、ネット取引でゼロの場合もある）
信託報酬	不要	必要

（出所）　筆者作成

いう認識が広まっている。

その結果、投資家の資産を預かるファイナンシャル・アドバイザーは、顧客資産のなかに個別株式を組み込む割合を減らして投資信託に置き換える傾向にある（アメリカでは株式を投資家が直接保有する割合が1960年代央の84％から2011年には40％に減少し（注）、投資信託などを通じる間接保有割合が60％に高まっている）。

7 資金借入れなし、換金自由（ヘッジファンドとの違い）

1990年代から2010年頃まで、世界でヘッジファンドの急成長が話題を呼んでいた（その後は伸びが鈍っている）。そのヘッジファンドは主に法人・年金基金などプロの投資家を対象にした商品であり、一般の投資信託との違いをまとめると図表1−5のとおりである。

ヘッジファンドの運用者は、投資家から集めた資金に加え銀行借入れなども行って積極的に収益を追求する（たとえば、投資家資金の2倍の資金を借り入れて運用資金を3倍に増やして3倍の投資効率――レバレッジ（てこ作用）効果――を得る）などにより、成功報酬を獲得しようとする。そして、資本市場のゆがみ（割安な投資対象の存在）をとらえて素早く行動し、他者に手の内を明かさないことを身上とするだけに、運用内容の詳細は開示（ディスクローズ）しない。また資金の安定性を確保するため投資家からの換金請求を制限するなどの特徴がある。

これに対し、一般の投資信託は原則として資金借入れを行わない（レバレッジ効果は上げにも下げにも働くので、値動きが激しくなることを避ける）、分散投資を徹底する、運用内容の詳細な情報開示を行う、いつでも投資家の換金請求に応じファンドの純資産価値（基準価額）により資金を返還する仕組みになっている。

図表1－5　ヘッジファンドと投資信託の違い

	ヘッジファンド	投資信託
投資家	機関投資家、法人、富裕層が中心	一般個人中心
最低投資金額	通常、数千万円以上	通常、1万円程度から
運用目標	株式・債券など伝統的資産の収益と異なる収益を追求	投資対象とする株式・債券市場の収益に連動またはプラスαの収益を追求
投資対象	先物・オプションなどデリバティブを多用	一般の株式（現物）・債券が中心
資産運用方法	資金借入れ等によるレバレッジ（てこ作用）を用いる、集中投資も行う	資金借入れ等は原則行わない、分散投資
換金性	換金請求の受付を3カ月に1度などに制限	いつでも換金請求可能
情報開示（ディスクロージャー）	運用内容等の開示は一般には行われない	説明書（目論見書）、運用報告書および運用会社ホームページに詳しく開示
運用者の報酬	年間報酬に加え、高い成功報酬（収益の20％など）が支払われる	運用資産時価に対する定率報酬が基本

（出所）　筆者作成

なお、２０１７年末における世界のヘッジファンド残高は３兆２０００億ドル程度と推定され、一般の公募証券投資信託の44兆９０００億ドルの14分の１程度である。

（注）OECD "Common Ownership by Institutional Investors and its Impact on Competition" Background Note by the Secretariat, 5-6 December 2017, p11.

第2章

リスクとリターン

本章においては、投資信託のリスク（収益の不安定性）とリターン（収益の大きさ）の説明に入る前に、まずリスクとは何か、金融商品のリスクとリターンの関係、リスクの種類と程度、リターンの過去実績などをおさらいし、それに基づいて投資信託のリスクとリターンを解説する。

1 リスクの語源は「勇気をもって試みる」（リスクとは何か）

(1)「勇気をもって試みる」（リスクの語源）

「リスク」という言葉の語源について、アメリカの著名な投資専門家ピーター・バーンスタイン氏は、その著書『リスク』の序章で次のように述べている（注1）。

「リスク（risk）」という言葉は、イタリア語のrisicareという言葉に由来する。この言葉は「勇気をもって試みる」という意味をもっている。

この観点からすると、リスクは運命というよりは選択を意味している。われわれが勇気をもってとる行動は、われわれがどれほど自由に選択を行えるかに依存しており、それはリスクの物語のすべてでもある。」

このように、リスクという言葉には「勇気をもって試みる」という積極的な意味合いが込められており、また「運命というよりは選択を意味している」というのがピーター・バーンスタイン氏の見解である。

考えてみれば、われわれの人生は選択の連続である。出生は自分では選べないが、その後の人生行路において、だれもが「どの学校に進学するか」「どの会社に就職するか」、そして「だれと結婚するか（あるいは結婚しないか）」「どこに住むか」「家を買うか・買わないか」などの重要な選択＝一種のリスクテイクを積み重ねて生きている。

したがって、資産運用についてリスクをことさらおそれる必要はないとも考えられ、また資産運用のリスクは、ある程度予知することや、分散投資などによりコントロールする（一定の範囲内に収める）ことが可能である。

(2) 収益の振れ具合（リスクの意味）

「リスク」は元本割れの可能性を指す言葉として使われる場合があるが、投資理論上は「収益（リターン）の振れ具合」を指す。

たとえば、図表2－1において実線で示す資産Aと点線で示す資産Bは同じ平均5％のリターンを収めているが、資産Bのリターンは時期によって大きく振れている（0％→10％→マイナス

図表2－1　資産のリターンの振れ具合（リスク）

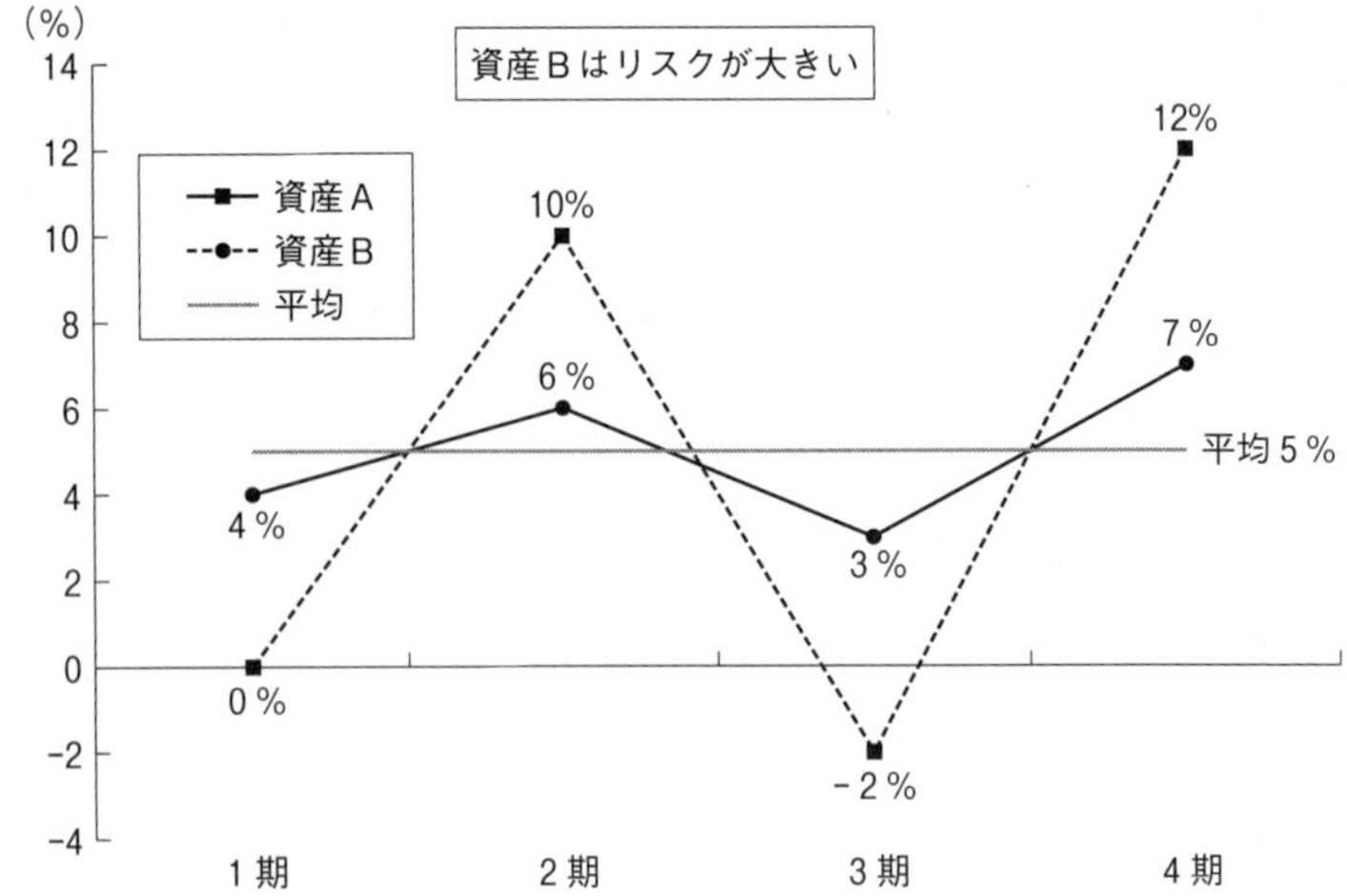

（出所）　筆者作成

2%→12%）のに対し、資産Aのリターンは安定的である（4%→6%→3%→7%）。この場合、資産Bは資産Aよりリスクが大きいという。

(3) リスクは「標準偏差」で測定する

投資リスク（リターンの振れ具合）は通常「標準偏差」という尺度で測定する。標準偏差は、各データの平均値からの離れ方（偏差）を集計して算出するもので、図表2－1の資産Aと資産Bを例にとって計算すれば図表2－2のとおりである。

計算にあたり、平均値からの離れ方（偏差）にはプラスとマイナスがあって単純に集計するとプラスとマイナスが相殺されてしまう。そこで偏差を二乗したうえで（二乗すれ

図表2－2　標準偏差の計算方法

	資産A			資産B		
	リターン（%）	リターンの偏差	偏差の二乗	リターン（%）	リターンの偏差	偏差の二乗
1期	4	－1	1	0	5	25
2期	6	1	1	10	5	25
3期	3	－2	4	－2	7	49
4期	7	2	4	12	7	49
	平均　5	合計　10		平均　5	合計　148	
	分散　10÷4＝2.5 標準偏差　$\sqrt{2.5}=1.581$			分散　148÷4＝37 標準偏差　$\sqrt{37}=6.083$		

（出所）筆者作成

ば必ずプラスの値となる）その平均をとる（これを分散と呼ぶ）。そして二乗する前の単位に戻すため分散の平方根をとったものが標準偏差であり、σ（シグマ）という単位で表す。

さて一般に、自然現象や社会現象について多数のデータを集めて分析すると、（裾の部分が少し広がり気味の）釣鐘型の分布となることが知られている。たとえば、日本の高校3年生男子を標本として身長の分布をみると図表2－3のようになる。このように、平均値を中心として、左右対称にデータが山型に分布することを正規分布という。

正規分布においては、図表2－4のように、平均値を中心にして±1標準偏差（σ）の範囲に全データの68％が入り、±2標準偏差の範囲に全データの95％が入るという性質をもっている。たとえば、高校3年生男子の平均身長は170センチで、標準偏差は6セン

図表２－３　日本の高校３年生男子の身長分布

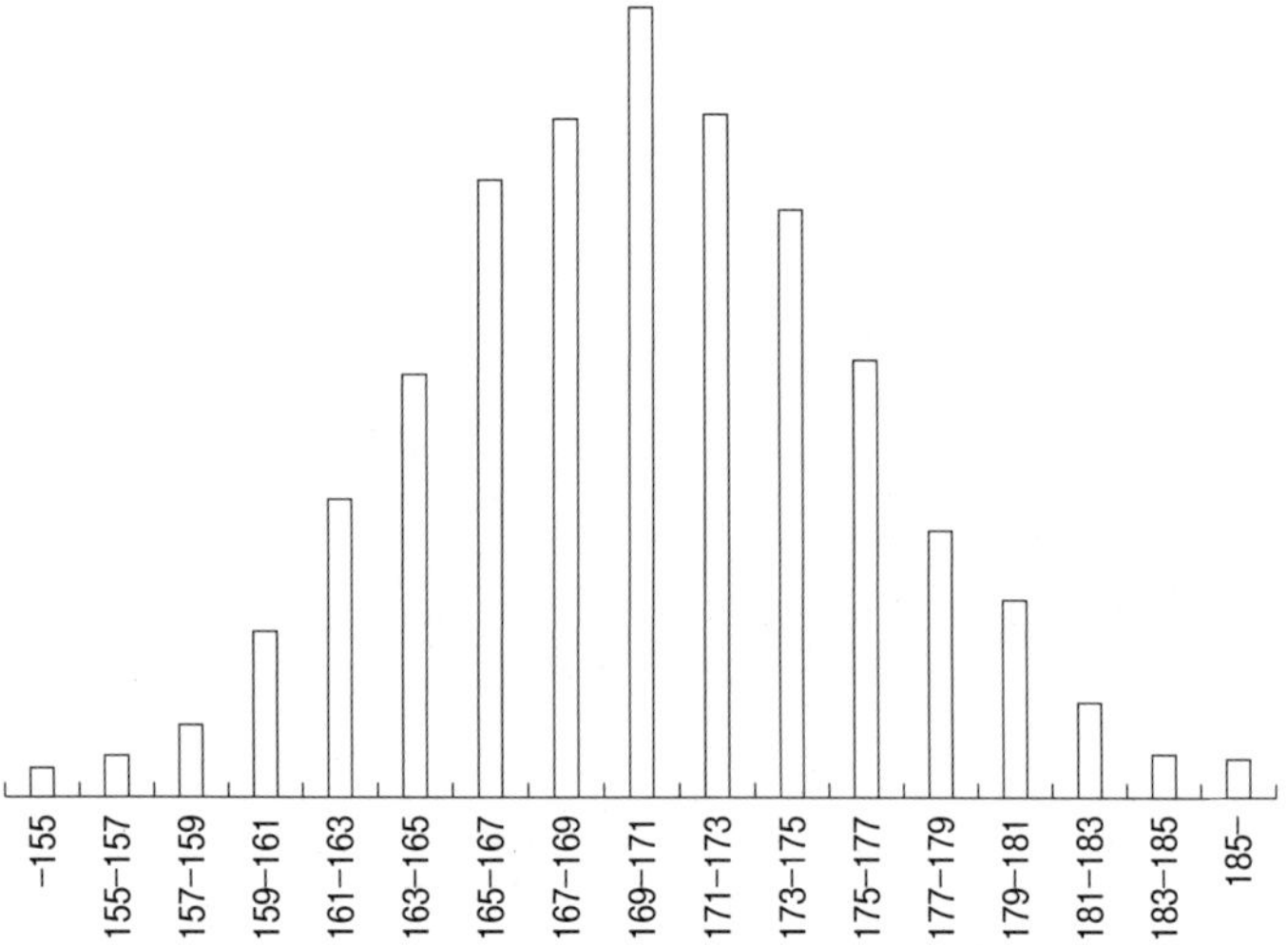

（出所）　文部科学省「学校保健統計調査」平成29年度、年齢別身長調査

図表２－４　正規分布におけるデータ分布の特性

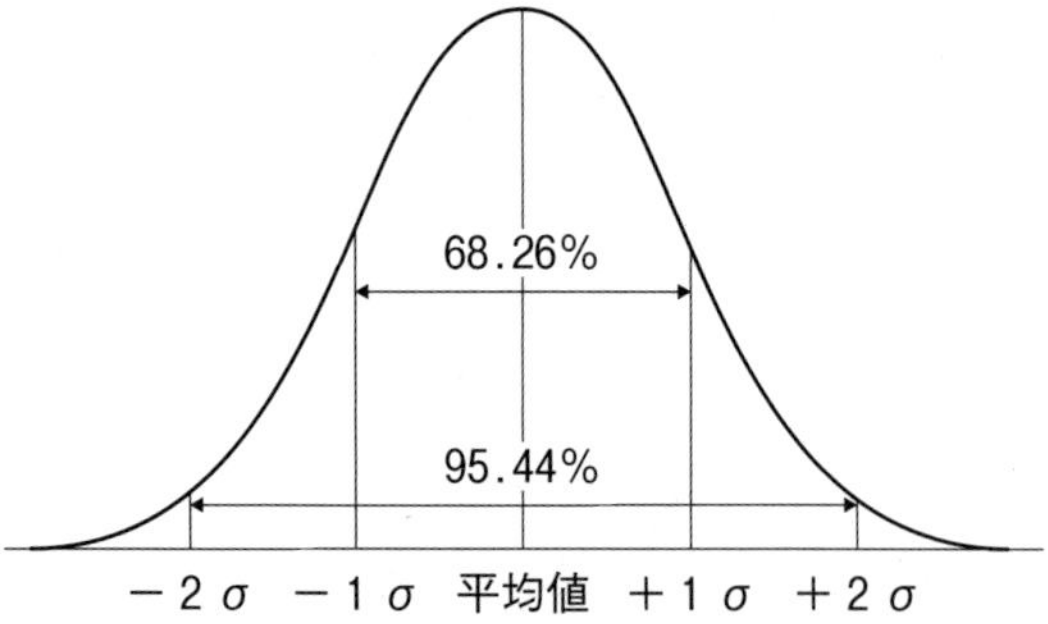

チであるとすると、高校3年生男子の68％は身長170±6センチ（164～176センチ）の間に入っており、95％は身長170±12センチ（158～182センチ）の間に入っていることを意味する。

したがって、さまざまな事象について平均値と標準偏差がわかれば、その事象がある範囲に収まる確率を推定することができる。たとえば、後述するように（図表2－12）、日本の国内株ファンドの過去5年間の年率リターンの平均は18・6％、標準偏差は16・6％であった。このデータに基づけば、国内株ファンドの年率リターンは、68％の確率で「2.0％（18.6％－16.6％）～35.2％（18.6％＋16.6％）」に、また95％の確率で「－14.6％（18.6％－16.6％×2）～51.8％（18.6％＋16.6％×2）」に入ると推定できる。

2 「安全・有利」はない（金融商品のリスクとリターン）

代表的な金融資産である銀行預金、債券（国債・社債）、株式のリスクとリターンは、図表2－5に示すように右上がり（低リスクなら低リターン、高リスクなら高リターン）の関係にある。言い換えれば、リスクを避けようとすればリターンを犠牲にせざるをえず、リスクをとることに

図表2－5　金融商品のリスクとリターンの関係

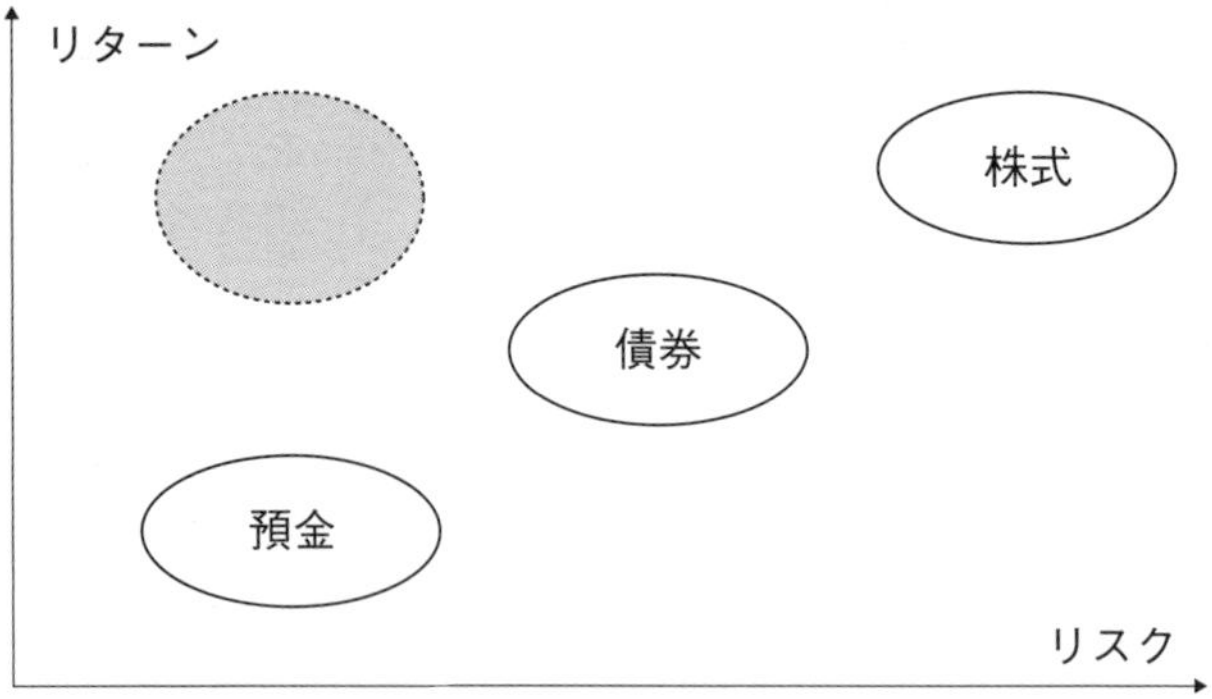

（出所）　筆者作成

よって高いリターンを期待できる。

したがって「安全で、しかも有利な投資物件（図表2－5の左上に示すシャドー楕円）は存在しない」ことをまず理解しておきたい。これさえ肝に銘じれば投資詐欺などにあわずにすむ。

3 信用リスク・価格変動リスクなど（金融商品のリスクの種類）

金融商品のリスクには次のようなものがある。

・信用リスク（「デフォルト・リスク」あるいは「倒産リスク」と呼ぶこともある）……債券を発行する企業や国が、経営不振・財政難などの理由により、利子や借入元本をあらかじめ定めた条件で支払うことができなくなる可能性のことである。

・**価格変動リスク**……株式や債券の時価が変動する可能性のことである。株価は市場における需給関係により変動するが、それは企業業績や一般経済情勢等の影響を受ける。

・**金利変動リスク**……金利変動により債券価格等が変動する可能性のことである。なお、金利と債券価格は逆数の関係にある（金利が上がればすでに発行されている債券の価格は下がり、金利が下がればすでに発行されている債券の価格は上がる）ことを理解しておきたい。

【参考】金利が上がると、なぜ過去に発行された債券の価格は下がるか

（例）市場金利が1％のときに毎年1％の利子が支払われる債券Aが額面100円、10年満期で発行された。しかし、直後に市場が激変して金利が2％に上がり、新しく発行される債券Bは毎年2％の利子が支払われることになった。

このとき、債券Aの価格はどうなるか。

利子率1％のAが100円のままでは、（利子率2％のBより条件が悪いので）だれも買い手はいない。そこでAの値段はBと同じ条件（収益率）になるまで下がることになる。計算すると、Aの価額が91・67円になることによって、1年当り収益（利子1円と、償還差益8・33円の1年分0・833円の合計1・833円）の、買付価額91・67円に対する割合が2％

になってBと同じになる。つまり債券Aの価額は91・67円に下がることになる。

なお、以上のように債券価格が変動するのは利子率が固定されている固定金利債のことであり、利子率が市場金利を反映して変動する変動利付債の場合には大きな変動はない。

・**為替変動リスク**……ドル建て債券など外貨建て資産について、為替レートの変動により円換算資産額が変動する可能性のことである。円高（外貨安）になれば外貨建て資産の円換算額は下がり、円安（外貨高）になれば外貨建て資産の円換算額は上がる。
・**カントリーリスク**……外国へ投資する場合、国ごとの特有の事情（財政事情、政治不安、ストライキ、自然災害等）により考えられるリスクのことで、特に新興国について注意が必要である。
・**流動性リスク**……換金したい時にすぐに換金できない、あるいは大幅に値段が下がってしまう可能性のことである。

4 インカムとキャピタルゲイン（金融商品のリターンを分解する）

3においては金融商品のリスクについて考えた。続いて金融商品のリターン（収益）を考える。

金融商品のリターンの源泉には「インカム（利子・配当など元本から得られる果実）」と「キャピタルゲイン（元本価値の成長＝値上り益）」がある。

商品別に考えると図表2－6のとおりであり、株式は預金とは異なり、インカム（配当）とキャピタルゲイン（値上り）のトータルリターンで考えることがポイントである。ただし、株式の値動きについては、値下り（キャピタルロス）の可能性もあることは3のリスクで取り上げたとおりである。

図表2－6　金融商品のリターンの源泉

	インカム	キャピタルゲイン
預金	利子（固定）	なし
債券	利子（固定または変動）	新規発行債はほとんどなし、 既発行債は額面割れで買えば発生
株式	配当（変動）	期待できる（ただし値下りもある）

（出所）　筆者作成

5 株式は長期になれば安定（金融商品のリターンの実績――預金と株式の比較）

金融商品のリターンの実績について、代表例として預金と株式の過去50年間のリターンを比較してみる（債券は預金と株式の中間的と考えられる）。

(1) 名目リターン

1968～2017年の50年間について、1年定期預金と株式の1年ごとの収益率をみると図表2－7のとおりである。

50年間を平均した収益率は定期預金3・0％、株式は11・4％と計算される。ただし収益の振れ具合をみると、この図のように定期預金の収益率は安定しているが、株式の収益率は大きく変動している。

しかし、株式も1年間ではなく長期間保有した場合には、かなり収益が安定的になる。図表2－8は、預金と株式の投資収益率（年当り）を、保有期間別に1年、5年、10年、20年、30年の各ケースに分けてみたものである。原数字を表にして図の下に掲げた。

図表２－７　１年ごとにみた定期預金と株式の収益率（1968～2017年）

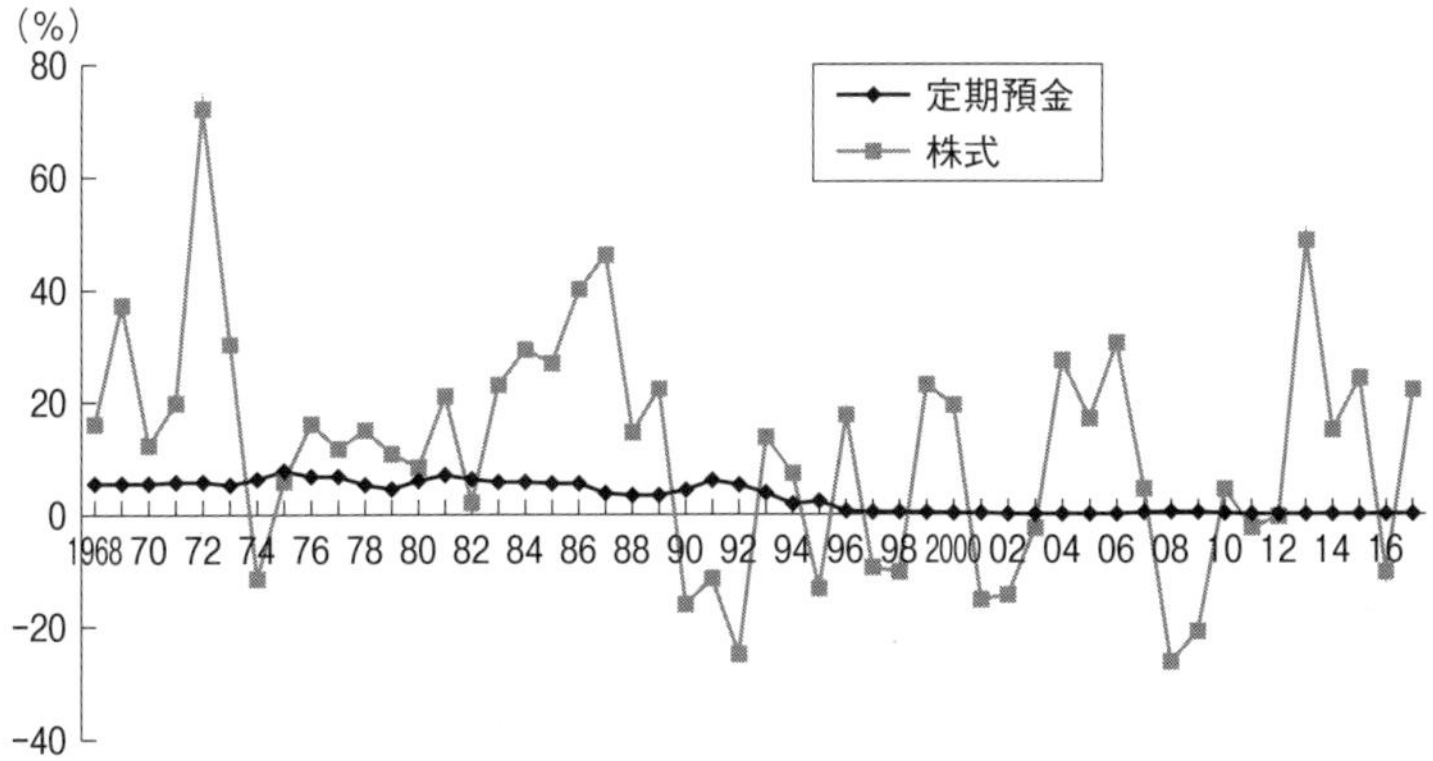

（注）　１年定期預金は日本銀行統計による前年末レート、株式は2012年までは日本証券経済研究所計算の東京証券取引所第1部上場銘柄収益率（配当込み）、2013年以降は配当込 TOPIX の前年平均と当年平均の比較を用いた。
（出所）　筆者作成

株式の収益率は、１年保有の場合最高72・１%、最低がマイナス26・２%であるから、その開きは98・３%にも及んでいる。それが10年保有（１９６８年→１９７７年の10年間、１９６９年→１９７８年の10年間、……と１年ずつ出発時をずらしながら10年保有のケースをとっていき、２００８年→２０１７年までの41ケース）では最高22・８%、最低がマイナス３・５%で26・３%の開きに縮まる。そして20年保有（１９６８年→１９８７年、１９６９年→１９８８年、……１９９８年→２０１７年までの31ケース）では、最高20・５%に対し、最低がマイナス１・７%で最高と最低の開きは22・２%となり、さらに30年保有すると最高14・４%、最低が２・９%と、開きは11・５%へ縮小している。

図表2－8　長期保有すれば1年当りリターンが安定する株式（保有期間別収益率）

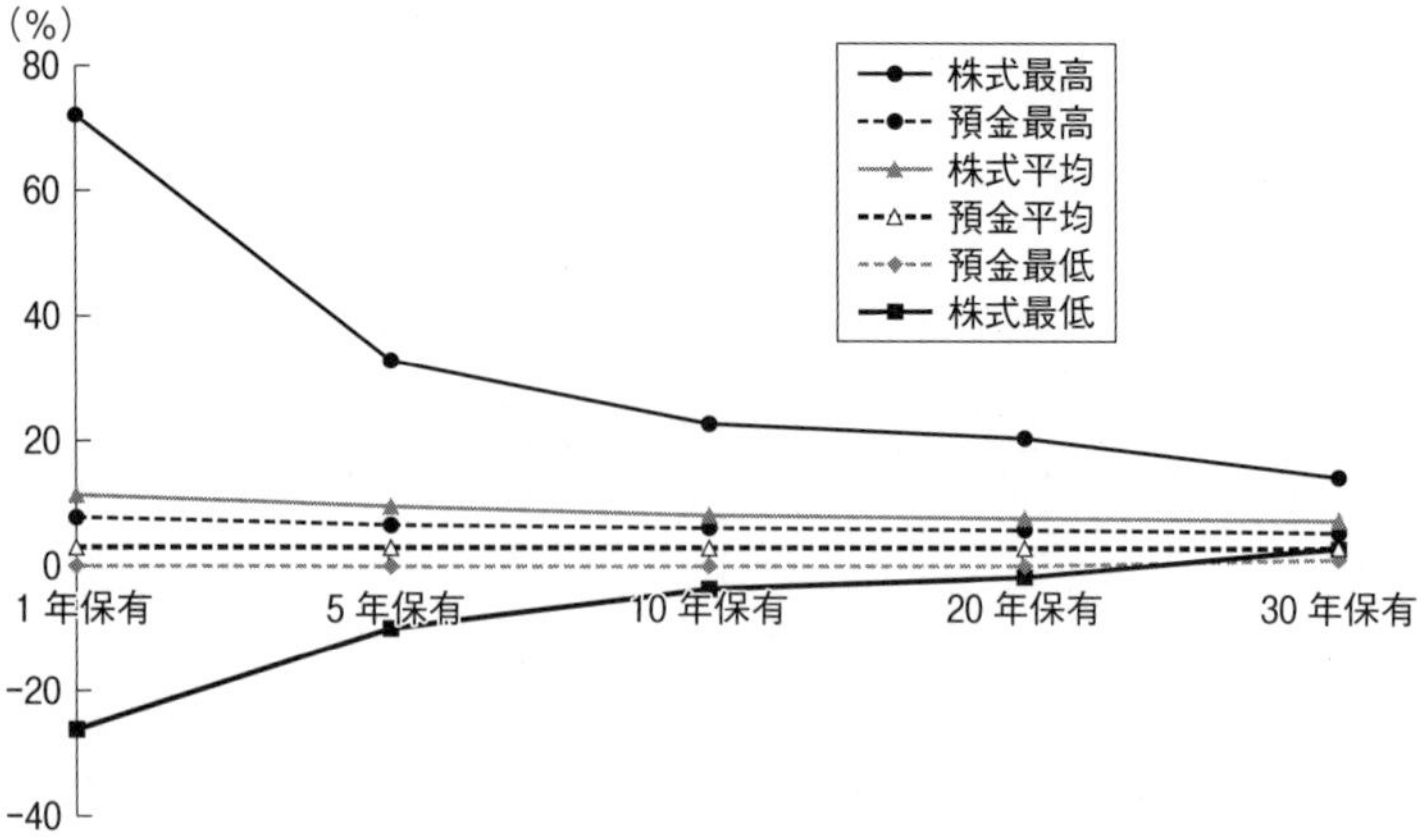

預金と株式の名目リターン（1年当り収益率、1968～2017年）

預金	1年保有	5年保有	10年保有	20年保有	30年保有
平均	3.0%	3.0%	3.0%	3.0%	3.0%
最高	7.8%	6.6%	6.2%	5.9%	5.5%
最低	0.0%	0.1%	0.1%	0.2%	1.1%
最高と最低の差	7.8%	6.6%	6.1%	5.7%	4.4%
株式	1年保有	5年保有	10年保有	20年保有	30年保有
平均	11.4%	9.6%	8.2%	7.8%	7.5%
最高	72.1%	32.9%	22.8%	20.5%	14.4%
最低	－26.2%	－9.9%	－3.5%	－1.7%	2.9%
最高と最低の差	98.3%	42.8%	26.3%	22.2%	11.5%

（出所）図表2－8、2－9とも筆者作成

以上のように、短期的にはリスクが大きい株式も保有期間が長期になるほど1年当り収益率が安定的になり、30年保有では最低でも1年当り2・9％に達し、預金の平均（3・0％）とほぼ同様のリターンを収めている。

(2) 物価変動を考慮した実質リターン

(1)の年平均収益率について、各年の消費者物価変動率を差し引いた実質リターンで計算すると、50年間の平均で定期預金0・2％、株式は8・6％となった（50年間の平均物価変動率は（＋）2・7％である）。図表2－7の期間別の年平均収益率をインフレ修正後に直して原数字を掲げると図表2－9のとおりである。

図表2－9のように過去50年間の実績を検証した場合に、安全資産であるはずの預金が、物価上昇修正後の実質リターンでみると、5年・10年といった期間だけでなく、20年という長期でもマイナスとなっていた時期が

図表２－９　預金と株式のインフレ修正後実質リターン

預金	1年保有	5年保有	10年保有	20年保有	30年保有
平均	0.2%	0.3%	0.5%	0.9%	0.9%
最高	4.9%	3.9%	3.1%	2.1%	1.6%
最低	−17.0%	−6.4%	−3.4%	−0.5%	0.2%
最高と最低の差	21.9%	10.3%	6.5%	2.6%	1.4%
株式	1年保有	5年保有	10年保有	20年保有	30年保有
平均	8.6%	6.7%	5.5%	5.5%	5.3%
最高	67.2%	31.4%	20.1%	13.7%	8.5%
最低	−34.6%	−9.8%	−5.1%	−2.3%	2.3%
最高と最低の差	101.8%	41.2%	25.2%	16.0%	6.2%

図表２－10　1970年代の状況

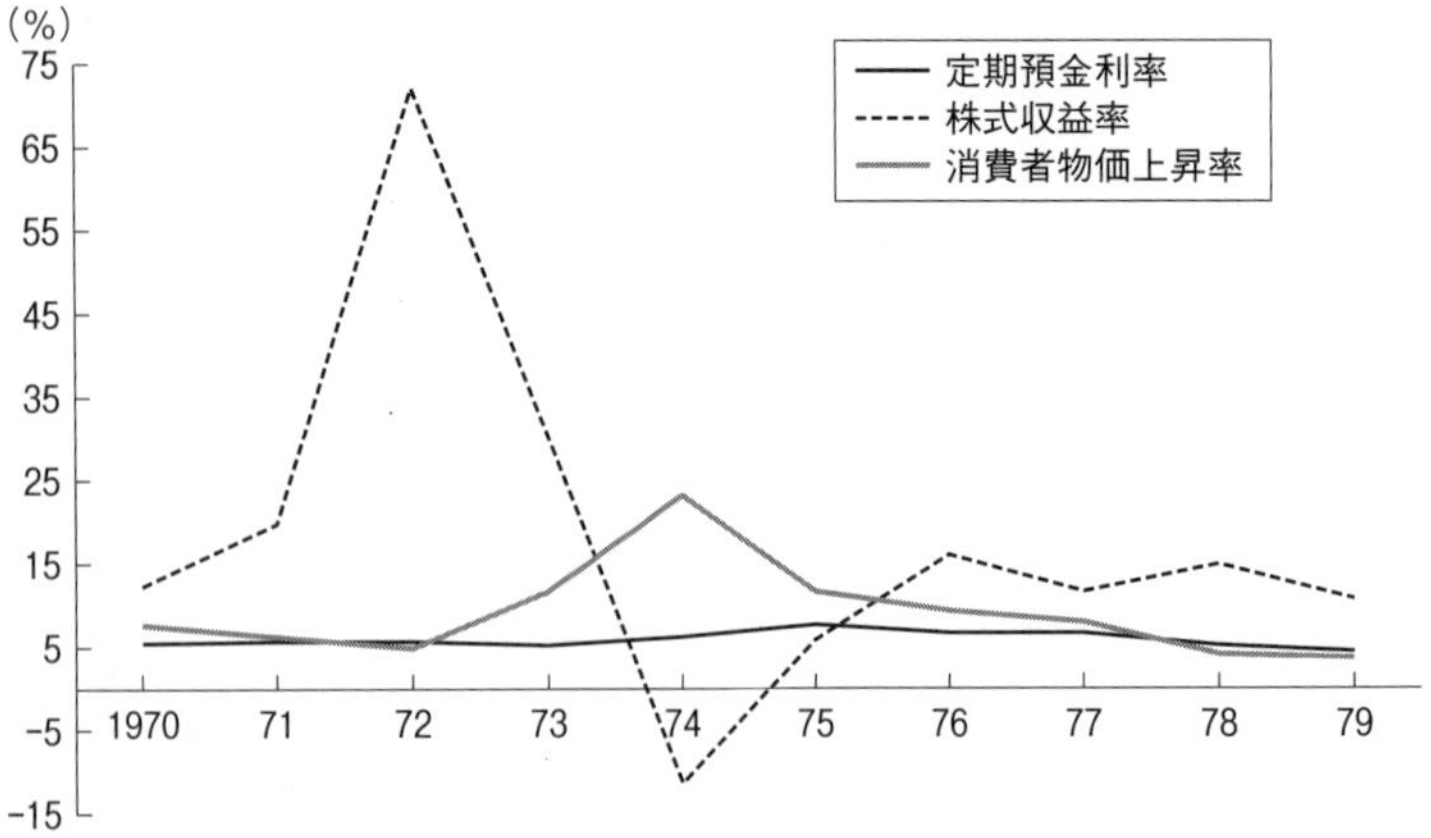

（出所）　筆者作成

あった（過去60年間の実績をみると30年保有でもマイナスになった時期があった）。その理由は、高インフレ期における対応力の弱さにある。

すなわち、１９７０年代の石油危機がもたらした高インフレ時に、消費者物価は図表２－10にみるとおり年10～20％も上昇した年がある（たとえば、１９７３年は11・７％、１９７４年は23・２％、１９７５年は11・７％）。この時、預金利率も上昇したが、４・５～７・75％の水準にとどまっていた。その結果、実質金利が大幅なマイナス（１９７４年はマイナス17・０％）になっていた時期があり、その差を長期にわたって取り返せなかったことの影響が大きい。

【参考】72ルール（元金を2倍にするために必要な年数の計算）

（クイズ）年利回り0・01％の定期預金で元金を2倍にするには何年かかるか？

・アメリカでよく使われる「72ルール」を使えば簡単に計算できる

72ルールとは［元本を2倍にするために必要な年数］を簡単に計算する式で、次のとおりである。

72÷年利回り（％）＝元本が2倍になる年数（年複利で増やすことが前提）

（例）年6％で増やせば（72÷6＝12）……………………12年で2倍

年2％では（72÷2＝36）…………………36年で2倍

∴いまの預金金利（年0・01％）では（72÷0.01＝7200）…7200年かかる

6 投資対象により異なる投資信託のリスクとリターン

5までにおいて、一般的金融商品についてのリスク・リターンの関係をみた。さて、本書の主題である投資信託のリスクとリターンはどうなるか。

それは各ファンドの投資対象によって異なる。たとえば、日本株に投資するファンドの場合は、日本株のリスクとリターンに近くなり、先進国国債に投資するファンドは先進国国債のリスクとリターンに近くなる。複数の資産に投資するバランス型ファンド等は、投資対象資

図表2－11　代表的資産と投資信託のリスク・リターン

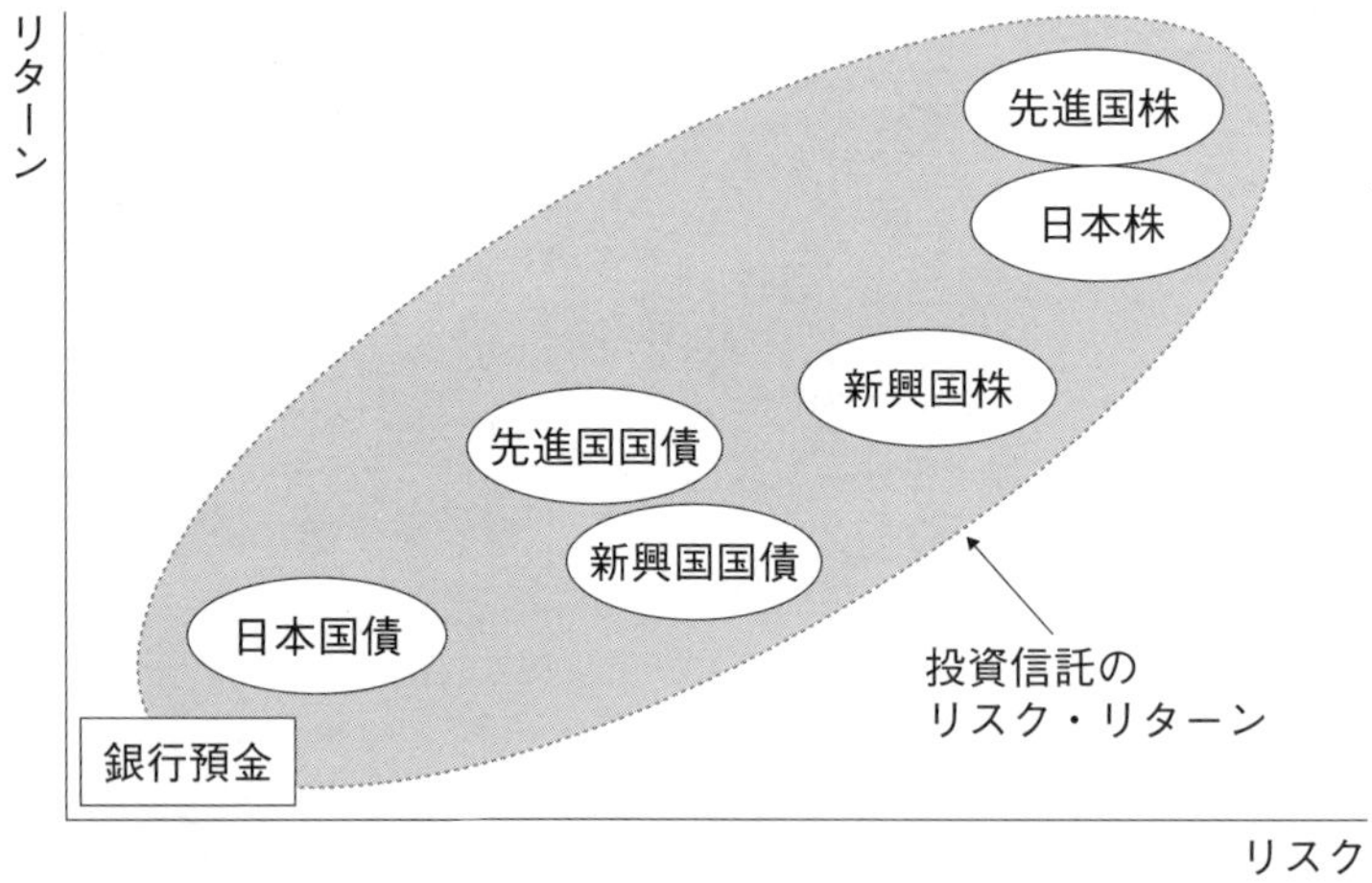

（注）　各資産のリスク・リターンは2013～2017年の５年間の実績（リターンは年率平均値、リスクは年率リターンの最大値と最小値の幅）に基づくイメージ。
（出所）　野村アセットマネジメント作成目論見書掲載データを参考に筆者作成

産の平均値（投資配分比率による加重平均値）に近くなる。

２０１７年末に至る５年間の実績に基づく代表的資産のリスク・リターンは図表２－11のとおりであり、投資信託のリスクとリターンは図表２－11の大きな楕円（網掛け部分）のなかで、ファンドによって異なるゾーンに位置することになる（なお、各資産のリスク・リターンの関係は時期によって異なり、たとえば２０１８年５月末に至る20年間では新興国株のリターンが高く、10年間では先進国株のリターンが高くなっている（注２））。

参考までに、２０１７年末に至る５年間の「日本のファンド種類別リスク・リターンの平均実績」を図示すると図表２－12のとおりである（これも図表２－11と同様に期間により異なる）。

図表２－12　ファンド種類別のリスク・リターンの実績（2013～2017年平均）

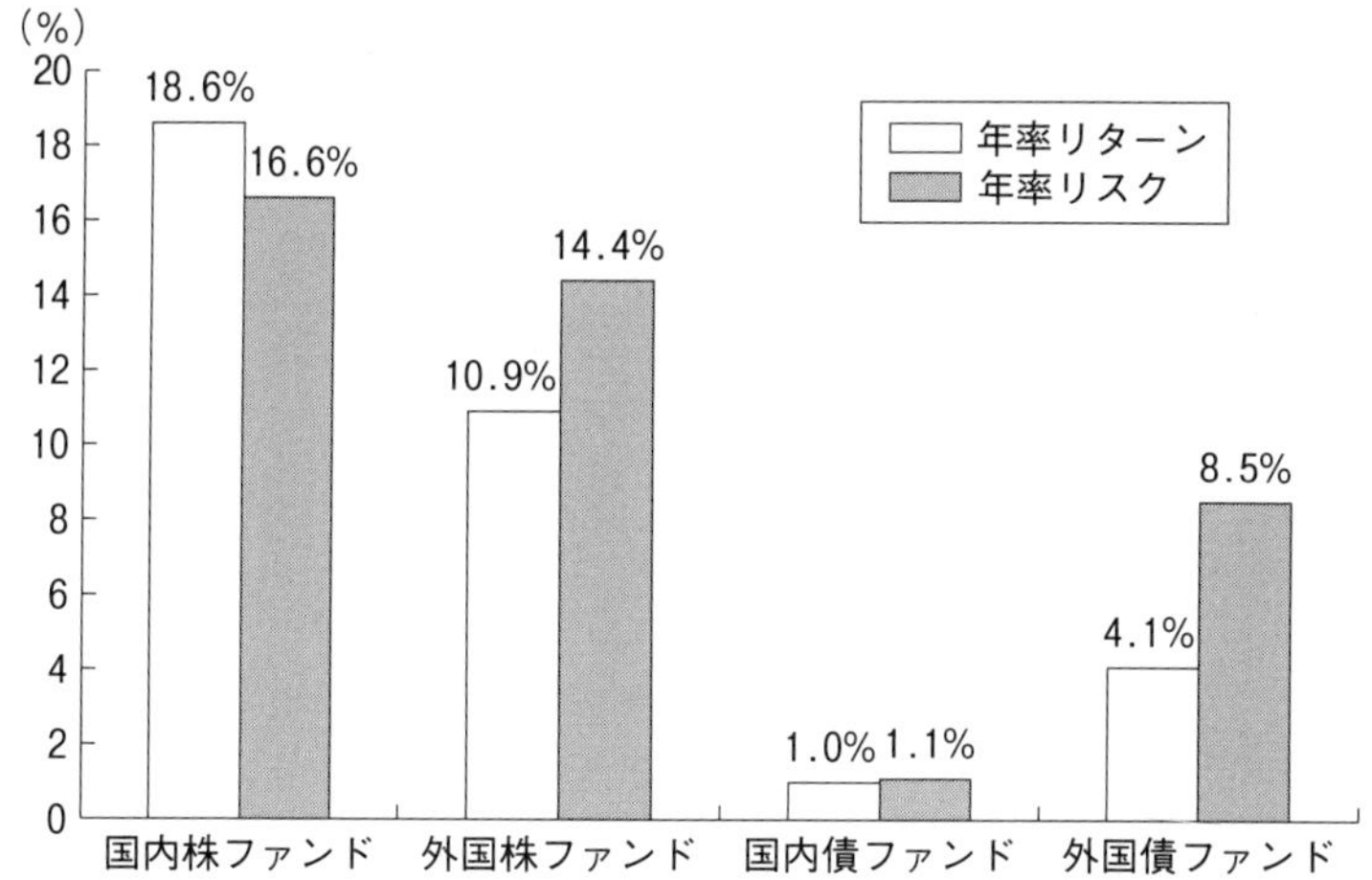

（出所）　野村総合研究所「FundMark　2018年１月号」掲載データより筆者作成

7 リターンを高める複利の力

5で取り上げた「72ルール」は「利回りの高さが、増やす目標の達成期間を決める」ことを語っている。ここで注意したいことは、「72ルールは年複利を前提としている」ということである。

たとえば毎年2％の収益が得られる金融商品があった場合、その収益を元本に繰り入れて（収益部分も）同じ利回りで複利運用（(1＋0.02)×(1＋0.02)×(1＋0.02)）していけば、36年で元利合計が2倍になる（72÷2＝36）。しかし収益部分を運用しない場合は、72ルールは適用されない。2％単利で元本100を200に増やす、つまり収益合計額を100にするには50年もかかってしまう（100÷2＝50）ことになる。

図表2－13は複利の効果を示したものである。さまざまな利回りで複利運用していった場合の資産の増え方をみている。この図からわかることが2つある。

第一に、（利回りに関係なく）運用期間が長くなるほど増え方が加速度的に大きくなることである。たとえば、100万円を年5％で運用した場合、最初の10年間に元本が1・63倍に増えるので収益は63万円だが、20年後（2・66倍）に至る10年間（163万円→266万円）の収益は

１０３万円となり、30年後（４・32倍）に至る10年間（２６６万円→４３２万円）の収益は１６６万円と最初の10年間（63万円）の２・６倍にふくらむ。

　第二に、運用期間が長くなるほど、利回りの違いによる収益の差が加速度的に大きくなる。たとえば、利回り３％の場合と利回り５％の場合を比べると、10年後の資産増加率は利回り３％で34％（1.34－１）、利回り５％で63％（1.63－１）だから、その差は29％であるが、20年になると81％（1.81－１）と１６６％（2.66－１）で差は85％、30年では１４３％と３３２％となり、差は１８９％にも広がる。

　ちなみに、図表２－７で取り上げた預金と株式の名目リターンの実績により、当初元本１００万円を複利運用した場合にいくらに増えるかを計算

図表２－13　複利の効果（年利回りによる相違）

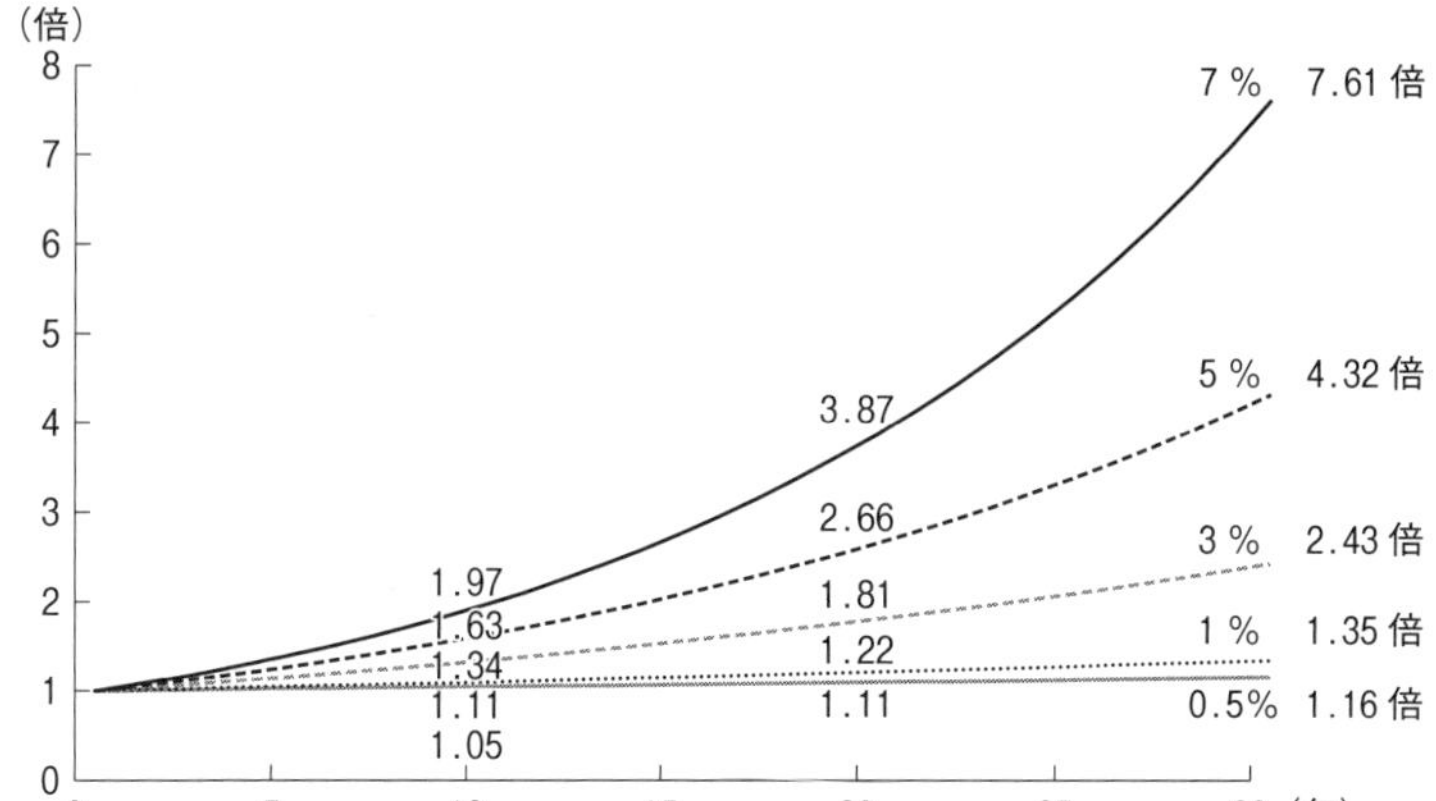

（出所）　筆者作成

すると、たとえば、30年運用の場合、預金の年収益率3・0％では当初の100万円が30年後に243万円（当初元本の2・43倍）となるのに対し、株式の年収益率7・5％で複利運用すると875万円（当初元本の8・75倍）に増える計算になる。

なお、投資信託は多くのファンドにおいて、投資家が分配金を「受け取るか」「受け取らないで同一ファンドに再投資（複利運用）するか」を選べるようになっており、後者を選べば複利運用が可能である。

（注1）Peter Bernstein（1996）"*AGAINST THE GODS: The Remarkable Story of Risk*"（青山護訳『リスク』日本経済新聞社、1998年）23頁

（注2）2018年7月7日付日本経済新聞18面「つみたてNISA何に投資？」

第3章

投資信託の歴史（世界と日本）

本章では、投資信託は、いつ・どこで・なぜ生まれたか、世界の投資信託はどのように発展してきたか、アメリカにおける商品開発・投資家保護制度の整備、EU域内の制度共通化による相互参入促進の成功、そして日本の投資信託の歴史について解説する。

1　19世紀にイギリスで誕生

世界最初の投資信託が、いつ、どこで生まれたかについては2つの説がある。

アメリカのICI（Investment Company Institute、日本の投資信託協会に類似した団体）は、18世紀にオランダで誕生したというエール大学のK. Geert Rouwenhorst教授の説（2001年発表）を採用している。一方、筆者が古くから文献等で認識していたのは、19世紀後半にイギリスで誕生したフォーリン・アンド・コロニアルを嚆矢とする説である。

本書においては、①上記オランダのファンドは19世紀に消滅している（現存していない）のに対し、イギリスのファンドは現代の投資信託につながっているものであること、②日本における投資信託研究の第一人者であった江口行雄氏が著した『投資信託発展史論』（東洋経済新報社、1961年）においても、イギリスのファンドを世界初の投資信託として取り扱っていることから、イギリスのファンドを世界の投資信託の嚆矢として話を進める。

2 大資金をもたない投資家の悩みを解決（投資信託はなぜ生まれたか）

イギリスでは18世紀に産業革命が起こり、大工場などが次々と建設されるなかで大きな資金需要が存在した。しかし、19世紀も半ばになると産業革命は一段落し、資金需要が低下していた。その結果、金利は低下し、たとえば、永久公債の金利は２％台に落ち込んでいた。

一方、海外に目を向けると、ヨーロッパ大陸諸国におけるナポレオン戦争後の復興や産業近代化のための資金需要、アメリカにおける大陸横断鉄道をはじめとするインフラ整備需要などが存在し、金利が高い状況にあった。

このため、イギリスの投資家は、高い収益を求めて海外に投資したが、大資本家と違って知識・経験がなく、また十分な調査を行えなかった中小投資家は、損害を被ることも多かったといわれる。

そこで考え出されたのが、多数の投資家の共同投資によって大きな資金プールをつくり、それによって分散投資によるリスク緩和と、専門家による資金運用を可能とした投資信託の仕組みであった。

一般的には、1868年（日本の年号では明治元年）にロンドンで生まれた「フォーリン・アンド・コロニアル・ガバメント・トラスト」が世界最初の投資信託といわれている。同ファンドの設立趣意書には、設立の目的として「主として外国および植民地の政府証券に分散投資を行って、中産階級の投資家にも大資本家と同様の利益に均てんせしめようとすること」がうたわれていた。

同ファンドは、原則として組入銘柄の入替えを行わない固定投資型のファンドであり、また投資家からの換金請求には応じないクローズドエンド型（証券取引所に上場して換金性を付与していた、詳細は後述）であった。

3 アメリカで大発展（世界の投資信託はどのように発展してきたか）

イギリスで生まれた投資信託がその後どのように発展してきたかを示す「世界投資信託年表」

をつくってみると図表３－１のとおりである。

一目でわかるように投資信託は、イギリスからアメリカ、アジアに普及していった。これは経済・産業の勃興の順番にほかならない。投資信託は、産業の発展に伴う証券市場の誕生・拡大を基盤として発足・存続するものであるといえよう。

以下、地域別に分けて推移を記述する。

(1) 恐慌などを経験（イギリスにおける動き）

前掲のファンド発足後、イギリスには次々とファンドが設立され、１８７３年にはロバート・フレミングの主導のもと、運用者が組入銘柄の入替えを行う管理投資型ファンドも設立された。その後も投資信託の新設・拡大が続いたが、好調さの陰に隠れて資本調達・配当政策などの運営がずさんになっていた会社も多かった。そうしたなかで、１８９０年に投資銀行ベアリング・ブラザーズが破綻、証券価格が大暴落するベアリング恐慌が発生した。これにより投資信託は大きな影響を被った。

その反省をふまえて、投資信託は準備金積立制度などを導入、キャピタルゲインの配当禁止など保守的運営に転換した。その名残りは、現在でもキャピタルゲインの分配は行わない仕組みになっているなど、イギリス投資信託制度にみることができる。

図表3－1　世界投資信託年表

	ヨーロッパ	アメリカ	アジア
1800年代	ロンドンで世界初の投信発足、固定投資・クローズドエンド・信託型（1868） スコットランドで管理投資型発足（1873） ベアリング恐慌（1890）、以後20世紀まで低迷 オランダで会社型投信設立（1894）		
1900年代	ドイツで投信発足（1923）	（第１次大戦終了後、アメリカが資本輸出国となる） アメリカ初の投信設立、イギリス流のクローズドエンド・会社型（1921） オープンエンド型投信発足（1924）	
	世界大恐慌（1929.10～）		
	スイスで投信発足（1930年代） イギリスへアメリカのオープンエンド型が輸入される（1931） フランスで投信発足（1949） イタリアで投信発足（1952）	契約型継続投資開始(1930) 固定銘柄投資・単位型の盛行（1930～1931） 運用型の人気復活(1932) 議会がSECに投資会社の調査を依頼（1934）、５年にわたる調査結果をふまえて投資会社法制定（1940） オープンエンド型がクローズドエンド型を残高で逆転（1944）	日本で戦前の投信発足（1941） 日本の戦前の投信の償還完了（1950） 日本で証券投資信託法施行（1951）

	ヨーロッパ	アメリカ	アジア
		アメリカ初の外国株ファンド発足（1955）	
	ドイツ投資会社法制定（1957） イギリスでユニットトラストが本格的に発展（1957頃から）		
			マレーシアで投信発足（1959）
		ゴーゴー・ファンド隆盛（1960年代後半）	シンガポールで投信発足（1967）
			韓国で投信発足（1970）
		MMF 発足（1971）	
			タイで投信発足（1974）
	オフショアファンド基地としてルクセンブルク籍ファンド増加（1980年代） EUの投信統一基準「UCITS」に関する指令制定（1985）	銀行による投信販売本格化（1980年代後半） トロント証券取引所に世界初のETF上場（1990）、アメリカでS&P500連動型のSPDRがAMEXに上場（1993）	
	「株式化」の波に乗り各国で株式投信急増（1990年代後半）		中国で投信発足（1998）
2000年代	販売会社と運用会社が系列を超えて結びつくオープン・アーキテクチャー化進む（2000年前後から）		
		投信スキャンダル発生（2003）	中国でオープンエンド型投信発足（2001）
	リーマンショック（世界金融危機）（2008）		
		一部のMMFが元本割れ（2008）	

（出所）　各種文献に基づき筆者作成

投資信託制度は1920年代にイギリスからアメリカに移入され、その後アメリカで大発展を遂げた。

(2) アメリカで大発展

① 大恐慌までの成長とその後の調整

1914年に勃発し1918年まで続いた第1次世界大戦によりヨーロッパは疲弊し、反対にアメリカはそれまでの債務国から債権国に転換し、資本蓄積も進んでいた。こうしたなかで、投資信託の仕組みが1921年にイギリスからアメリカに導入され、ボストンでクローズドエンド型の「インターナショナル・セキュリティーズ・インベストメント・トラスト・オブ・アメリカ」が設立された。

そして、1924年にはファンドがいつでも純資産価格で換金請求に応じるオープンエンド型ファンド「マサチューセッツ・インベストメント・トラスト」が発足した。しかし、1929年の大恐慌に至るまで、アメリカでも投資信託の主流を占めていたのは、社債発行・銀行借入れなどによりレバレッジ（てこ作用）を効かせた運用を行うクローズドエンド型ファンドであった。

1929年初め（大恐慌の直前）におけるアメリカの投資信託全体の資本構成は、普通株3・37億ドル、優先株4・39億ドル、社債2億ドル、その他0・58億ドル、合計10・34億ドルとなっており、普通株に対し3倍程度のレバレッジを効かせていた。このため、ファンドの純資産価格は、1929年10月に至る市況上昇時には株価を大幅に上回る値上りを示した一方、その後の市況下落（ダウ平均株価は1929年から1932年にかけ10分の1に下落した）過程では当然、株価以上に大暴落した。

また、投資家からの換金請求に応じないクローズドエンド型ファンドの持分は、証券取引所で需要・供給を反映した価格で取引されていたから、恐慌前の市況活況時にはファンド純資産価格を上回るプレミアム付価格で取引されていたが、株価暴落後は一転して純資産価格を下回るディスカウント価格で取引されることになった。

以上の2つの要因――①レバレッジ（借入金で株式を買うなどの「てこ作用」付き）運用が加わったファンド純資産価格の暴落、②需給を反映したファンドの取引価格の変動（プレミアム付きからディスカウントへの変動）が重なって、ファンドの市場取引価格は暴落前に比べ40分の1以下に下落した例もあった。

②　1940年投資会社法の制定とオープンエンド型ファンドの発展

以上のような事態についてのＳＥＣ（Securities Exchange Commision ＝証券取引委員会、日本の金融庁・証券取引等監視委員会に類似した役割を果たす政府規制機関）の詳細な調査・分析に基づいて1940年に制定された投資会社法は、それまで主流であったクローズドエンド型だけでなく、オープンエンド型ファンドを法の枠組みに取り込んだ。そしてオープンエンド型ファンドにおいては、社債発行や借入れによるレバレッジ投資を禁止するとともに、投資家が常時ファンドの純資産価値で換金できるよう義務づけた。

元ＩＣＩ理事長フィンク氏は、その著書（注1）のなかで、オープンエンド型ファンド（左記のようにアメリカにおいて「ミューチュアルファンド」とは一般的にオープンエンド型ファンドを指す）の「レバレッジなし、いつも純資産価値で換金可能」という特性は投資家に安心感を与え、その後のアメリカ投資信託発展の大きな原動力となったと述べている。またオープンエンド型ファンドの仕組みは投資信託の母国イギリスにも逆輸出され、１９３１年に「ユニットトラスト」として発足したほか、今日の世界の投資信託の発展を導いている。

〔参考〕「ミューチュアルファンド」とは何か

アメリカでは投資信託のことを一般的にミューチュアルファンドと呼んでいる。

ＩＣＩ（Investment Company Institute、日本の投資信託協会に類似するアメリカの団体）は、ミューチュアルファンドを次のように定義している（注2）。

ミューチュアルファンドは、投資家に専門家運用と分散投資の機会を提供する投資手段である。すべてのミューチュアルファンドは1940年投資会社法に基づきSECに登録される。

ミューチュアルファンドは、ファンドの投資顧問会社がファンドの投資目的に適合するよう選んだ証券ポートフォリオを買い付ける。ミューチュアルファンドの1つの特徴は、流動性のある投資とみなされることである。なぜなら、ミューチュアルファンドは買戻可能な証券を発行し、投資家の買戻請求後に計算される純資産価値によっていつでも買い戻す態勢にあるからである。

［筆者注］ミューチュアルファンドの語源についてICIファクトブック等に記述は見当たらない。日本の投資信託コンサルタント田村威氏（元・野村證券投資信託委託取締役、日本投資信託制度研究所（注3）社長）の研究（注4）によれば、1940年投資会社法の法案審議時（1930年代）に、同法制定のための上院での公聴会において、SECのデビット・シェンカー委員が「投資会社についてのわれわれの考えは、それが〝相互的な事業〟（ミューチュアル・エンタープライズ）であるということであります」と発言したことから派生したと考えられる。

③ 第2次世界大戦後の発展

第2次世界大戦後、アメリカでは投資信託が大きな発展を遂げた。ミューチュアルファンド残高は1945年の13億ドルから2017年末には22兆1470億ドルへ1万7000倍に成長した。

(3) アメリカにおける投資信託発展の背景

過去4分の3世紀にアメリカで投資信託が大成長した要因としては、次の諸点があげられる。

① 株価の長期的上昇

ダウ平均株価は、1945年末の177ドルから2017年末には2万4719ドルへと、140倍に上昇した。また市場全体の動きを示す指標として用いられるS&P500種株式の1945年末から2017年末に至る72年間の配当込収益率は、年平均で12・4%に達している。

② 家計金融資産の蓄積が進展したこと

アメリカでは1945年当時から金融資産の蓄積はかなり進んでいたが、家計金融資産の対GDP比率を計算すると、1945年の2・7倍から2017年の4・2倍へさらに上昇した。すなわち家計がますますリスク資産を保有できるようになった。

③ 商品バラエティの充実

1960年代までは、アメリカの投資信託は株式ファンドと債券ファンドが中心であったが、1971年に開発されたMMF(マネーマーケットファンド)をはじめ、免税地方債(アメリカでは、州債・市町村債など地方債の利子について連邦所得税がかからない）ファンド、外国投資ファンド、ＥＴＦ（Exchange Traded Fund の略で取引所上場ファンドを指す）など商品バラエティが充実した。

特にＭＭＦの出現は、次の３つの大きな効果をもたらした。

第一に金利上昇に強いファンドをもてたことである。それ以前の投資信託は株式ファンドと債券（長期債）ファンドであり、いずれも金利上昇時にはパフォーマンスが悪化する弱みがあった。しかしＭＭＦという短期金利追随（金利が上がればファンド利回りも上がる）商品を開発したことによって、投資環境の変化に対応できる全天候型の品揃えが整い、それ以降のアメリカ投資信託の成長を支えた。

第二に、証券界にとって強力な新規顧客導入商品ができたことである。それ以前には、株式などリスク商品を嫌って証券会社を敬遠していた顧客（特に若年層）を、「元本の安定性が高く、換金自由、利回りは預金を大きく上回る商品＝ＭＭＦ」によって証券会社に誘導できるようになった意義は大きい。それだけに銀行の反発は凄まじいものがあり、１９８０年代初頭に20を超える州でＭＭＦ排斥キャンペーンが繰り広げられたことが前掲のフィンク氏著書に紹介されている。

第三に、証券会社が「株価急変時における顧客資金の一時退避の受け皿」をもてたことである。すなわち、それまでは株価暴落時に株式売却資金が銀行預金に流出していたものを、ＭＭＦで受けることにより証券会社の預り資産内に留め置くことができるようになった（これは今日の日本におけるマネーリザーブドファンド＝ＭＲＦを活用した証券総合口座につながる事柄である）。

④　販売経路の拡大

１９８０年代の銀行の投資信託販売への進出、２０００年代からのネット販売の普及など、投資信託の販売経路（チャネル）が拡大した。また、１９９０年代中頃から証券会社のビジネスモデルが、コミッションベース（顧客が株式等の売買取引を行うたびに手数料を得る方式）からフィーベース（顧客の運用資産残高に対し一定の年率報酬を得る方式）へ移行するなかで、証券営業の中心商品が個別株式から投資信託となったことや、独立ファイナンシャル・アドバイザーの成長も大きい。

さらに、２０００年前後から投資信託販売会社と投資信託運用会社が系列を超えて結びつく（「オープン・アーキテクチャー化」と呼ばれる）動きが進んだ。それまでは、各販売会社は自社系列会社の運用するファンドを販売していたが、投資のグローバル化が進むなかで、アメリカに進出した世界中の運用会社の投資信託を含め幅広く選択するようになった。これはアメリカだけでなく、ヨーロッパ・日本など全世界に広がった。その結果、運用会社間のパフォーマンス（投資実績）競争が激化し、投資信託全般の実績向上をもたらした。

⑤　確定拠出年金市場への進出・浸透

１９８０年代にスタートした４０１（ｋ）プランなど確定拠出（Defined Contribution、略称「Ｄ

C」）年金制度が普及し、その資産の運用対象として投資信託の比率が上昇した。

アメリカのDC年金資産残高は、2017年末現在、401（k）など職域型と個人型のIRAをあわせると16・9兆ドル（職域型7・7兆ドル、IRA9・2兆ドル）、ざっと1900兆円に達している。

そして、DC年金資産の運用方法について、1990年代中頃から預金や保険商品よりも投資信託へ多くの資金が向かうようになった。2017年末には職域型DC資産の59％、IRA資産の47％が投資信託で運用されている。

そうなった理由は、アメリカ株の長期リターンが高いことを背景に、勤労者の間に「年金資金のように長期運用の場合は、短期的リスクはあっても長期的に高いリターンの見込める商品に投資したほうが良い」との認識が浸透したことによると考えられる。この結果、アメリカの投資信託残高全体に占める確定拠出年金資金の割合は2017年末現在47％、株式投資信託に至っては61％に達している。

(4) ヨーロッパで市場共通化

ヨーロッパ大陸においても、20世紀前半にかけオランダ、ドイツ、スイスなどで投資信託が生まれ、第2次世界大戦終了後に本格的に発展した。

すなわち1949年にフランス、1952年にイタリアで投資信託が発足したほか、ドイツでは1957年に投資会社法が制定され、その後の発展の基礎が築かれた。

そして1967年のヨーロッパ共同体発足に象徴されるヨーロッパの統一化の動きが進むなかで、投資信託についても共通化が進んだ。すなわち、ヨーロッパ域内共通のファンド基準を設定したうえで、この基準に適合するファンドを域内全域で販売することを可能とする「UCITS（ユーシッツ）」指令が1985年に制定された。UCITS指令とは「譲渡可能証券への集合的投資事業（"Undertakings for Collective Investment in Transferable Securities"、略称「UCITS」）についての法規制・管理規定の調和に係る指令（Directive）」であり、ファンドの組成・運営・情報開示等について規定している。UCITS指令はその後数回にわたる改正を経て2016年からUCITS Ⅴ（第5次指令）が施行されている。

1985年のUCITS指令制定後、ルクセンブルクは、UCITS指令に沿った商品を組成するために必要な法改正を他の加盟国に先駆けて行うなど、UCITSファンドの設立拠点としての受入体制を整えた。同国は、もともと国際ファンドの設立基地としての条件に合致していた（税負担が低いことに加えヨーロッパ諸国の国民感情的に最も無難であった）こともあって、多くのUCITSファンドがルクセンブルクに設立された。現在では同国は世界各地で販売される外国籍ファンド（オフショアファンド）の重要な設立拠点国となっている（その後、アイルランドも多くの外国籍ファンドの誘致に成功している）。

また、ＵＣＩＴＳ指令に基づくファンドは、一定の投資家保護（運用会社と投資家との利益相反への対応、流動性確保など）が図られているファンドとして、世界で幅広く人気を博している。現在ではＵＣＩＴＳファンドの40％はＥＵ以外（アジア・中近東・中南アメリカ）で販売されているといわれる。

（5）　アジアの多くの国で投資信託を導入

投資信託はアジアでも普及した。まず日本で１９４１年にイギリスのユニットトラストに範をとった投資信託が発足した。この戦前ファンドは１９４５年の終戦により終了したが、１９５１年に特別法（証券投資信託法）に基づく投資信託が発足した（日本の投資信託の歴史については４「日本の投資信託の歴史」において詳述する）。

日本以外では、１９５０年代から１９６０年代にかけて、イギリスの影響が強いマレーシア・シンガポールで投資信託が発足し、その後、１９７０年代に韓国・タイでも投資信託制度が導入された。そして、中国で１９９０年代末にまずクローズドエンド型が導入され、２００１年にはオープンエンド型ファンドも発足した。またオーストラリアでは強制的企業年金制度であるスーパーアニュエーションの発達とともに近年、投資信託が急成長しており、いまや世界有数の投資信託大国となっている。

また、最近ではヨーロッパＵＣＩＴＳのアジア版というべき「アジア地域ファンド・パスポート（Asian Region Funds Passport、略称ＡＲＦＰ）」制度の導入により、域内のファンドビジネスをより活性化しようとする動きも出ている（２０１７年末現在、ＡＲＦＰに参加している国は、オーストラリア、日本、韓国、ニュージーランド、タイの5カ国である）。

(6) いまや世界の投資信託資産は45兆ドル（５０００兆円）

以上のように、第２次世界大戦後を中心に世界各地で投資信託制度が導入され発展した結果、２０１７年末現在の世界の投資信託残高は44・９兆ドルに達しており（証券に投資する個人向け公募投資信託の集計であり、機関投資家向けファンドや不動産投資信託は含まない）、世界の２０１７年推定ＧＤＰ79兆ドル（注5）の57％に達している。20年前（１９９７年）の世界投資信託残高は７・２兆ドルであったから20年間で6倍に増加したことになる。

〔参考〕世界で投資信託が急成長している理由

過去20年間に世界の投資信託残高が急成長した要因としては次の諸点があげられよう。

① 世界的に個人金融資産の蓄積が進み、リスク資産をもてる（収益性を追求できる）ようになったこと
② 世界の証券市況が概して堅調に推移したこと
③ 投資信託の「仕組みの合理性（共同投資により分散投資と専門機関による運用を可能とするということ）」が幅広い人々に受け入れられたこと
④ ＥＴＦを含む品揃えの充実
⑤ 銀行、ファイナンシャル・プランナーなど販売チャネルが拡充するとともに、インターネットを通じての買付が可能となるなど投資家と投資信託の接点が広がったこと
⑥ アメリカ・オーストラリアなどにおける確定拠出年金市場への浸透

なお、世界の投資信託の直近の状況については、第10章「これからの投資信託」において詳述する。

4 多様化とグローバル化（日本の投資信託の歴史）

(1) 戦前の投資信託

有価証券への共同投資の仕組みとして、日本では1937年（昭和12年）に藤本ビルブローカー（現・大和証券）が設立した証券投資組合があった。これは民法上の組合として組織され、組合員から集めた資金を有価証券で運用して利益を組合員に分配する仕組みであった。しかし、この証券投資組合の組織・運営方法は信託類似行為として法制上疑義を生じ、1940年7月を最後に新たな組合の組成を停止し、期限の到来を待って解散した。

その後、戦時体制の強化のもとに国民貯蓄の増強と株価の安定、重要産業の生産力強化のための資金の供給という国策上の見地から、太平洋戦争直前の1941年11月に投資信託が誕生した。これは野村證券を委託者とし、野村信託を受託者とするもので、イギリスのユニットトラストに範をとったものであった。そして1942年には5証券会社も加わり、募集額は増加した。しかし、1945年8月に終戦とともに募集は打ち切られ、その後1950年3月までに清算・償還を完了した。

(2) 現行（戦後）の投資信託の歴史

現行の投資信託について、世界と同様に日本の投資信託についても歴史年表をつくってみると図表3－2のとおりである。

以下、制度を中心とした大きな流れと、投資信託ビジネスの3要素ともいうべき商品・販売・資産運用とに分けて要点を記述する。

① 大きな流れ

現行の投資信託は1951年6月の「証券投資信託法」施行によりスタートした。これは戦後の財閥解体で大量に放出された株式の需給調整（証券民主化）や、戦後の資金不足時代における産業資金調達の意図のもとで政策的に導入された商品であった。戦前の金銭信託を範として立法化され、信託の形態をとる契約型の単位型株式投資信託として誕生した。

証券投資信託法はその後、証券恐慌後の1967年に一部改正され、投資信託委託会社の受益者に対する忠実義務（信認を受けて他人の事務を処理する者は、その他人の利益のためにのみ行動する義務）の明確化、禁止行為規定の強化・新設など投資信託委託会社の行為準則が設けられた。また1995年には規制緩和とディスクロージャーの強化を主要テーマとする大規模な改革が行われた。

図表3－2　日本投資信託年表（戦後）

	制度	商品	販売	資産運用
1950年代	証券投資信託法施行（1951）	単位型株式投信でスタート（1951） 追加型株式投信発足（1952）	証券会社だけで販売	国内株中心
1960年代	委託会社の証券会社からの分離（1960年営業開始）			
		公社債投信発足（1961）		国内債組入れ本格化（1961）
	投資信託法改正、「委託会社の受益者への忠実義務、ディスクロージャー義務」などを規定（1967）			
1970年代				外国証券組入れ開始（1970）
			外国投信の国内販売自由化（1972）	
1980年代		中期国債ファンド発足（1980）		
	委託会社が投資顧問業務に進出（1984）			
1990年代	外資系が投信委託業務に進出（1990）			
		MMF 発足（1992）		
	銀行系が投信委託業務に進出（1993） 投信改革決定（1994）1995年に実施		委託会社の直接販売開始（1993）	
		日経300上場投信発足（1995）		デリバティブのヘッジ目的以外への利用など運用規制緩和（1995）
		毎月分配型ファンド発足（1997）		
	金融システム改革法施行（1998）		銀行、保険等が本体で販売参入（1998）	資産運用の外部委託が可能となる（1998）

	制度	商品	販売	資産運用
		私募投信発足（1999）		
2000年代	投信委託業者の受託者責任を明確化（2000）	会社型投信発足（2000）		運用対象を不動産を含めた幅広い資産に拡大（2000）
	公社債投信時価評価へ移行（2001）	不動産投信発足（2001）	金融商品販売法施行（2001）	一部のMMFが元本割れ（2001）
	確定拠出年金発足（2001）	現物拠出型ETF上場（2001）		
			郵便局での投信販売開始（2005）	
	金融商品取引法施行（2007）			
				運用対象資産として商品が加わる（2008）
		通貨選択型ファンド発足（2009）		
2010年代	ファンド併合手続簡素化（2014）		投資家ごと・ファンドごとのトータルリターン通知制度導入（2014）	運用財産につきリスク規制導入（2014）

（出所）　筆者作成

そして１９９８年には「フリー・フェア・グローバル」を標榜した「金融システム改革法」施行に伴う大改正が行われた。まず、投資信託販売について銀行等の金融機関による販売が解禁され、投資信託の販売チャネルが大きく広がった。商品面では、契約型投資信託だけが存在していたわが国においても、グローバル化の観点などからアメリカなどで主流となっている会社型投資信託（日本では投資法人と呼ぶ）の制度を導入するとともに、ファンドの設立が承認制から届出制に規制緩和された。また私募投資信託も解禁された。資産運用面では投資信託委託会社のファンド運用指図の外部会社への委託も可能になった。一方、証券取引法に基づく開示を義務づけるなどディスクロージャーの強化が図られた。

次いで、2000年には投資対象が有価証券以外のものにまで拡大されて「不動産投資信託」の設定が可能となり、法律名は「証券」の字がとれて「投資信託及び投資法人に関する法律」と改められた。また投資信託委託会社の行為準則に善管注意義務（善良な管理者の注意をもって投資信託財産の運用の指図を遂行する義務）が追加されるなどの改正が行われた。

さらに、2005年には郵政民営化に先駆けて郵便局での投資信託販売も始まり、販売チャネルはいっそう拡大した。そして2006年には金融商品取引法の制定（2007年9月末施行）に伴い、投資信託委託会社の行為準則にかかわる部分を同法に移管する法改正が行われ、また2014年には運用財産についてのリスク規制導入等も実施された。

この間、公募証券投資信託残高は1989年をピーク（59兆円）としてバブル崩壊後に大きな減少を余儀なくされ、株式市況の回復を受けて2005年頃からいったん拡大した。2008年の世界金融危機により前年比35％の減少を記録したものの、2009年1月を底に回復し、2015年5月に史上初めて100兆円の大台を超えた（2018年9月末現在の残高は116兆円）。

しかし、世界全体の投資信託残高が2017年現在で44・9兆ドル（5000兆円）に達しているなかで日本のシェアは2・2％にすぎず、世界における日本のGDPシェア（6％程度）に比べあまりに小さい。逆にいえば潜在成長性が高いということであり、政府レベルで進めている「貯蓄から資産形成へ」を促進するための中心商品としても成長が期待されている。

②　商品の変遷

・単位型株式投資信託でスタート

1951年の投資信託発足時には、株式という無期限で価格変動の大きい証券で運用するにもかかわらず、期間2年という短い償還期限を設けた「単位型株式投資信託」という国際的に珍しい商品でスタートした。その背景には日本の投資信託が発足した際の時代的要請があった。すなわち、投資信託が発足する直前の1940年代後半における日本の証券市場は「1948年に証券取引法が公布施行され、経済復興への第一歩を踏み出していたが、財閥解体により市場に株式があふれ、その一方、買い手不在の状態であった。市場の株式を吸収し、企業に必要な資金調達を行うことが国にとっての急務であり、その解決策として投資信託の活用が考えられたのである」（投資信託協会発行「日本の投資信託2014」より抜粋）。

こうした証券民主化、言い換えれば国民が保有する預貯金の一部を証券投資に振り向けるというねらいに沿って、個人が購入しやすく、また業者も販売しやすい「単位型ファンド（当初設定後は追加設定を行わないファンド）を毎月新設する方式」が採用された。逆にいえば、世界の投資信託で一般的であった「無期限追加型ファンドを日々変動する時価で販売する方式」はとられなかった。

具体的には、2年という定期預金並みの短い信託期間を設けるとともに、募集期間1カ月の新しいファンドを毎月設定する方式により、日々変動する時価ではなく常に固定金額（当初は1口5000円、1966年設定分から1万円の額面金額）で販売できる方式を取り入れた。その後、1952年に追加型ファンドもスタートしたが、販売の主力は毎月募集の単位型ファンドであることに変わりはなかった（ただし、信託期間は1954年募集分から3年、さらに1956年募集分から5年へ延長された）。この単位型中心の投資信託販売、言い換えれば「右肩上がりの株価トレンドを前提として、期間5年程度の貯蓄的商品を毎月募集する」というビジネスモデルは、1990年のバブル崩壊によりそれが成立しなくなるまで続いた。

そして1990年代後半からは、追加型ファンドを日々変動する時価により「投資商品」として販売するという欧米並みの方式が主流となり（ただし、1口1円とし、たとえば「100万円購入」という金額指定の買付けを可能とした）、2017年末現在では株式投資信託残高の99%を追加型が占めるに至っている。

・公社債投資信託、中期国債ファンドの発足

1961年に公社債投資信託が発足し（当時は国債がまだ発行されておらず、実態は「社債投資信託」であった)、1980年には中期国債ファンドが誕生した。前者は日本の社債市場育成のねらいがあった。また後者は、業者サイドにおいては「アメリカMMFの日本への導入」を意図していたが、銀行等の反対のなかで「中期国債の円滑な消化に資する」という大義名分のもとに中期国債ファンドとして発足にこぎつけた商品であった。

・不動産投資信託、ETFの導入

2000年には従来の信託契約に基づくファンドのほかに、投資法人型(いわゆる会社型)ファンドが導入された。その意義は、ファンドのガバナンスを充実した制度の導入、会社型ファンドが主流を占めていたグローバルスタンダードへの接近といったことにあった。

そして、流動性の小さい物件にも投資できるクローズドエンド(ファンド自体は投資家からの解約請求に応じないで、ファンドの上場によって換金性を付与する)制度を採用した不動産投資法人(J-REIT)が発足した。その背景には日本の不動産市場の活性化を図るねらいがあった。

また、1995年には日本でもETF(「日経300株価指数連動型上場投信」)が導入された。日本のETFは当初、現金拠出型に限られていたが、2001年には低迷する株式市況を刺激するねらいもこめて、新たに現物(株券等)拠出型ETFが導入された。

以上のように、日本の多くのファンドの発足の背景には政策的意図があった。

③　販売面の変化

日本の資本自由化政策の一環として１９７２年に外国投信の国内販売が解禁された。そして金融ビッグバンのもとで銀行等が投資信託販売に参入したことが大きな変化であった。日本の投資信託は、その受益証券が証券取引法上の有価証券であることから、図表３－２に記したように証券会社だけが販売する方式でスタートした。その状態は、１９９３年に投資信託委託会社による直接販売が始まるまで42年間にわたって続いた。

しかし、１９９０年代後半に政府主導で進められた「直接金融から間接金融へ、個人の資産運用の効率向上へ」というねらいをもった金融ビッグバンのなかで、投資家と投資信託の接点を広げるため１９９８年に銀行等による投資信託販売が始まり、２００５年には郵便局も販売に参画した。銀行窓販は、投資信託広告の増大による効果を含め投資信託の認知度を飛躍的に向上させた。

④　資産運用面の変化

資産運用面では投資対象の多様化とグローバル化が進展した歴史であったといえる。また、１９９８年に運用の外部委託が可能となったことにより海外運用会社の活用が進んだ。

・投資対象の多様化

図表３－２のように、投資信託の運用対象は１９５１年の発足時には国内株が中心であった

が、社債市場の発達さらに本格的な国債発行の開始（1965年）など公社債市場の拡大とともに公社債組入れが増加した。投資信託全体の資産構成の変化をたどってみると、1962年に公社債が株式を上回るに至り、以降、株価ピーク時の1989年および1990年の2年間を除き、2014年まで常に公社債（外債を含む）の保有金額が株式を上回ってきた。しかし、2008年以降の世界的な金利緩和により公社債利回りが低下したため、2015年以降は株式保有金額が公社債を大きく超える状況になっている。

またデリバティブについては、1987年に先物・オプションの利用が始まり、当初はヘッジ目的に限られていたが、1995年にヘッジ目的以外にも利用可能となった。その結果、ファンド時価（基準価額）が前日比で株価等指数の2倍・3倍に動くブル・ファンドや、指数の逆方向に動くベア・ファンドも生まれた。

・グローバル化

1970年に、日本の対外証券投資自由化の先陣を切って投資信託による海外投資が始まった（生保に海外証券投資が認められたのは翌1971年である）。しかし、国内証券のリターンが高かったこともあって、投資信託の外貨建て資産への投資比率は1985年まで10％以下で推移し、やっと1986年に一時10％を超えるに至った。その後は、また10％以下で推移することが多かったが、2000年代に入り日本の超低金利・株価低迷の長期化のなかで、公社債を中心に外貨建て投資が急増した。2007年末には、株式・債券合計のうち58%が外貨建て証券で占められたが、その後、円高、日本株の回復などがあって、2017年末現在では、株式・債券合計のうち外貨建ての比率は31%となっている。

・運用の外部委託の解禁

1990年代後半の金融ビッグバンの一環として、運用の外部への委託が可能となった。これにより特に海外運用会社の活用が増加し、前述の運用グローバル化を進展させる素地となった。また、1ファンドの運用を複数の会社に分割するマルチマネジャー制の採用も可能となり、1999年のファンド・オブ・ファンズ（運用効率向上等の目的に沿い他のファンドを組み入れるファンド）の解禁と相まって、地域別に異なる運用会社を採用するなど運用の専門化が進んだ。

（注1） Matthew Fink "*The Rise of Mutual Funds*" Oxford University Press, 2011, p17.
（注2） ICI "*2018 Investment Company Fact Book*" p312.
（注3） 野村證券投資信託委託（現・野村アセットマネジメント）が、会社創立30周年を記念して1990年に設立した投資信託専門の研究所。現在は野村アセットマネジメントに吸収されている。
（注4） 日本投資信託制度研究所編『投資信託の商品・サービス革命』（東洋経済新報社、1997年）のなかにおける記述。
（注5） IMF「ワールドエコノミックアウトルックデータベース（2017年10月）」より計算。

第4章

投資家保護はどのように行われるか（日本と世界）

本章では、投資信託の投資家保護の枠組み、制度の運営に関する法制、販売についての法制と関連事項、資産運用についての法制を取り上げる。なお、情報開示については第9章において記述する。

日本の現状についての解説のほか、欧米との比較を加えてグローバルな視点から俯瞰する。

1 金商法・投信法で規制（投資信託の投資家保護の枠組み）

日本では投資信託制度の全体的な枠組みは、投資信託及び投資法人に関する法律（以下「投信法」）で規定されている。そして、投資信託の販売に携わる業者の行為については金融商品取引法（以下「金商法」）、金融商品販売法（以下「金販法」）等で規制し、資産運用についてファンド単位の事項は投信法等で、資産運用にあたる投資信託委託会社の行為については金商法で規制している。また、金商法に基づく認定金融商品取引業協会である投資信託協会の定める諸規則等も実務的には重要な役割を果たしている。

アメリカでは投資信託制度の全体的な枠組みは「１９４０年投資会社法」で規定されている。そして、販売に関しては「１９３３年証券法」と「１９３４年証券取引所法」が、運用会社の行為規制については「1940年投資顧問法」が規制している。

一方、**ヨーロッパ**では、各国独自の制度も残っているが、EU共通の投資信託制度の枠組みについて欧州委員会がUCITS（ユーシッツ、Undertakings for Collective Investment in Transferable Securities＝譲渡可能証券への集合投資事業の略称で、日本の投資信託に当たる）に関する指令（以下「UCITS指令」）を定め、その基準を満たすファンド（個人向け投資信託の太宗を占めている）について、各国はUCITS指令に基づき法令を定めている。また、販売についてはUCITS指令のほか、金融商品全般についてEU共通の金融商品市場指令（Markets in financial instruments directive、略称MiFID＝ミフィッド）がある。

2 投資家への忠実義務が中心（制度の運営に関する法制）

(1) 資産運用業務への参入規制

投資信託資産の運用業者は、**日本・アメリカ**は規制当局への登録制、**ヨーロッパ**は規制当局による認可制となっている。

業者の資本要件について、**日本**は一律５０００万円としている。**アメリカ**には資本要件はない。一方、**ヨーロッパ**ＵＣＩＴＳ指令は最低12万５０００ユーロとし、運用資産が2億５０００万ユーロを超えると必要資本額が増加（超過額の０・02％を加算）する（ただし１０００万ユーロを上限とする）仕組みを取り入れている。

人的要件について、**日本・ヨーロッパ**は一定の要件があるが、**アメリカ**は特にない。しかし、運用業者の適格性は各ファンドのボード（取締役会）により審査されている。

以上の規制内容を総括すると、日本の投資信託資産運用業への参入規制はヨーロッパより緩やかでアメリカより厳しい。

(2) 商品設立規制

１本１本のファンドの設立・募集について、**日本**は当局への約款（信託契約の内容）の届出ですむ。一方、**ヨーロッパ**は当局の認可、**アメリカ**は当局への登録を要するので、これと比べると日本は商品設立規制が緩やかである。

同一ポートフォリオ（資産内容）のファンドについて、販売手数料・信託報酬などが異なる種類の受益権（会社型にあっては株式）を発行する場合がある。これを、クラス別シェアと呼んでいる。たとえば、アメリカでは、販売手数料を販売時に徴収するクラスＡと換金時に徴収するクラスB、あるいは確定拠出年金向けなど多くの区分がある。

このクラス別シェアの発行は、主要国のなかで日本だけが認められていない（投信法の「受益権は均等に分割する」という規定に抵触するおそれがあると考えられている）。このため、同一運用内容のファンドにつき、たとえば、確定拠出年金専用などで異なる販売手数料や信託報酬率を採用するためには、同一マザーファンドを組み入れる別個のベビーファンドを組成する方式（「ファミリーファンド」と呼ばれる）を採用せざるをえない（目論見書《もくろみしょ》・運用報告書など情報開示資料が複雑化し投資家にとってわかりにくい）状況になっている。

(3) ファンド運営についての法制

① 運営当事者規制

日本の契約型ファンドにおいては、ファンドは信託契約の対象となる財産であって、アメリカの会社型ファンドのように人的実態はないため、契約当事者（投資信託委託会社と受託銀行）を規制している。

投資信託委託会社の行為規制に関して、日本の金商法は、(i)業者の業務管理体制の整備を求め、顧客に対する誠実義務を課しているほか、(ii)投資運用業に関し特別の行為規則を定めている。(ii)については、善管注意義務（善良な管理者の注意をもって投資運用業を行うこと）と、受益者に対する忠実義務を課しているほか、受益者の利益との相反を招くおそれのある行為を禁止する規定がある（詳細は5「資産運用に関する法制」で解説）。

また、受託銀行については、投信法には受託者に関する特段の規定はないので、信託法・信託業法の規定による受託者責任（善管注意義務・忠実義務・分別管理義務・損失補てん責任等）を負うことになる。

アメリカの会社型ファンド（法人格がある）は、取締役会に多くの責任を委ねており、取締役会がファンド運営の中心を占めている。そのため、取締役会についてファンドの利害関係者は取締役会構成員の60％以下（言い換えれば、独立取締役を40％以上）としなければならない、など多くの規制がある。

一方、**ヨーロッパ**では、契約型のほか会社型であっても管理会社（日本の投資信託委託会社に相当する）が中心に運営することを想定した枠組みとなっており、管理会社について受益者との利益相反管理など日本と類似した多くの規制がある。なお日本・アメリカにはない事項として、2008年のリーマンショック後の世界における一連の金融規制（なかでもリスク管理）強化の流れのなかで、ファンド運用者報酬についての規制が導入された。具体的内容は次のとおりである。

・運用実績の評価にあたっては、長期実績に基づくこととし、実績連動報酬は長期に分割して文払われるようにする。

・固定報酬と変動報酬を適切にバランスさせ、固定報酬を多くする。

・変動報酬については、その50％以上を（現金でなく）当該運用者が運用するファンドの券面で支払うようにする。

・変動報酬の最低40％以上（変動報酬部分が特に多い場合には60％以上）は、ファンドの投資家に推奨する保有期間に適合するような長期繰延払いとし、その最低期間は少なくとも3年とする。

② ファンドの重要事項の変更

日本では、ファンド約款の重大な変更（商品としての基本的な性格の変更）について受益者（受益権口数）の3分の2以上の賛成による書面決議が必要である。

アメリカでは、オープンエンド型からクローズドエンド型への変更、基本的投資方針の変更などについては株主議決権の過半数の賛成が必要となっている。

ヨーロッパでは、ファンド規約の変更は規制当局の承認を要すると規定しているだけで、投資者の承認は求めていない。したがって各国規制当局が決定する事項となっている。

③ ファンドの併合・合併

日本では、併合が受益者の利益に及ぼす影響が軽微なものとして内閣府令で定めるもの以外は、受益権口数の3分の2以上の賛成による書面決議が必要である。

アメリカでは、設立地の州法でファンドの合併について株主の承認が必要な場合には、それに従う。投資会社法との関連では、SECが2002年に、同一投資顧問会社が運用するファンド間の合併について新ルールを制定し、一定の条件を満たす場合は株主の承認を不要とした。

〔参考〕ファンドの合併を推進するヨーロッパ

ヨーロッパのUCITS指令は、ファンド合併について、消滅ファンドの母国規制当局の事前承認と、消滅ファンド・存続ファンド双方の保有者に対する情報提供を義務づけているが、ファンド保有者の承認は義務づけていない。そして、各国規制当局がファンド合併について保有者の承認を義務づける場合には、行使議決権の75%を超える基準を設けてはならないと規定している。

なお、ヨーロッパでは、ファンド数の削減（それによる運営コストの低下）を実現することにより、アメリカのファンドに対する競争力を高めようとする意識が官・民ともに強く、規制もそれに対応している。2011年にEU域内における「国をまたいでのファンド合併」も可能とする措置を取り入れた。そして、2016年発効の第5次UCITS指令においては「国際間だけでなく、形式の異なるファンド（契約型と会社型）間の合併も容易にすべきである（たとえば、契約型ファンドしか認めていない国の場合、他国の会社型ファンドとの合併に際し、自国に新しく会社型の法令を設けることなく合併を認めるようにすべきである）」と述べている。

④　資産運用の外部委託

日本においては投資信託委託会社、**ヨーロッパ**においては管理会社による資産運用業務の外部業者への委託が可能である。ただし、いずれも業務の全部を委託することはできない。**アメリカ**では、特に禁止規定はなく可能である。

⑤　監　査

日本は財務諸表について、**アメリカ・ヨーロッパ**は年次報告書の財務諸表について独立の専門家の監査が必要である。

⑥　販売・換金制限に関する法制

日本は、販売価格、販売手数料、換金制限を含めて投信法に特段の規定がない。したがって、たとえば、換金を制限したクローズド期間付きのファンドも設定可能であるなど、商品設計の自由度が高くなっている。

アメリカは1929年の大恐慌時に発生したクローズドエンド型ファンドに関する問題（レバレッジを効かせた運用を行っていたほか、ファンドが証券取引所において需要・供給を反映した価格で取引されていたことによる取引価格の暴落）をふまえて、1940年投資会社法を制定した。そのため、オープンエンド型ファンドの販売価格・販売手数料・換金性の確保などについて、投資会社法で厳格に規定している。特に、販売手数料を日本のようには自由化していない（詳細は後述）ことが特筆される。

ヨーロッパは、オープンエンド型の特色である換金性の確保を規定しているだけで、販売価格・販売手数料等については制限せず、各国規制当局に委ねている。

3 適合性原則が中心（販売に関する法制と関連事項）

(1) 証券業務についての国際的な共通基準（IOSCOの7原則）

世界各国・地域の証券監督当局や証券取引所等から構成されている国際的な機関であるIOSCO（International Organization of Securities Commissions、略称「IOSCO（イオスコ）」）は、証券取引のグローバル化を背景に、1990年に国際的レベルで証券業務の規制原則を共通化するため、次の7項目からなる行為規範原則を制定した。これが、現在の世界各国における証券業務規制の基盤となっている。

① **誠実・公正**

業者は、その業務にあたっては、顧客の最大の利益および市場の健全性を図るべく、誠実かつ公正に行動しなければならない。

② **注意義務**

業者は、その業務にあたっては、顧客の最大の利益および市場の健全性を図るべく、相当の技術、配慮および注意をもって行動しなければならない。

③ **能　力**

業者は、その業務の適切な遂行のために必要な人材を雇用し、手続を整備しなければならない。

④ **顧客に関する情報**

業者は、サービスの提供にあたっては、顧客の資産状況、投資経験および投資目的を把握するよう努めなければならない。

⑤ **顧客に対する情報開示**

業者は、顧客との取引にあたっては、当該取引に関する具体的な情報を十分に開示しなければならない。

⑥　利益相反

業者は、利益相反を回避すべく努力しなければならない。利益相反を回避できないおそれがある場合においても、すべての顧客の公平な取扱いを確保しなければならない。

⑦　コンプライアンス

業者は、顧客の最大の利益および市場の健全性を図るため、その業務に適用されるすべての規則を遵守しなければならない。

日本でも、１９９１年に証券取引審議会が「ＩＯＳＣＯの行為規範原則をわが国にも適用すること、法令等に明示的に限定することが適当なものについては所要の立法措置をとるべきこと」を提言し、必要な法整備が行われている。

(2)　販売に関する日本の法制

①　法　令

投信販売について、金商法、金販法、銀行法、保険業法による規制、および日本証券業協会・投資信託協会の自主規制による投資家保護規制が実施されている。

販売業者規制の主な内容は次のとおりである。

(i)誠実・公正義務……金融商品取引業者等ならびにその役員および使用人は、顧客に対して誠実かつ公正に、その業務を遂行しなければならない。

(ii)適合性原則の遵守……販売業者は、顧客の知識、経験、投資目的および財産の状況に照らして不適当と認められる勧誘を行ってはならないという「適合性原則」に基づいて投資勧誘を行う義務がある。

(iii)説明義務、書面交付義務……販売会社は販売商品について、金利・通貨・金融商品の相場その他の指標の変動により元本欠損あるいは元本を上回る欠損を生じるおそれがある場合にはその内容（たとえば、価格変動リスク、信用リスク、為替リスクなど）、顧客の権利行使・契約解除の期間の制限がある場合はその旨、および手数料ほかコスト等を顧客に説明する義務がある。また、銀行など預金取扱金融機関が投信を販売する場合には、預金保険の対象でないことの説明を含め、預金との誤認防止措置をとらなければならないとされている。

さらに、２００７年の金商法施行にあたっては説明義務強化の一環として、コスト・リスクなどを記載した「契約締結内容の事前書面交付義務」が導入された。ただし、この契約前の書面交付義務は、金商法の規定を満たした目論見書を交付している場合等は必要がないとされ、投資信託については適格な目論見書の交付により代替できることになっている。

(iv)その他の販売行為規制……販売会社は、虚偽説明、断定的判断の提供、損失補てん、顧客の利益との相反行為などの「禁止行為」を犯さない義務を負っている。

②「顧客本位の業務運営に関する原則」

２０１６年12月に内閣総理大臣の諮問機関である金融審議会の市場ワーキング・グループが「国民の安定的な資産形成に向けた取組みと市場・取引所を巡る制度整備について」と題する報告書を公表した。

その主旨は「国民の安定的な資産形成を図るためには、金融商品の販売、助言、商品開発、資産管理、運用等を行う全ての金融機関等（「金融事業者」）が、インベストメント・チェーンにおけるそれぞれの役割を認識し、顧客本位の業務運営に努めることが重要である」との観点から「従来型のルールベースでの対応を重ねるのではなく、プリンシプルベースのアプローチを用いることが有効であると考えられる。具体的には、当局において、顧客本位の業務運営に関する原則を策定し、金融事業者に受け入れを呼びかけ、金融事業者が、原則を踏まえて何が顧客のためになるかを真剣に考え、横並びに陥ることなく、より良い金融商品・サービスの提供を競い合うよう促していくことが適当である」ということにあった。

これを受けて、金融庁が２０１７年に7項目からなる「顧客本位の業務運営に関する原則」を公表し、金融事業者に自主的な取組みを求めた。その後多くの金融機関（２０１８年11月7日現在、１４８８事業者）がこの原則を採択しており、その実施状況について「成果指標（ＫＰＩ）」

を盛り込んで公表する事業者も増えている。

(3) 欧米における販売規制

欧米においても前述のＩＯＳＣＯ原則に沿った規制が設けられている。詳細については割愛するが、近年、金融商品販売業者に対して投資家との利益相反を避けるための新たな規制が導入されている。

具体的には、①イギリスにおけるリテール（個人投資家向け）投資商品販売制度改革（Retail Distribution Review、略称「ＲＤＲ（アール・ディー・アール）」。２０１２年末から実施）、②ＥＵの第２次金融商品市場指令の制定（「ＭｉＦＩＤⅡ（ミフィッド・ツー）」、２０１８年1月実施）、③アメリカ労働省による「退職準備投資に関して証券会社などにも受託者義務を適用する規則」の制定である。

いずれも投資勧誘にあたって「販売者が自らの収入の多い商品を売ることなどによる投資家との利益相反を防ぐこと」を意図している。

前記①イギリスにおいては非独立を含むＦＡ（ファイナンシャル・アドバイザー）が、②ＥＵにおいては独立ＦＡが、それぞれ商品の発行者からコミッション等を得ることを禁止した。その趣旨は、いままでＦＡによる顧客へのアドバイスの対価が販売商品の発行会社から受け取る販売報酬でまかなわれていたことを止め、アドバイスの対価を顧客から直接受け取る仕組みにすることにより、販売報酬率の高い商品を売ろうとする利益相反行為を排除することにある。

また、③アメリカにおいては、退職準備投資商品の販売者に対し、従来からの「適合性原則」だけでなく、自らの利益より投資家利益を優先する〝忠実義務〟を含む「受託者責任」を課した（ただし、この労働省規則は、２０１８年3月に裁判所が「労働省の権限を逸脱している」として無効判決を下し、同年6月に無効が確定した）。

〔参考〕販売手数料が自由化されていないアメリカ

日本では投資信託の販売手数料が自由化されている（各ファンドの約款が定める上限率の範囲内で販売会社が任意に決められる）ことはよく知られているとおりである。

一方、アメリカは販売手数料を固定化し、販売会社が任意に決めることはできない。投資会社法22条(d)項で「目論見書に記載された公募価格で販売しなければならない」と規定しているからである。ここで「公募価格」とは純資産価格に販売手数料を上乗せした価格であり、その販売手数料は目論見書にクラス別および申込金額別に明記されている。

したがって、同一シェアクラスの同一金額の申込みには同一の手数料を適用しなければならない。たとえば、投資家が販売手数料前取りのクラスAシェアを1万ドル購入する場合には、だれが、どの販売会社で、いつ買おうと一律の手数料が適用されることになる。日本のように販売会社によって異なる手数料を適用することはもちろん、各販売会社が顧客（たとえば、常得意先かどうかなど）により、販売方法（対面かネットかなど）により、また時期により（キャンペーン期間中はゼロにするなど）自由に決めるといったことはできない。

言い換えれば、22条(d)項は、アメリカ独占禁止法の例外を規定していることになる。

また、投資会社法22条(a)項は、手数料について自主規制機関である証券業協会（現在はFinancial Industry Regulatory Authority、略称「ＦＩＮＲＡ」）が規則を設けることができると規定しており、ＦＩＮＲＡは、ファンド資産から手数料を支払わないファンドの場合で販売価格の８・５％、資産から手数料を支払うファンドの場合で「新規グロス販売額」の６・25％を上限とすることなどを定めている。

以上のように、アメリカで手数料を自由化していない理由は、投資会社法が制定された１９４０年当時は、前日値によってファンド売買が行われていたため、後述のバックワード・プライシングの弊害（資産価値の稀薄化）を防止するため、一定の、それもかなり高い手数料を徴収することにあったといわれる。

4 「発注後に算出される価格」で買付・換金（投資信託の買付・換金ルール）

投資家の売買が即ファンド資金の増減につながるオープンエンド型ファンドにあっては、投資家の入替り・資金の出入りによるファンドの純資産価値の毀損を防ぐ（言い換えれば投資家間の公平性を保つ）仕組みが欠かせない。

そこで、**世界共通**に追加型投資信託の（ファンド発足後の）買付・換金は、投資家の注文受領後に算出される純資産価格（日本では「基準価額」と呼んでいる）に基づいて行われている。このように、投資家の発注後に算出される純資産価格に基づく買付・換金方式を「フォワード・プライシング方式」と呼んでいる（日本では、投資家の発注時点では買付・換金価格が「みえない」ことから「ブラインド方式」とも呼んでいる）。

フォワード・プライシング方式は、顧客が買付・換金を発注する時点で価格が確定しない点で不便である。筆者は、ETFの開発に携わったアメリカ人が「モノを買う時に値段がわからないなんておかしい。車を買う時にディーラーに行って、この車はいくらかと聞いた時に、〝まだわかりません〟といわれたら、買う気がしなくなるだろう」と述べたうえで、常に「みえている市場価格」で売買できるETFのメリットを強調していた記事を読んだ記憶がある。

しかし、前述のように投資家間の公平性を保つためにフォワード・プライシング方式は欠かせない。歴史的にみると、アメリカですら1968年までは前日の純資産価格に基づいて買付・換金が行われていた（日本は1970年に前日価格から当日価格へ移行した）。

念のため、既知の価格で売買するバックワード・プライシング（前日価格、あるいは証券取引所の取引終了後も当日価格で売買する方式）の弊害を例示すると次のとおりである。

既知の価格で売買すること（バックワード・プライシング）の弊害（例）

① たとえば、当日3時の終値で評価したファンドの基準価額が1万円、ファンドの口数が1口（純資産総額1万円）であるとし、その後の好材料発生（たとえば、日銀が大金融緩和を発表）により翌日株価が上昇し基準価額が1万200円になると想定されたとする。新規買付けがなければ翌日の基準価額は1万200円となるが、もし当日の基準価額1万円で1口の新規資金が入ってくると、翌日のファンド基準価額は、{(10,200円＋10,000円)÷2口}で1万100円となってしまう。すなわち新規受益者が利益を得るかわりに既存受益者の利益が損なわれる。

② また、当日の終値で評価した基準価額が1万円、ファンドの口数が2口である（純資産総額2万円）とし、悪材料発生により翌日の基準価額が9800円（純資産総額1万9600円）になると想定されたとする。換金がなければ翌日の基準価額は（19,600円÷2口）で9800円

となるが、もし当日の基準価額1万円で1口換金される（資金流出する）と、翌日のファンド基準価額は｛(19,600円－10,000円)÷1口｝で9600円となってしまう。すなわち換金者が損失を防げるかわりに残存受益者の損失が大きくなる。

〔参考〕アメリカの投資信託売買ルール違反事件

アメリカでは、2003年に投資信託不祥事として知られる「投資家の不正取引を容認した行為」が明るみに出た。その内容は次の2つであり、いずれもバックワード・プライシングにより一部投資家を優遇し、多数の既存投資家に弊害をもたらした。

① 一部の投資信託会社が、投資家からの注文を締め切る所定時刻（午後4時）を過ぎた後（6時半頃といわれる）に、ヘッジファンドなど一部の大口顧客からの買付注文を受け付けた。すなわち、午後4時以降に株価上昇に結びつく好ニュースが伝わり、翌日に株価が（したがってファンド基準価額が）上昇すると想定できた時に、その好ニュースをまだ反映していない当日基準価額による買付けを容認した。翌日に上がることがわかっているものを当日の値段で買えるのだから、後出しジャンケンのようなもので当該投資家は濡れ手で粟の利益を得た。その分、翌日のファンド純資産価値は希薄化し（価格上昇が薄まり）、

既存投資家が不利益を被った。
② 一部の大口顧客が、日本株ファンドなど外国証券ファンドについて、時差を利用して短期売買で利益を得た。すなわち、アメリカ東部時間の午後4時現在で基準価額を計算する際に用いる日本株の時価は時差の関係で前日値であり、その後、日本株に好材料が出て今日は上がるとわかっている日に外国証券ファンドを買って、翌日売却することによって利鞘を得た（既存投資家が不利益を被った）。
この事実が明らかになった後、上記の不正取引に関与した投資信託会社のなかには顧客資金が大量に流出したうえ、以後の新規資金流入が細った会社もあった。当時存在した500社程度の投資信託会社のうち19社がかかわったといわれ、そのなかには古い歴史をもつある大手投資信託会社も含まれていた。同社は不正発覚前の2002年末にはアメリカ第9位の投資信託運用資産をもっていたが、その後2017年末までに、（アメリカ投資信託全体の規模が2・9倍に拡大したにもかかわらず）投資信託運用資産額は半減し、資産額ランキングは2017年末に46位に転落している。資産運用ビジネスにおいて、信用・レピュテーション（評判）がいかに大事であるかを物語っている。

なお、世界における投信の買付・換金価格の決め方については、下記のとおり3つの考え方がある。

イギリスでは3つとも認められており、イギリス投資協会（Investment Association）は、イギリスの投信規制に関する解説書において、3つの方法を次のように解説している。

〔参考〕世界の投資信託の買付・換金価格の決め方

① シングル・プライシング

買付・換金とも、常に1本値（ファンドの純資産価格＝日本では基準価額と呼ぶ）で行う。ファンドの純資産価格の計算にあたり、組入証券は取引所における売呼値（売注文についての希望価格でありオファーまたはアスクと呼ばれる）と買呼値（買注文についての希望価格でありビッドと呼ばれる）の中間値で評価する。

〔筆者注〕組入証券の評価について、日本・アメリカなど多くの国では証券取引所の終値（その日の最終取引価格）で評価することを基本としている。

② デュアル・プライシング

イギリスの伝統的な方法であり、常に買付価格と換金価格を別建て（2本建て）にする。すなわち、買付価格は「組入証券を売呼値で評価したうえ、これに証券買付コストを加えた価格」とし、換金価格は「組入証券を買呼値で評価したうえ、これから証券売却コストを控除した価格」とする。

③ スウィング・プライシング

①のシングル・プライシングの変形である。買付・換金とも1本値で行うが、投資家の買付けが多いときは「純資産価格に買付コスト等の調整額を上乗せした価格」とし、投資家の換金が多いときは「純資産価格から売付コスト等の調整額を控除した価格」とする。

［筆者注］日本では、前記の分類に従えば、①のシングル・プライシングが採用されている。ただし、換金時に「信託財産留保額」（第1章4「コスト」で説明）を徴収するファンドについては、買付価格と換金価格が異なるという意味でデュアル・プライシングの変型ともいえる。なお、アメリカでは「信託財産留保額」徴収制度はない。なぜなら、オープンエンド型ファンドは、顧客の買付・売付注文を日々受け付けながら徐々にファンド規模を拡大させていく（顧客の換金請求があっても新規販売により相殺されて組入資産の売却をしないですむ）ことが一般的であるため、資産処分コストは要らないのである。

日本では資金の動きが一方的である（ファンド新設時にどっと資金が入るが、後は流出する一方というケースが多い）がゆえに、残存受益者保護のために換金者から信託財産留保額を徴収している。

日本でも、既存ファンドへの積立投資などが一般的になって、ファンドの資金量が安定化すれば、信託財産留保金をなくすことができる（投資家コストを下げられる）。その実現のためには、業者の商品組成・販売姿勢も問題となる。商品の製造者・販売者が、すでに製造・販売したファンドを大事に育成していくことにいっそう注力することが望まれる。

5 分散の徹底・レバレッジ排除など（資産運用に関する法制）

（1） 分散投資の徹底

日本では、ファンド純資産総額に占める同一発行者（企業・国など）の有価証券の保有額の比率は、株式、債券、デリバティブのそれぞれについての10％、合計で20％を超えてはならないと規定している。ただし、国債などの公共債等についての制限はない。

アメリカでは一般の分散型ファンドの場合、総資産の少なくとも75％の部分について、一発行者への投資をファンド総資産額の５％以内に制限している。ただし、政府債についての制限はない。

ヨーロッパのＵＣＩＴＳ指令は同一発行者の証券への投資をファンド資産の５％以下、預金・デリバティブ取引等とあわせて20％以下に制限している。ただし、公共債は無制限など多くの例外規定がある。

(2) レバレッジ(てこ作用)の排除

① 借入制限

日本では、解約代金支払目的および分配金再投資型投資信託の分配金支払目的に限り、資金の借入れが可能である。

アメリカでは、借入れ前の純資産に対しては50%以下、**ヨーロッパ**UCITS指令は、一時的な借入れに限りファンド資産の10%まで可能としている。

② デリバティブ(先物・オプションなど)の利用制限

日本では、デリバティブ取引等について、投資信託委託会社があらかじめ定めた合理的な方法により算出したリスクの額が、ファンドの純資産総額を超えない範囲に制限している。

アメリカでは、デリバティブ取引の決済義務を投資会社法18条が禁止する「上位証券(社債・優先株)の発行」とみなすが、決済義務をカバーするため、現金・米国政府債など流動性の高い資産をファンドの保管銀行に分別預託するなどを行えば、その部分について「上位証券の発行」とはみなさない(デリバティブ取引が可能)とされている。

ヨーロッパのUCITS指令は、デリバティブのグローバル・エクスポージャー(リスクにさらされる資産の度合い)がポートフォリオの純資産価値を超えない範囲に制限している。

(3) 企業支配の排除

日本では、一投資信託委託会社が運用するすべての委託者指図型投資信託において保有する同一企業の株式が、当該企業の発行済株式総数の50％を超えてはならないと規定している。

アメリカでは、一発行者の社外議決権証券の10％以下に保有を制限している。ただし、日本のような運用会社ベース（運用ファンド全部の合計値）の制限はない。

ヨーロッパのＵＣＩＴＳ指令は、「発行体の経営に重要な影響を与える議決権をもつ株式を保有できない」と規定し具体的な制限方法は各国に委ねている。ちなみに、ドイツ投資法は一運用会社が管理するすべてのファンド合計で、同一発行者の株式保有を総議決権の10％までに制限している。

(4) 投資家との利益相反行為規制、その他投資家保護のための措置

日本では、金商法において、投資信託委託会社の善管注意義務、受益者への忠実義務を規定していることは２「制度の運営に関する法制」で述べたとおりである。

そのほか、金商法は投資信託資産の運用にあたって受益者との利益相反防止、その他投資家保護のため、投資信託委託会社の禁止行為を定めている。例をあげれば、①自己またはその取締

役・執行役との間における取引、②通常の取引と異なり、かつその条件での取引が受益者の利益を害することとなる取引、③自己または第三者の利益を図るため受益者の利益を害することとなる取引などである。

なお、前記の法規制に加え、投資信託協会は、投資信託が幅広い国民各層から信認を得て、中長期の資産形成における中核的な金融商品として信頼されるよう、投資信託委託会社が実践する「**投資信託の信認のための行動憲章**」として、10項目を定めて2017年5月30日に公表した。その内容は次のとおりである。

〔参考〕 投資信託の信認のための行動憲章

Ⅰ．誠実・公正

投資信託委託会社は、投資者の最善の利益および市場の発展・健全性を図るべく、誠実かつ公正に行動いたします。

Ⅱ．専門的能力と注意義務

投資信託委託会社は、高い専門的知見を有した人材の確保と、その能力の維持・向上に努め、業務の遂行にあたり、専門的能力と相当の注意をもって行動いたします。

Ⅲ．情報開示
投資信託委託会社は、投資信託の透明性を確保し、投資者の投資判断に資するべく、適切な情報開示を行います。
Ⅳ．独立性
投資信託委託会社は、自らの専門的な判断に立脚した独立の立場で、投資者ニーズに則した投資信託商品の提供と運用を行います。
Ⅴ．利益相反
投資信託委託会社は、潜在的あるいは明白な利益相反を特定し、適切に開示するなど、公正かつ効果的に、それらを管理いたします。
Ⅵ．効率性
投資信託委託会社は、投資者の利益を優先し、常に効率的な運営に努めるとともに、市場の動向や運用の状況に鑑み、投資者の利益に資する方策があると考えられる場合には、その可能性について能動的に検討し、適切に対応いたします。
Ⅶ．投資先企業との関係
投資信託委託会社は、スチュワードシップ・コードの精神に則り、投資先企業の企業価値向上に向け、建設的な対話の推進に努めるとともに、適切な議決権行使とその結果の公表を行います。

Ⅷ．リスク管理

投資信託委託会社は、効率的なリスク管理が確保されるよう、リスク管理プロセスの策定と効果の検証及び見直しに努めます。

Ⅸ．法令諸規則等の遵守

投資信託委託会社は、その業務に適用されるすべての法令諸規則及び投資信託約款を遵守いたします。

Ⅹ．ガバナンス

投資信託委託会社は、上記を遂行するため、必要に応じ外部の意見を求めるなどの取組みを通じ、自社の適切なガバナンス態勢を確保いたします。

アメリカでは、ファンドの関係者、発起人、元引受人、またはそれらの関係者がファンドと取引することを幅広く規制している。これについて、ＩＣＩ発行の“2017 Investment Company Fact Book”は「規制のポイント」として次の3点をあげている。

① ファンドと関係者との直接取引の全般的禁止

② ファンドと関係者が共同して第三者と取引することの全般的禁止

③ ファンドが関係投資銀行の引受証券を買い付けることの禁止により、投資銀行が売れない証券をファンドに押し付けることの防止

ヨーロッパのＵＣＩＴＳ指令は加盟国規制当局に対し次の規制を設けるよう求めている。

① 管理会社が常に遵守すべきプルーデンシャル・ルールを制定すること。特に、従業員の個人的取引や管理会社の自己資産による金融資産の保有に関する規則を定めること、管理会社とＵＣＩＴＳの間、およびＵＣＩＴＳ間などに生じる利益相反リスクを最小限に抑える会社の構造・組織にすることなど。

② 管理会社の行為規則を制定すること。そのなかでは、管理会社が正直・公正に、技能・配慮・勤勉さをもって、運用するＵＣＩＴＳの最大利益と市場の信認のために行動すること、利益相反を回避し、それが避けられないときには運用するＵＣＩＴＳが公正に扱われることを確保することなど。

第5章

商品

本章では、まず「日本の投資信託の種類」と「投資対象別にみた商品分類」を解説した後、「世界の投資信託の分類」と「世界の商品の現状」を俯瞰し、最後に注目商品としてＥＴＦ、ターゲット・デート・ファンド、ＥＳＧ投資（ファンド）を取り上げる。

1 公募・契約型・証券投資信託が中心（日本の投資信託の種類）

投資信託協会によると、日本の投資信託の２０１７年末現在における全体像は、図表５－１のとおりであり、次のように分類されている。

・**公募投資信託と私募投資信託**……50名以上の不特定多数に販売されるファンドが公募投資信託、金商法で定める適格機関投資家・特定投資家または50名未満の少数に販売されるファンドが私募投資信託である。２０１７年末の残高は公募投資信託が１２０兆円、私募投資信託が87兆円となっている。

・**契約型と会社型**……信託契約に基づき運営されるものが契約型であり、株式会社に近いかたち（日本では「投資法人」と呼ばれる）で運営されるものが会社型である。現在、日本では証券投

図表5－1　日本の広義の投資信託の全体像（2017年末現在）

- 投資信託合計 207,107,982（11,726本）
  - 公募投信 120,048,658（6,215本）
    - 契約型投信 111,191,959（6,152本）
      - 証券投信 111,191,959（6,152本）
        - 株式投信 97,432,537（6,032本）
          - 単位型 858,902（313本）
          - 追加型 96,573,635（5,719本）
            - ETF 30,794,509（180本）
            - その他 65,779,125（5,539本）
        - 公社債投信 13,759,422（120本）
          - 単位型 9,313（20本）
          - 追加型 13,750,109（100本）
            - MRF 12,994,314（12本）
            - MMF 0（0本）
            - その他 755,795（88本）
      - 証券投信以外の投信 0（0本）
    - 投資法人 8,856,699（63本）
      - 証券投資法人 0（0本）
      - 不動産投資法人(※) 8,819,837（59本）
      - インフラ投資法人(※) 36,862（4本）
  - 私募投信 87,059,324（5,511本）
    - 契約型投信
      - 証券投信 85,560,681（5,483本）
      - 証券投信以外の投信 0
        - 株式投信 81,305,459（4,657本）
        - 公社債投信 4,255,222（826本）
    - 投資法人 1,498,643（28本）
      - 証券投資法人 7,159（1本）
      - 不動産投資法人(※) 1,491,484（27本）

（注１）　上段は純資産総額（単位：百万円)、下段はファンド本数。網掛け部分は1951年から存在する公募証券投資信託。

（注２）　※の不動産投資法人およびインフラ投資法人は前月（ひと月遅れ）のデータ。

（出所）　投資信託協会

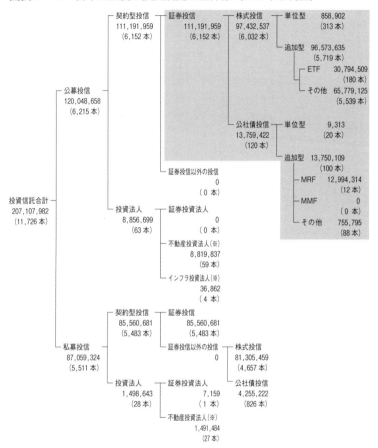

資信託は契約型が主流（２０１７年末の公募分残高１１１兆円）であり、会社型は東京証券取引所に上場している不動産投資法人が中心（２０１７年末の公募分残高９兆円）である。

契約型と会社型の違いについては３「世界の投資信託の分類」において詳述する。

・**株式投資信託と公社債投資信託**……日本では税法において、株式を若干でも組み入れることができるファンドを株式投資信託、株式をいっさい組み入れずに公社債等だけで運用するファンドを公社債投資信託と規定している。２０１７年末の残高は株式投資信託が97兆円、公社債投資信託が14兆円である。

・**単位型と追加型**……ファンド発足前の募集期間のみに元本価格で資金を受け入れ、その後は追加資金を受け入れないタイプのファンドが単位型（ユニット型とも呼ばれ、2～5年程度の短い信託期間としている場合が多い）である。一方、ファンド発足後も引き続き時価で追加資金を受け入れるファンドが追加型（オープン型とも呼ばれ、信託期間は長期または無期限）である。２０１７年末の残高は単位型が1兆円、追加型が１１０兆円である。

2 資産・地域で分類（投資対象別にみた商品分類）

投資信託協会では、証券投資信託について「投資者・受益者が投資信託を購入する等の商品選択の利用に資するために、わかりやすく商品を分類し、かつ、その分類を目論見書《もくろみしょ》等の表紙等に記載するための指針」を定めている。

目論見書等の表紙に記載する商品分類は、①単位型・追加型の分類に加え、②「投資対象地域による区分（国内、海外、内外）と投資対象資産による区分（株式、債券、不動産投資信託（リート）、その他資産、資産複合）」を組み合わせたもの（たとえば、「国内株式」「内外債券」など）がある。なお、インデックス型、特殊型（投資者に対して注意を喚起することが必要と思われる特殊な仕組み・運用手法を採用しているもの）に該当する場合には、それを目論見書の表紙に記載することになっている（図表5－2上段の補足分類）。

また、目論見書等の本文の商品説明においては、表紙に記載する分類に加え、やや詳しい属性区分（図表5－2下段）およびその定義を使用して説明することとされている。

なお、図表5－2上段の商品分類（投資対象地域、投資対象資産）別の残高構成を2017年末現在で計算すると図表5－3のとおりである。投資対象地域別には合計で国内47・7％、海外

図表5－2　投資信託協会の商品分類

[商品分類表]

単位型・追加型	投資対象地域	投資対象資産 （収益の源泉）	独立区分	補足分類
単位型 追加型	国内 海外 内外	株式 債券 不動産投信 その他資産 （　　　） 資産複合	MMF MRF ETF	インデックス型 特殊型

（注）　目論見書には当該ファンドが該当する商品分類を網掛け表示する。

[属性区分表]

投資対象資産	決算頻度	投資対象地域	投資形態	為替ヘッジ	対象インデックス	特殊型
株式	年1回	グローバル				
一般						
大型株	年2回	日本				ブル・ベア型
中小型株						
	年4回	北米			日経225	
債券			ファミリー	あり		
一般	年6回	ヨーロッパ	ファンド	（　　　）		条件付運用型
公債	（隔月）					
社債		アジア				
その他債券	年12回				TOPIX	
クレジット	（毎月）	オセアニア				ロング・ショー
属性（　）						ト型／絶対収
	日々	中南米				益追求型
不動産投信			ファンド・オ	なし		
	その他	アフリカ	ブ・ファンズ		その他	
その他資産	（　）				（　　　）	
（　　　）		中近東				その他
		（中東）				（　　　）
資産複合						
（　　　）		エマージング				
資産配分固定型						
資産配分変更型						

（注）　目論見書には当該ファンドが該当する属性区分を網掛け表示する。
（出所）　投資信託協会「商品分類に関する指針」

図表5－3　広義の株式投信の商品分類別残高（2017年末現在）

対象地域／対象資産	国内	海外	内外	合計
株式	40.6%	8.2%	7.8%	56.5%
債券	3.0%	13.3%	3.9%	20.2%
不動産投信	3.5%	5.1%	1.8%	10.5%
その他資産	0.0%	0.8%	0.8%	1.6%
資産複合	0.6%	1.9%	8.7%	11.3%
合計	47.7%	29.3%	23.0%	100.0%

（出所）　投資信託協会統計より筆者作成

29・3％、内外23・0％と分散しており、投資対象資産別には株式が合計で56・5％と多くなっている。

3　契約型と会社型など（世界の投資信託の分類）

世界の投資信託は、いくつかの切り口から分類することができる。前述の日本の説明と重複する部分があるが、次のとおりである。

(1)　公募投資信託と私募投資信託

販売対象により、個人を中心とする不特定多数に販売されるファンドが公募投資信託であり、法人・機関投資家など特定の投資家または少数に販売されるファンドが私募投資信託である。公募と私募の区分（対象人数など）は国によって異なっており、日本は50名未満、アメリカは１００名以下が私募となっている。

国際投資信託協会（ＩＩＦＡ）の集計によれば、２０１７年末現在で世界の公募投資信託残高は44・9兆ドル、私募投資信託残高は4・4兆ドルである。

(2) オープンエンド型とクローズドエンド型

ファンド持分の買付・換金が純資産価値により常時行われる「オープンエンド型」（日本の証券投資信託はすべてこの型に属する）と、ファンドは換金請求に応じない（取引所等において需給を反映した価格に基づいて持分の売買が行われる）「クローズドエンド型」（日本の不動産投資法人はこの型に属する）とがある。

現在は、後掲の図表5－4のとおり主要国においてオープンエンド型が主流を占めている。また、前述のとおりヨーロッパＵＣＩＴＳ指令はオープンエンド型のみを対象としているほか、ＩＩＦＡも世界投資信託統計を集計するにあたりオープンエンド型のみを対象としている。

【参考】オープンエンド型とクローズドエンド型の長所と短所

投資家の観点からは、いつでも純資産価値で換金できるオープンエンド型のほうが安心であり、アメリカ投資信託発展の大きな原動力となったことは第3章3⑵②で述べたとおりである。

投資信託ビジネス推進上の観点からは、常時販売を行うオープンエンド型（可変資本型ともいう）は積極的に追加資金を取り込むという「攻め」に向くタイプであり、逆にクローズドエンド型（固定資本型ともいう）は解約が発生しないので「守り」に向くタイプといえよう。

しかしクローズドエンド型は資金を固定できるため、ベンチャー企業、エマージング地域の証券、不動産など流動性の小さい資産へ投資することをはじめ、オープンエンド型ではむずかしい商品設計も可能である。

なお、アメリカでは、最近インターバル・ファンドと呼ばれるファンドが成長している。これは、オープンエンド型であるものの、投資家の換金可能時期を3カ月に1回などに制限するファンドであり、近年の証券リターンの低下のなかで、流動性の低い高利回り債券に投資して流動性プレミアムをとろうとするものである。

(3) 契約型と会社型

信託契約、組合契約など契約に基づき運営されるものが契約型であり、株式会社に近いかたちで運営されるものが会社型である。

両者の差はガバナンスにあり、契約型にあっては、ファンドに人格がないためファンドの運営は契約当事者（日本においては投信委託会社と受託銀行、ヨーロッパでは管理会社と預託銀行）に委ねられる。一方、ファンドに法人格がある会社型にあっては、ファンドの執行機関（取締役会など）がガバナンス機能を果たす。

しかし、前述のオープンエンド型とクローズドエンド型の違いに比べると、投資家にとっての経済的効果に大きな差はないと考えられる。

日本は、1941年にイギリスのユニットトラストに範をとって投資信託を導入した（戦後1951年に投資信託を再開した時にも信託契約型を採用し「証券投資信託法」を制定した）ことから、契約型が主流を占めている。

ヨーロッパは、国によって事情が異なり、ヨーロッパ全体としてみれば契約型と会社型が併存している。

一方、**アメリカ**は、1920年代にイギリスから当時主流であった会社型を導入し、その後も一貫して会社型を維持している。なお、実態的には、①メリーランド州登録の会社、②マサチューセッツ州登録の事業信託、③デラウェア州登録の法定信託などがあるが、1940年投資会社法はこれらすべてのファンドに対し、ボード（取締役会など）メンバーの独立性などについて同一の要件を課している。

【参考】アメリカのファンド・ボード（取締役会）の実態

① 調査対象投信会社のうち、自社の運用している全ファンドについて取締役会のメンバーを同一（共通）にしている（すなわち単一のファンド取締役会しかもたない）投信会社が全体の85%を占めている。ファンドの性格（株式ファンド、債券ファンドなど）に応じて異なるメンバーの取締役会をもっている（すなわち、複数のファンド取締役会をもつ）投信会社は全体の14%にすぎない。

② ファンド取締役会メンバーの4分の3以上を（運用会社等と利害関係のない）独立取締役で構成している投信会社が83%を占めている（投資会社法で要求している40%よりはるかに高い）。また、65%の投信会社がファンド取締役会の議長を独立取締役としている。

③ 1ファンドの独立取締役の数は、平均して6人である。独立取締役に対して当該ファ

ンドの保有を要求している会社が30％、保有を推奨している会社が31％ある。
④　独立取締役が専任顧問（ファンドまたは投信会社の顧問とは別の顧問）を有している投信会社は、51％である。
⑤　取締役会の開催回数は年４回としている会社が63％、５回以上開催している会社は34％である。
⑥　ファンド取締役に定年・勤続年数など退職規定を設けている会社は69％であり、定年制を設けている会社の平均定年は75歳である。なお、現時点における独立取締役の平均年齢は66歳、平均勤続年数は12年である。
［ＩＣＩの米国投信運用会社対象の実態調査より（２０１４年現在）］

日本では、ファンドが契約型であるため運営のガバナンスに問題があるといった意見がある。これとの関連で、前記のアメリカにおけるファンド取締役会の実態の①に関し、投資信託協会の大久保良夫前副会長は、「投資信託の日米比較」と題する論考（「証券アナリストジャーナル」２０１７年５月号）のなかで、「米国では……ファンドにはボードの設置が求められている。ただし、実際には、ファンドごとに異なったボードが設置されているわけでなく、各運用会社の中にその会社の運用する多数のファンドの運営監督を担う組織が運用会社自体の取締役会とは別に設けられているというのが実態である」と述べたうえで、「あえて日米の違いを単純化すれば、投信の法的形態が契約型か会社型であるか、というところにあるのではなく、運用会社の中にファンドを管理・監督する法的責任を持つ独立した組織が存在するかどうか、というところに本質がある」と指摘している。

(4) 主要国の形態別残高構成

主要5カ国（日本・アメリカ・イギリス・フランス・ドイツ）について公募投資信託の残高規模を形態別に比較すると図表5－4のとおりである。オープンエンド型・クローズドエンド型の区分を縦軸に、契約型・会社型の区分を横軸にとってマトリックスのかたちで掲載した。

オープンエンド型とクローズドエンド型の区分では、オープンエンド型が圧倒的に多く、5カ国合計で2887兆円の投資信託残高のうちオープンエンド型が2714兆円と94％を占めている。また、契約型と会社型の区分では会社型の残高が多く（5カ国合計で2887兆円の投資信託残高のうち、会社型が2497兆円）、全体の87％を占めている。ただし、この5カ国合計残高のうちアメリカの占める割合が82％と圧倒的に影響が強く、アメリカを除いた4カ国でみると契約型が74％と計算される。

図表５－４　主要国の公募投資信託の分類と規模（2016年末現在）

（単位：兆円）

	契約型	会社型	計
オープンエンド	日本の投資信託　96.6 ドイツの投資信託　43.9 フランスの FCP（推定）　198.2 イギリスのユニット・トラスト　50.8 389.5	アメリカのミューチュアルファンド　2,209.6 フランスの SICAV（推定）　22.0 イギリスの OEIC　92.5 2,324.1	2,713.6
クローズドエンド		アメリカのクローズドエンドファンド　30.7 アメリカの不動産投信　119.1 日本の不動産投信　8.3 イギリスのインベストメントトラスト　14.9 173.0	173.0
計	389.5	2,497.1	2.886.6

（注）公募ファンドのみを集計した。フランスは FCP と SICAV の内訳が2014年以降不明のため推定値による（2013年末は FCP が85％であり、2000年の56％から増加傾向にあるため2016年末の FCP 比率を90％と推定した）。円換算レートは2016年末レート：１ドル＝117.11円、１ポンド＝143.00円。

（出所）国際投信協会、米 ICI，英 Investement Association、Assocation of Investment Companies、仏 AFG データより作成

図表５－５　公募・証券ファンド数と１本当り金額の比較（2017年末現在）

	ファンド数	純資産（百万ドル）	純資産（円換算、億円）	１本当り金額（円換算、億円）
日本	6,152	－	1,111,919	181
アメリカ	（注）9,788	22,146,986	24,948,580	2,549
イギリス	2,948	1,914,949	2,157,190	732
ドイツ	1,993	461,538	519,923	261
フランス	10,860	2,313,588	2,606,257	240
世界合計	94,827	44,915,766	50,597,610	534

（注）　アメリカは手数料率などの異なるシェアクラスで数えれば、2017年末で26,944（一般ファンドのクラス数25,112＋ETF 本数1,832本）で、１クラス当り金額は926億円であった。

（出所）　国際投信協会およびICI 資料より計算。円換算は2017年末レート（１ドル＝112.65円）

4　１本当り規模が小さい日本（ファンド数などの国際比較）

(1)　ファンド数

世界全体および主要５カ国のファンド数の現況をまとめると、図表５－５のとおりである。

日本は残高規模との相対比較でファンド数が多く、１本当りの規模は５カ国中最低となっている。追加募集を行わない単位型ファンドがある（６０６０本中４０４本）ことにもよるが、後述するように新商品の設定が多く、一方で小規模ファンドの整理・統合が進んでいないことはよく指摘されているとおりである。

第4章2⑵で述べたように、日本以外は同一ファンドについてクラス別シェアの発行が可能である。アメリカでは、2017年末現在で9788ファンドについて2万6944クラス（単純計算すれば1ファンド当り3クラス）のシェアがある。

なお、アメリカにおけるシェアクラスは、主に販売手数料の徴収方式の違いに基づくものであり、アメリカの販売手数料の徴収方式の変化については、第6章において取り上げる。

⑵ 新設ファンドと償還・合併ファンドの数

日本・アメリカ・ヨーロッパについて最近数年間のファンド新設状況を比較すると、図表5-6のとおりである。

新設ファンド数（縦棒）と、前年末ファンド数に対する新設ファンド数の割合を新設率（折れ線）として掲げている。日本の新設率の高さが目立ち、他国に比べやや新商品に偏った営業が行われていたことをうかがわせる。

一方、日本・アメリカ・ヨーロッパのファンド償還・合併などにより削減したファンド数と、前年末ファンド数に対する削減ファンド数の割合を削減率として掲げると、図表5-7のとおりである。日本の削減率はやや低かったが、2017年にはアメリカ・ヨーロッパと同じ7％に

図表5－6　日本・アメリカ・ヨーロッパのファンド新設率

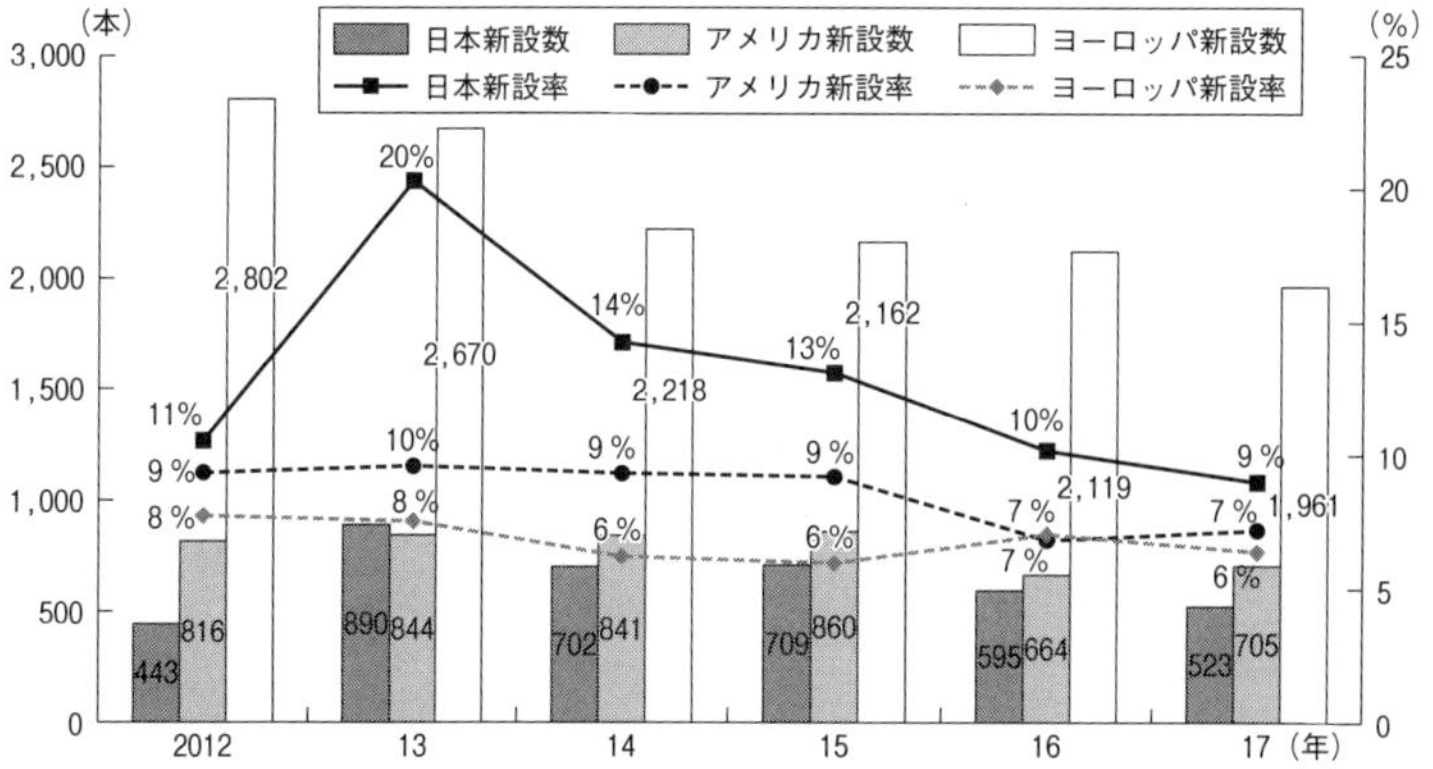

（出所）　日本は投資信託協会、アメリカはICI、ヨーロッパはThomson Reuters "European Fund Industy Review 2107"およびEFAMAデータより作成

図表5－7　日本・アメリカ・ヨーロッパのファンド削減率

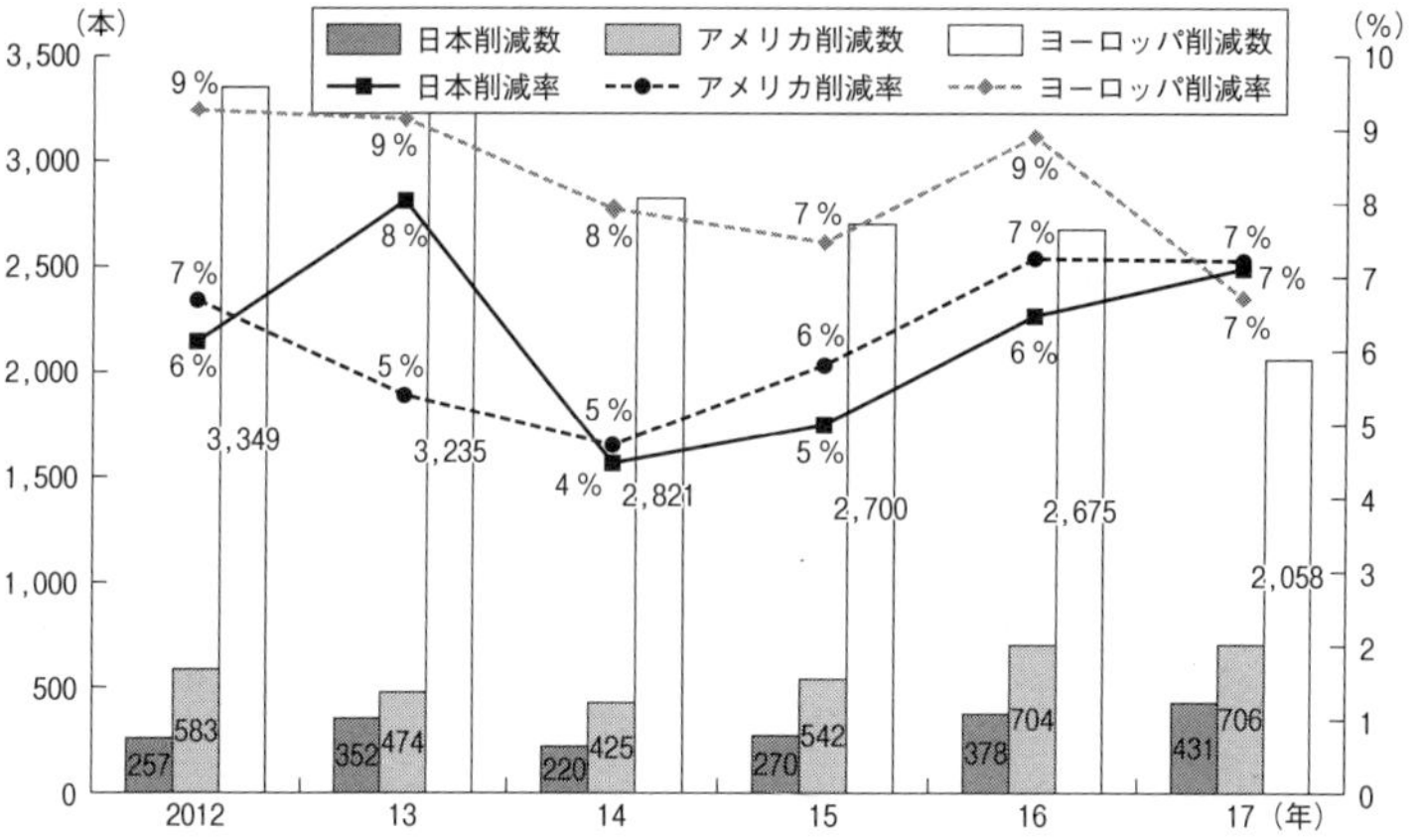

（出所）　日本は投資信託協会、アメリカはICI、ヨーロッパはThomson Reuters "European Fund Industy Review 2107"およびEFAMAデータより作成

なった。

5　品揃えが整った日本（外国と日本の商品バラエティの比較）

(1)　外国にあって日本にないファンドは限定的

図表5－8は、世界の多様な投資信託商品を紹介した書籍『投資信託の商品・サービス革命』（日本投資信託制度研究所編、東洋経済新報社、1997年）に掲載されたファンドについて、日本における存在の有無を1995年当時と最近時点とで比較したものである。

不動産投資信託が創設されたことをはじめ、20年前に比べ日本のファンドバラエティはかなり広がった。図表5－8の右側の区分「6．税制」に記載されているファンドは、アメリカの特殊な税制（地方債の利子が免税であるなど）に基づくものが多い。これを除いてみると、いまやヨーロッパやアメリカにあって日本にはないファンドは、右側の区分「5．発行証券・資本構成」に記載されている「デュアル・ファンド」や「複数クラスの証券発行」ファンドなど、法の制約（第4章2(2)で触れた「受益権は均等に分割する」という規定）によるものに絞られているように思

図表5－8　日本の投資信託の商品バラエティ（1990年代央と現在の比較）

（○は存在、△は類似ファンドが存在、×は存在せず）

ファンド	1995年	2017年
1．運用対象		
①デリバティブ・ファンド	○	○
②コモディティ・ファンド	×	○
③ゴールド／シルバー・ファンド	△（注1）	○
④モーゲージ証券ファンド	△（注2）	△（注3）
⑤不動産投資信託	×	○
⑥ベンチャー・ファンド	×	○（注4）
⑦エマージング国ファンド	○	○
⑧銀行ローン・ファンド	×	○（注5）
⑨物価連動国債ファンド	×	○
2．投資テーマ	×	△（注6）
①道徳ファンド	×	○
②ライフサイクル・ファンド	×	○
③民営化ファンド	×	×
④スポーツ・ファンド	×	×
3．仕組み		
①インデックス・ファンド	○	○
②逆インデックス・ファンド	○	○
③資産配分ファンド	○	○
④ファンド・オブ・ファンズ	×	○
⑤マスター・フィーダー・ファンド	○	○
⑥アンブレラー・ファンド	×	×
⑦ミラー・ファンド（注7）	×	×
⑧元本（利回り）確保ファンド	○	○
⑨ターゲット・マチュリティ・ファンド	○	○

ファンド	1995年	2017年
4．投資手法		
①空売りファンド	△（注8）	△（注9）
②借入れによるレバレッジ	×	△（注10）
③貸株・貸債	○	○
④クオンツ運用	○	○
⑤固定型ファンド	×	×
5．発行証券・資本構成		
①デュアル・ファンド（注11）	×	×
②ワラントの発行	×	×
③複数クラスの証券発行（注12）	×	×
④現物出資	×	△（注13）
⑤現物解約	△（注13）	△（注13）
6．税制		
①非課税地方債ファンド	×	×
②非課税交換ファンド	×	×
③非課税投資家専用ファンド	×	×
④外人専用ファンド	×	×
⑤贈与用ファンド	×	×
7．販売マーケット		
①特定グループ向けファンド	×	○（注14）
②企業の従業員向けファンド	×	○（注14）
③機関投資家向けファンド	○	○
④年金向けファンド	×	○（注14）
⑤投資顧問顧客向けファンド	×	○（注15）

（注1）　金鉱株ファンド。
（注2）　一部組入れ。
（注3）　アセット・バック・セキュリティーズ・ファンド。
（注4）　大証上場ファンド。
（注5）　単位型ファンドなど。
（注6）　SRIファンド。
（注7）　外国投信販売禁止のアメリカで販売するために、国内ファンドに“生き写し”のファンドをアメリカで設定するもの。
（注8）　保有株式数の範囲内での信用売り。
（注9）　ファンド純資産の範囲内での信用売り。
（注10）　クローズドエンド不動産投信による債券発行。
（注11）　インカム受益権口とキャピタル受益権口を発行するファンド。
（注12）　販売手数料前取り口と後取り口など。
（注13）　ETF。
（注14）　確定拠出年金向けファンド。
（注15）　私募投信のほか、ラップアカウント向けファンド。
（出所）　筆者作成

われる。

(2) 日本独特の商品

前掲の図表5－8においては、海外にあって日本にはないファンドをみたが、逆に日本にあって海外にはない商品として、毎月分配型ファンドと通貨選択型ファンドがある。

① 毎月分配型ファンド

1997年に誕生したファンドで、多くが安定した利子収入を期待できる外国債券、または配当利回りの高い株式や不動産投信を組み入れ、その収益を取り崩して毎月分配を行うファンドである。投資家にとって「分配金が毎月振り込まれるので運用の成果を頻繁にまた確実に実感できる」という心理的要因や、高齢者が「分配金を年金の補完収入として利用できる」などの理由から人気商品になった。投資信託協会発行の「投資信託の主要統計等のファクトブック」によると、2011年末には日本の株式投資信託（ETFを除く）残高のうち7割を毎月分配型ファンドが占めていた。

一方で、当ファンドについては、当初から「毎月分配をすると複利運用の効果が薄れて運用効率が悪い」という批判があったほか、「分配金はファンド資産から支払われ、元本の払戻しに相当する場合があること」を理解していない投資家も多かったため、投資家からクレームが多発し訴訟も起きた。そして、金融庁が毎月分配型に偏重した販売会社の営業姿勢を問題視したこともあって、ファンド残高は減少傾向をたどり、２０１８年9月末現在では、株式投資信託（ＥＴＦを除く）残高に占める割合は38％に低下している。

ところで、毎月分配を商品の魅力として売り込むファンドは日本にしか存在しないように思われる。アメリカでも多くの債券ファンドは毎月分配を行っているが、それを必ずしもセールスポイントにしているわけではない。アメリカではファンド収益の9割以上を投資家に分配することが義務づけられている。そしてファンド保有者に対する課税は、収益源泉別にインカム（利子・配当）とキャピタルゲインに分けて行うが、換金時の収益は便宜的に全額をキャピタルゲインとして扱っている。この税制との関連で、債券ファンドはインカムをなるべく頻繁に吐き出しておこうとする（利子収入はインカムとして課税し、キャピタルゲインに変質することを防ごうとする）配慮があるのではないかと筆者は推量している。

批判の多い毎月分配型ファンドであるが、高齢者が潜在的にもっていたニーズに応えた商品であるようにも考えられる。話は飛ぶが、アップルの創始者スティーブ・ジョブズ氏は「人はかたちにしてみせてもらうまで、自分は何がほしいのかわからないものだ」といった趣旨の発言をしていた。毎月分配型ファンドは、（開発当事者が明確に意識していたかどうかは別にして）「年金を補完できる定期的収入の得られる金融商品」をかたちにしてみせた（高齢者の潜在的ニーズを顕在化させた）側面があるのではないだろうか。

また、毎月分配型ファンドが拡大した結果として、「投資信託の収益は分配金に基準価額変動を加えたトータルリターンでみる」ことを徹底する必要を生じ、投資家ごとにトータルリターンを定期的に通知する制度が２０１４年12月に導入された。この「投資信託を保有する個別投資家ごとにトータルリターンを定期的に通知する制度」は、筆者の知る限りアメリカ・ＥＵにはない。世界でも最先端を行く投資サービスの導入のきっかけとなったのは毎月分配型ファンドであった。

しかし一方で、「毎月収入がほしい」というニーズに応えるには、元本が目減りする場合があることを理解していない投資家の誤解を避けるため、毎月分配型ではなく、アメリカで存在する「分配金と保有ファンドの一部解約金を組み合わせて毎月一定の支払を行う商品」、すなわち「元本を取り崩していくことを明確にした商品」を提供するほうがベターであるともいえよう。

② 通貨選択型ファンド

２００９年に発足したファンドである。投資家が選択できる複数の通貨コースにより構成され、組入資産による収益のほか、各コースの通貨による複数の収益（為替取引によるプレミアム（金利差相当分）および為替差益）を追求する。

具体的には、外国のハイイールド（高利回り）債券や新興国債券に投資して毎月分配を行うファンドが多く、収益源として、①投資資産による収益（債券の利子等や値動き）②「投資資産の通貨」と「投資家が選択した通貨」との為替予約取引によるプレミアム（金利差相当分の収益）、③「投資家が選択した通貨」の「円」に対する為替変動による収益、の３つの要素があることが特徴である。逆にいえば、３つとも損失（②についてはコスト発生）の可能性がありリスクも大きい。

商品内容が複雑であることから、販売会社はこのファンドを初めて購入する投資家から「商品特性・リスク特性を理解した旨」の確認書を受け入れることなどが義務づけられている。このような複雑な商品が一般個人投資家向けに販売されているのは、世界のなかで日本だけであるように思われる。

なお、前記の通貨選択型ファンドの収益源の「②為替予約取引」について、プレミアム（収益）またはコスト（損失）が、２つの通貨の金利差により発生するメカニズムを解説すると次のとおりである。

【参考】 為替予約におけるプレミアムとコストの関係

為替予約とは、たとえば、「１年先に（自分が保有している）ドルを円に戻す（ドル売り・

円買いする）為替の水準をあらかじめ取り決めること」をいう。この為替先物予約のレートは、２通貨間の金利差を反映して決まり、次式で示すようになる。

$$先物レート＝現在レート×\frac{1＋(1×先物で買う通貨の金利)}{1＋(1×先物で売る通貨の金利)}$$

この関係が成り立つ理由を、円とドルの例（ドル資産に投資して円を対象にヘッジする、つまりドル売り・円買いの場合）について説明すれば次のとおりである。

・たとえば、現時点における為替相場の水準（スポットレート）が１ドル＝１００円、円の１年金利が１％、ドルの１年金利が３％であるとする。

・この金利で運用すれば、１年先に１００円は１０１円となり、１ドルは１・03ドルとなる。

・もし、１年先に現在と同じ為替レートの１ドル＝１００円でドルから円に交換（ドル売り・円買い）することを予約できるとすれば、ドルをもつことにより１年先に円ベースで１０３円得られることになり（1.03ドル×100円）、円で運用するよりも有利となる。それが可能であれば皆がそうするので、ドル売り・円買いの予約が殺到して、予約レートはドル安・円高の方向へ修正される。結局、１年先の予約レートは、次のように「１・03ドルと１０１円が等価になる為替レート」に落ち着く。

図表5－9　為替予約のイメージ図

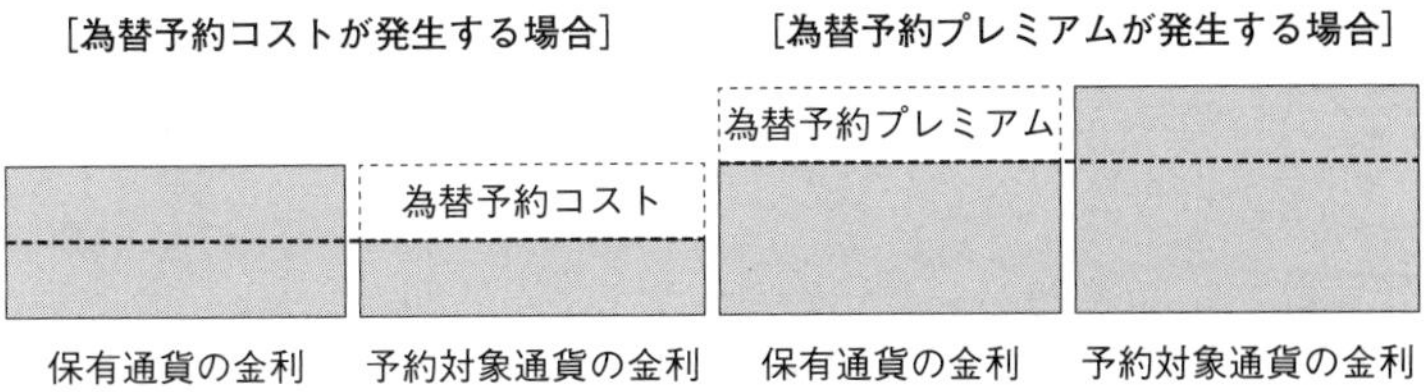

$$先物レート（X）＝100×\frac{1+(1×0.01)}{1+(1×0.03)}＝98.06$$

この結果、1.03（ドル）×98.06円＝101円となる

前記のように、予約為替レートは、通貨間の金利差を調整するように決定され、予約対象通貨のほうが金利の低い場合（前記の円のような場合）には、その差分をコストとして支払い、逆の場合は差分を受け取ることになる。コストとして支払う金額のことを「為替予約コスト」、受け取る金額を「為替予約プレミアム」と呼ぶ。

日本の「通貨選択型ファンド」は、たとえば米ドル資産を保有したうえで豪ドル、ブラジルレアルなどの高金利通貨を予約対象通貨として為替予約プレミアムを得ようとするもの（図表5－9の右側）である。

6 ＥＴＦ、ターゲット・デート・ファンド、ＥＳＧ投資（世界の注目商品）

(1) 世界的に成長を続けるＥＴＦ

① ＥＴＦとは何か

ＥＴＦ（Exchange Traded Funds、略称「ＥＴＦ（イーティーエフ）」とは文字どおり「取引所で取引されるファンド」である。

そして、一般の投資信託が、金銭の拠出により設定され、解約も金銭の支払により行われるのに対し、ＥＴＦは、現物（株価連動型であれば投信委託会社が指定する株式ポートフォリオ、金価格連動型であれば金の現物等）の拠出により設定され、解約もＥＴＦ受益権と現物との交換により行われるファンドが多い。

投資信託委託会社との間での設定・解約（発行市場）に参加する主体は、指定参加者と呼ばれる証券会社など、投信委託会社が指定する株式ポートフォリオを拠出できる大口投資家であり、一般投資家は、ＥＴＦが上場されている取引所（流通市場）に株式と同様の買付・売付注文を出

図表5－10　ETFと一般（非上場）ファンド、株式直接投資との比較

	一般（非上場）ファンド		ETF	株式直接投資
	インデックスファンド	アクティブ運用ファンド		(自らポートフォリオ構築)
①取引手法 発注先	当該ファンドの販売を取り扱う証券会社・銀行・その他金融機関		全国証券会社	
売買価格	1日1回、引け後に算出される基準価額で売買		取引所の立会時間中、刻々変化する価格で売買可能(＝リアルタイム取引が可能)	
発注方法	指値はできない（かつ、発注時には約定値段が不明）		指値も可能	
信用取引	不可能		可能	
②積立投資の可否	可能		困難（一部証券会社で「累投」可能）	
③配当金再投資の可否	可能		困難	
④コスト	購入手数料（ゼロも多い）＋信託報酬（中）	購入手数料＋信託報酬（高）	売買委託手数料＋信託報酬（低）	売買委託手数料(銘柄数が多いとコスト大)
⑤銘柄調査やポートフォリオ管理	必要なし(ファンド選択は必要)	必要なし(ファンド選択が重要)	必要なし(ファンド選択は必要)	必要
⑥パフォーマンス	連動対象指数－α	連動対象指数±α	連動対象指数－α	投資者の銘柄選択次第

（出所）　筆者作成

することにより取得・換金する仕組みである。

指定参加者等はETFに組み入れられている現物を随時引き出して売却することが可能であるため、ETFと連動対象市場との裁定が働き、ファンド純資産価値と市場価格との乖離が小さく維持されることが想定されている。

②　投資家からみたETFのメリットとデメリット

株価指数連動型ETFを、一般（非上場）ファンドおよび株式への直接投資（投資家自身が複数銘柄でポートフォリオを構築する場合）と比べてみると、図表5－10のとおりである。

ETFの株式直接投資と比べての違

いは、図表5-10にみるとおり、ETFを利用すれば「銘柄選択や配当金の再投資を含むポートフォリオ管理が不要になるかわりに信託報酬の負担を生じること、期待収益が異なること」に絞られると思われるので詳述しない。

そこで一般（非上場）ファンドと比べてのETFのメリット・デメリットをあげれば次のとおりである。

(i) 一般ファンドと比べてのETFのメリット

・コストが安い

この意味は2つあり、第一にファンドの経費率（日本でいえば信託報酬率）が一般のファンドに比べ低い（アクティブ運用型と比べてはもとより、一般のインデックス型に比べても低い）こと、第二にファンドポートフォリオの組成・取崩しコストがかからないことである。

第一のファンドの経費率（日本でいえば、信託報酬率）が低い理由は、一般ファンドのような販売会社受取報酬がない（顧客の注文を受ける証券会社は、株式と同様に顧客から売買委託手数料を収受するだけである）こと、設定・解約が現物の拠出・現物との交換により行われる現物拠出型ETFについては、従来型（金銭拠出・金銭引出し型）のような証券売買の発注・執行の手間が不要であるため、投信会社・保管銀行の報酬率も低いことにある。

第二のファンドポートフォリオの組成・取崩しコストについては次のとおりである。一般ファンドの場合は、金銭信託であるため、設定が行われると運用会社はその金銭で市場に株を買いに行く結果、買付委託手数料もかかるうえ、当該買付けによって値段を上げてしまうという市場インパクトを生じることもある。解約についても、投資家に金銭を返却するために組入株式を市場で売却する結果、設定と同様の問題を生じる。これに対しETFの場合には、設定・解約（ETFの目論見書は「解約」という言葉は使わないで「交換」と呼んでいる）が株式の現物の受入れ・現物との交換により行われるので、株式売買を市場で行う必要がない。したがって売買コストがかからない（売買委託手数料は不要で市場インパクトも生じない）ことになる。

一方で、一般投資家はETFの取得・換金にあたっては、証券会社へ売買委託手数料を支払う必要がある。売買委託手数料率は売買代金により大きく異なる体系になっているために、小口の取引については割高となる。しかし、一般のアクティブ運用ファンドの購入手数料に比べれば少額ですむケースが多い。したがって、後述するように毎月少額を投資するといった場合を除けば、前述のメリットを打ち消すほどのものではない。

・「みえている価格」で売買できる

一般ファンドの場合、第4章4の「投資信託の買付・換金ルール」において述べたとおり、投資家は当日約定（当日の引値で計算される基準価額での売買）とするためには、販売会社に対し取引所立会終了時刻以前に発注する必要があり、その約定価格がいくらになるかは発注時点ではわからない仕組み（フォワード・プライシング方式）になっている。

これに対し、ＥＴＦの場合は取引所取引であるから、投資家が取引所立会時間中に刻々変化する価格を確認しながら発注でき、また「これ以上の価格では買わない、これ以下の価格では売らない」という指値注文も可能である。

・信用取引も可能である

一般ファンドの場合、購入者は常に買付金額の総額を用意する必要があるが、ＥＴＦは株式と同様に買付金額の一部だけを差し入れる証拠金取引ができる。したがって、レバレッジ（てこ作用）を効かせた取引も可能である。

また、空売りができるので、下げ相場で収益を得る、あるいは自分が保有する現物ポートフォリオの値下りに対するヘッジのためＥＴＦを空売りすることも可能である。

・資産配分の変更を迅速・確実にできる

一般ファンドの場合は、たとえば、米国株ファンドから日本株ファンドに乗り換える注文を同時発注しにくい。なぜなら買付ファンドについてあらかじめ買付概算金額の入金が必要であるからであり、また発注時点では買付・売付両ファンドの価額が確定していないことによる。これに対しＥＴＦであれば株式売買手法を使うので、たとえば、米国株価連動型ＥＴＦを指値で売却し、同時にその売却代金で購入できるだけの日本株価連動ＥＴＦを指値で買い付けることが可能である。したがって、ポートフォリオの資産配分の変更を迅速・確実に実行できる。

・透明性が高い

ＥＴＦは指定参加者等によるＥＴＦと組入証券との交換が可能であるため、ＥＴＦと連動対象証券との価格裁定が働き、ファンド純資産価値と市場価格との乖離が小さく維持されることが想定されている。この裁定取引を可能とするため、ＥＴＦは運用内容を頻繁に公開し、日次ベースで開示することが多い。

すなわち、一般ファンドが半年ごと程度で運用の全容を公開することに比べ、透明性が高い。投資信託はもともと保険などと比べ透明性が高い金融商品であるが、ＥＴＦはその究極にある商品といえよう。

(ii)　一般ファンドと比べてのＥＴＦのデメリット

投資家は、一般ファンドについては銀行を含む多くの金融機関で買付け等の申込みができるが、ＥＴＦについては現在のところ発注先が証券会社に限られているというアクセスの問題がある。そのほか、ファンド自体にかかわる事項として次の問題があげられる。

・純資産価格で売買できない可能性がある

一般ファンドは、投資家が原則として純資産価格で購入・換金できることをファンド約款に明記し、制度的に保証している。一方、ＥＴＦの売買価格は市場での需給関係によって決まるため、純資産価格との乖離を生じる可能性がある。

また、取引所で売買が成立しない可能性があるほか、取引時間中に市場の乱高下があった場合には、まともにその影響を受け、ETFの売買価格が激しく振れる可能性がある（アメリカでは2010年5月6日にダウ平均が20分間に700ポイント下げるという市況激変――フラッシュ・クラッシュと呼ばれている――があった際、その間の取引をキャンセルする措置がとられた。このキャンセルとなった取引の70％はETFであったという。そのため、「証券取引所の終値一本で取引する一般ファンドのほうが取引時間中の乱高下を避けられる」とか、「ETFについて成行注文を出すのは危険（指値注文とすべき）」といった声が出ていた）。

・分配金の自動再投資ができない

一般ファンドの場合は「分配金自動再投資コース」が設けられていて、投資家は税引分配金を1円の無駄もなく再投資できる。一方、ETFについては、いまのところ日本では分配金自動再投資制度がないので、分配金を再投資するには投資家がそのつど買付注文を出す必要があり、またETFの買付単位以下の金額については再投資できない。

・積立投資は不便でコスト高

一般ファンドについては、多くの銀行・証券会社などが「預金口座やMRF口座から毎月一定額を買い付けていく積立投資制度」を提供している。一方、ETFについては一部の証券会社だ

図表５－11　世界のETF残高とファンド数の推移

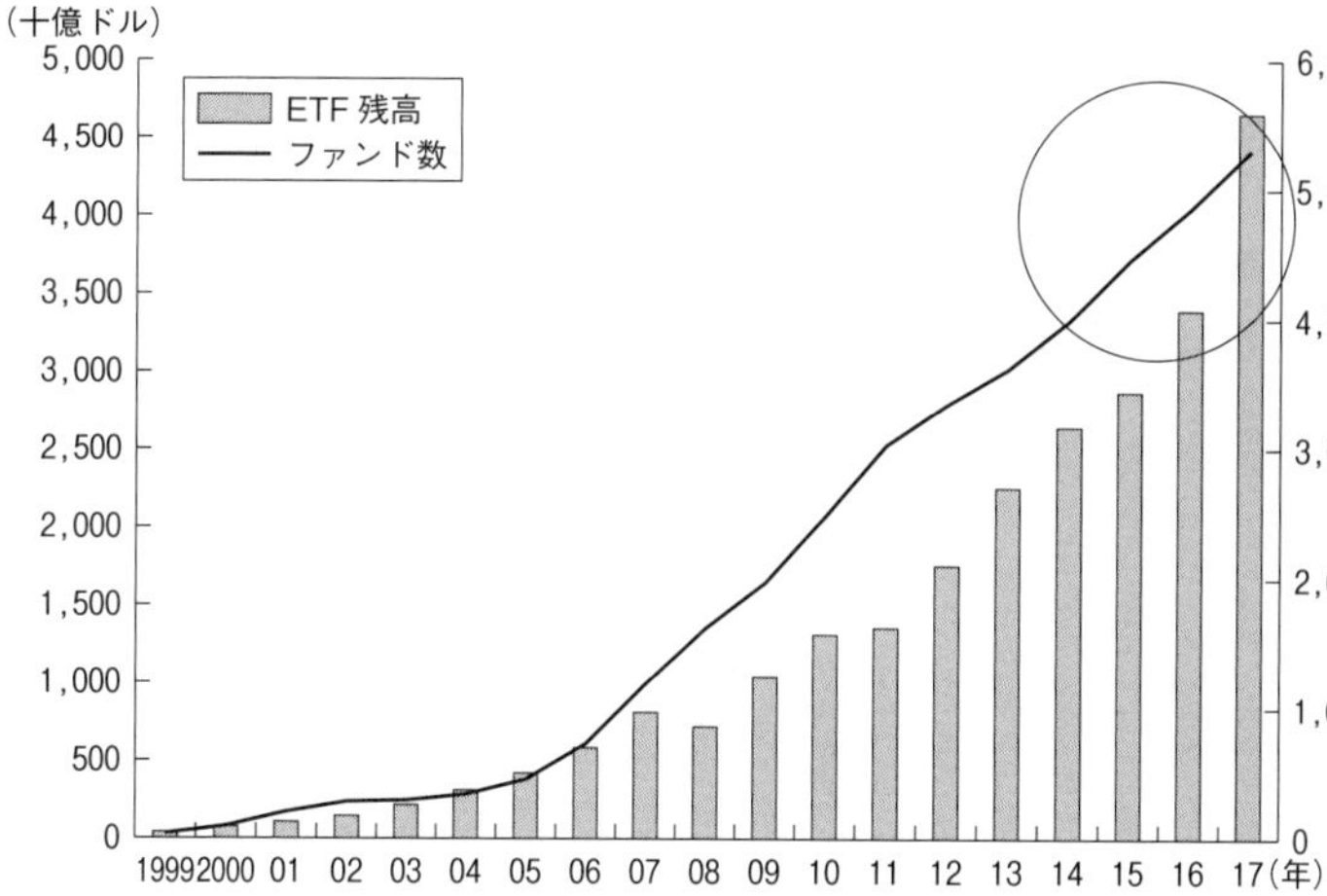

（出所）　2002年まではBlackRock“ETF Landscape”、2003年以降はETFGI

けが取り扱っている「るいとう」（多数投資家による同一銘柄の株式共同買付制度）を除くと毎月積立の制度はない。

投資家自身が毎月買付注文を出すことは可能だが、煩わしいうえ、少額では売買委託手数料が割高になる（たとえば、ある大手ネット証券の場合、売買委託手数料率は１００万円買付けなら０・05％であるが、３万円買付けでは０・17％、１万円買付けでは０・50％となる）という欠点がある。

③　ETFの成長の状況

２０００年代に入って以降、投資家の低コスト志向の流れのなかでＥＴＦが急成長し、図表５－11のように、世界のＥＴＦ残高は２０１７年末に４兆６０００億ドルを上回っている。世界の投資信託全体に占める比率は

図表5－12　各国のETF残高、公募投信に占める割合、世界市場に占めるシェア（2017年末）

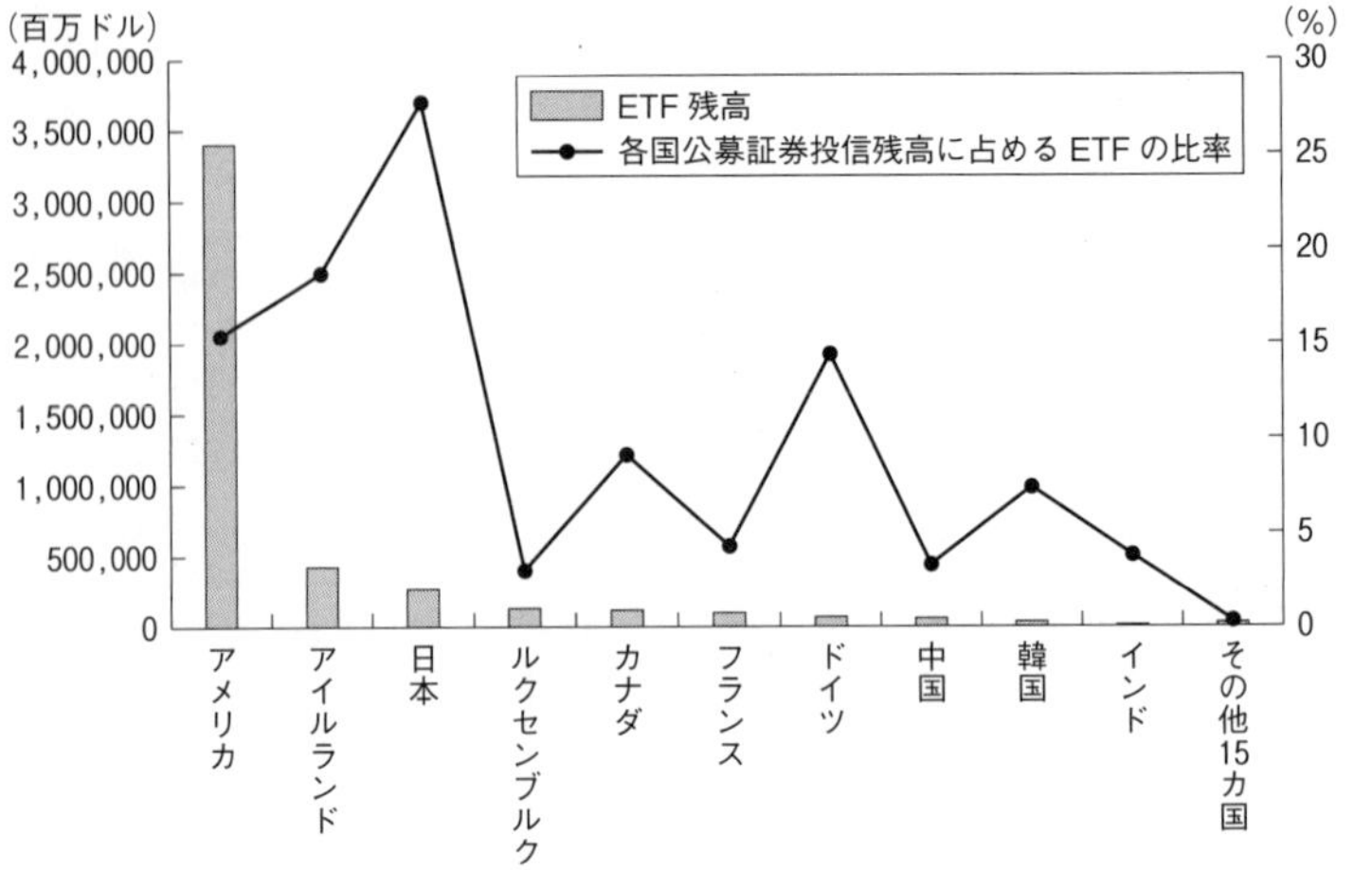

（出所）　国際投信協会統計より筆者作成

１割を上回っている。また１９９９年末（０・４兆ドル）に比べ11倍に増加しており、特に２０１７年の伸びは大きい。

ファンド数は、国際投信協会集計ベースで４７５２本、１本当り規模は９７７億円であり、一般ファンド（９万75本、１本当り規模は４４７億円）と比べ１本当り規模は大きい。

国別残高をＩＩＦＡ集計ベースでみると、図表５－12のとおりである。アメリカが圧倒的に大きく、世界全体の74％を占めている。

折れ線で示す「各国公募証券投信残高に占めるＥＴＦの比率」について日本が27・7％と高くなっているが、日銀のＥＴＦ保有（２０１７年末現在、簿価ベースで17・２兆

図表５－13　アメリカの従来型長期ファンドとETFの資金流出入状況

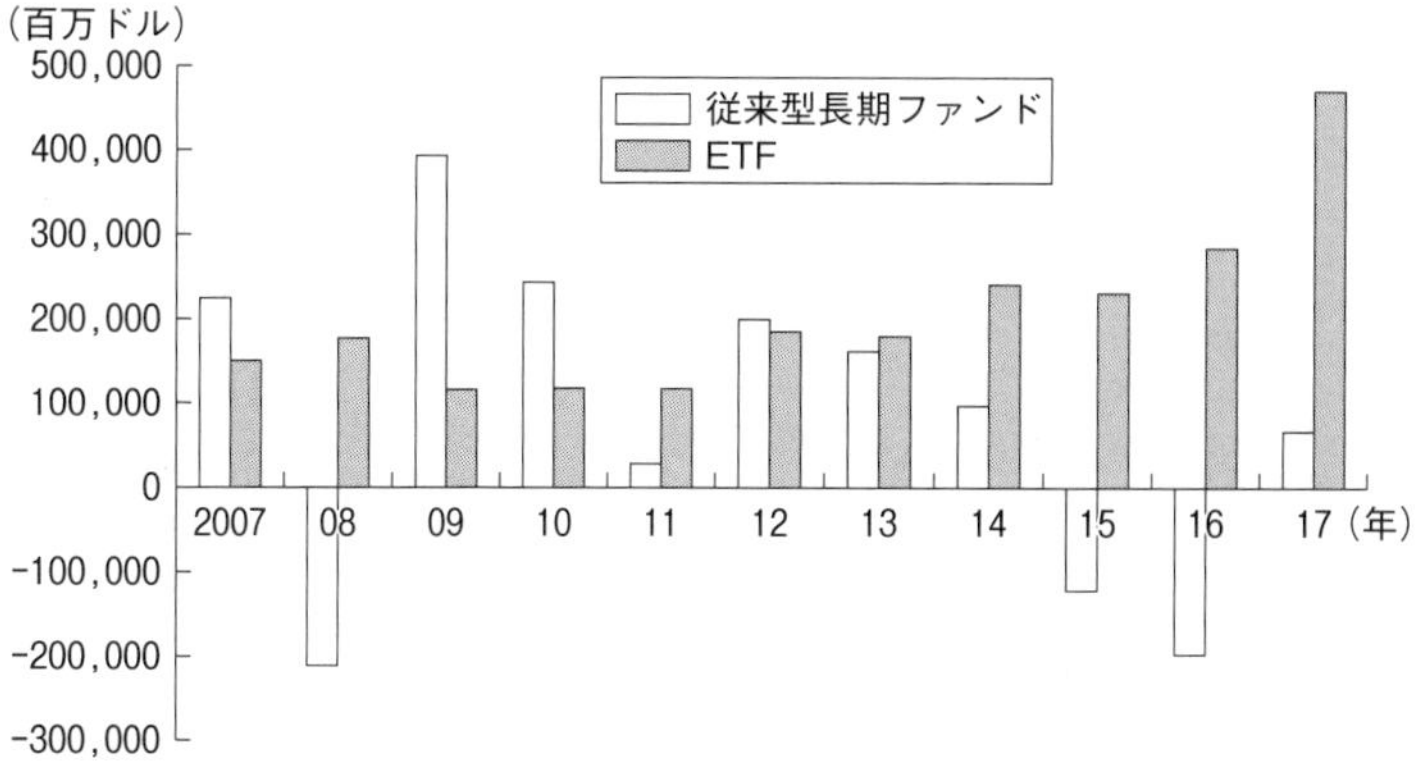

（出所）　ICI統計より筆者作成

円）の影響が大きく、日銀保有分を除けば日本の公募証券投信全体に占めるＥＴＦの比率は１割程度となり、アメリカ・ドイツ等より低いと推定される。

世界のＥＴＦ市場で圧倒的なシェアをもつのはアメリカであり、２０１７年末現在で世界ＥＴＦ残高の４分の３を占めている。そのアメリカにおいては、図表５－13のように最近数年間、従来型長期ファンド（ミューチュアルファンド）からＥＴＦへ資金が振り替わる動きとなっている。

アメリカでＥＴＦへ資金が集まっている理由としては、①投資家のコスト意識・パッシブ運用志向の高まりのなかで低コストのＥＴＦの人気が高まったこと、②ＥＴＦの品揃えが充実し、独立ファイナンシャル・アドバイザー（ＩＦＡ）を含めＦＡが顧客ポートフォリオの部品としてＥＴＦを使う傾向にあること、③税のメリットもある（現物交換型ＥＴＦ

は証券の売却がないためファンド内で売買益が発生せず、従来型ファンドのようなキャピタルゲイン分配に伴う投資家課税を生じない）ことがあげられる。

(2)　確定拠出（DC）年金の運用対象として伸びるターゲット・デート・ファンド

アメリカを中心に、確定拠出（DC）年金の運用対象として、ターゲット・デート・ファンドが成長している。

ターゲット・デート・ファンドとは、退職時に向けての資産形成にあたって、ライフサイクル投資理論でいう「若いうちはリスク資産を多く保有して積極的に収益を追求し、退職が近づくにつれ安定資産を増やしていく」仕組みがビルトインされたファンドである（「ターゲット・イヤー・ファンド」とも呼ばれる）。

具体的には、投資信託運用会社が投資家の退職予定時期別に（たとえば、2030年、2035年、2040年、2045年……など数年おき程度に）多数のファンドを用意し、投資家は自分の退職時期（ターゲット・デート）に近いファンドを購入する。

各ファンドは当初（投資家が若い間は）リスク資産（株式）の比重を高くし、ターゲット・デートに向けて安定資産（債券や短期資産）の比重を高めていくので、投資家は何もしなくてもライフサイクル投資理論に沿った運用が行われることになる。

図表５－14　アメリカのターゲット・デート・ファンドの資産配分の例

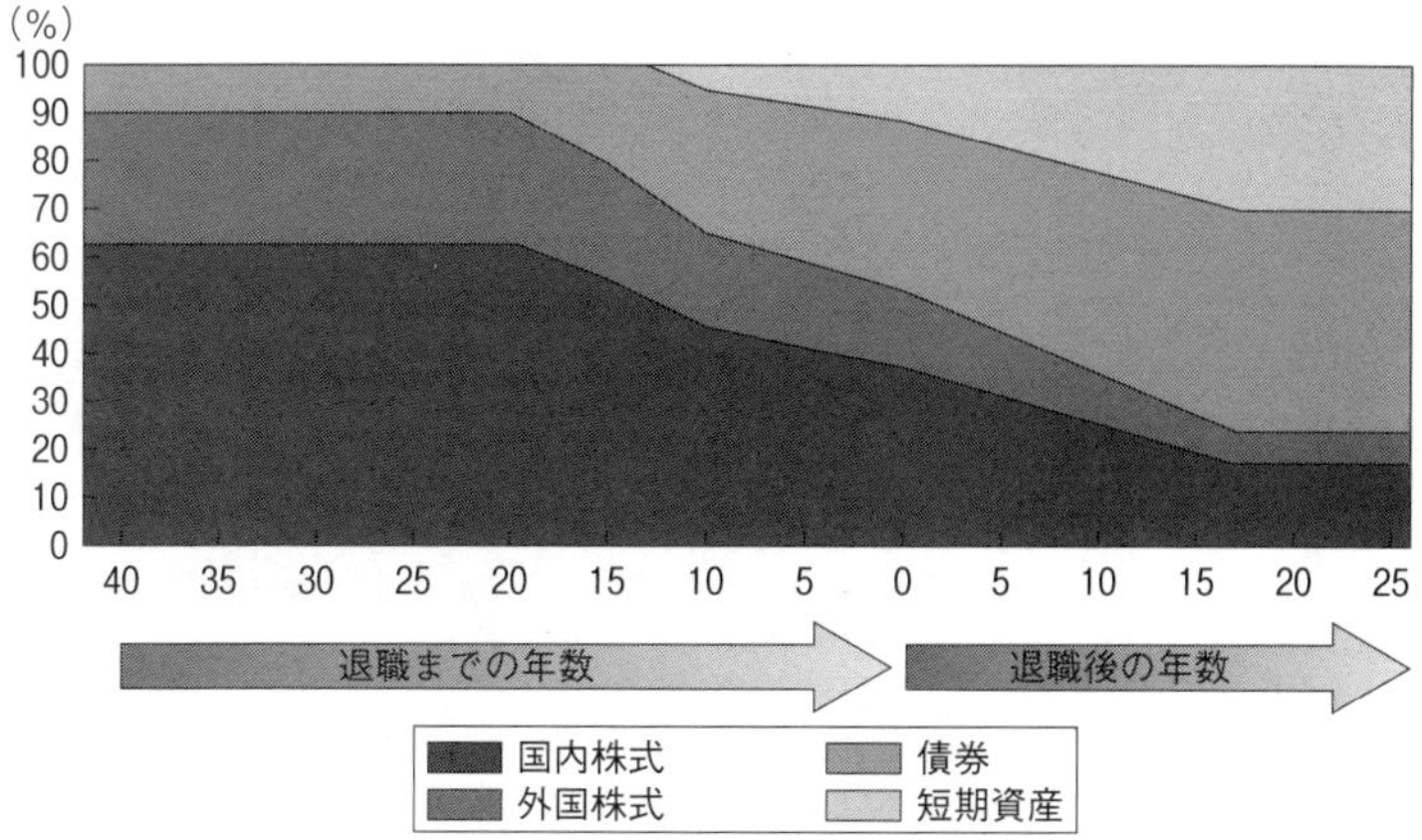

（出所）　Fidelity Freedom® 2050 Fund 目論見書より

アメリカでは２００６年の年金改革により、労働省が２００７年に「ＤＣ年金加入者の運用指示がなかった場合の適格投資商品（デフォルト・オプション）」の１つとしてとしてターゲット・デート・ファンドを指定したこともあって、若年層を中心にこのファンドへの投資が増えている。

アメリカのターゲット・デート・ファンドの資産配分の例を掲げると、図表５－14のとおりである。横軸が退職まで・および退職後の年数、縦軸が資産配分比率を示している。

濃い色で示される国内・外国株式を当初は90％程度組み入れ、投資家の退職までの年数が２０年を切る頃から徐々に債券や短期資産の比率を高めていくことが想定されている。

イギリスでは、２０１２年から全被用者を対象にＤＣへの自動加入方式を段階的に導入するとともに、中小企業など企業年金のない企業で働く被用者向けに、政府主導で汎用的なDC積立口座（National Employment Savings Trust、略称「NEST」）を新設し、その運営・口座管理業務を単一の受託機関（NESTコーポレーション）で行う方式を取り入れた。

そしてNESTを利用する場合には、加入者の資金は自動的にターゲット・デート・ファンド（退職予定年ごとに50本近くのファンドが用意されている）に投資され、その後、希望する場合には他の商品へのスイッチングが可能な仕組みになっている。

興味深いのは、このターゲット・デート・ファンド（「NESTリタイアメントファンズ」と呼ばれる）について、加入者が若いうちは株式比率を高くし退職年齢が近づくにつれ安定的資産配分に変更していくライフサイクル投資を基本としつつも、図表5－15にみるとおり、積立開始当初の数年間（基礎固め期）は、リスクを抑えた（安定性の高い）資産配分としていることである。

その背後にある考え方は、「退職時における資産額を大きくするためには、（積立開始当初の資産が小さいうちの）投資リターンの問題よりも、積立を途中でやめないで長期に続ける（積立累計額を大きくする）ことのほうが重要だ。そこで、積立開始から数年間は、（市況暴落等に見舞われても）積立への確信が揺らぐことのないよう株式などリスク資産の比率を低くしておき、ある程度資産が蓄積された後に成長資産（＝リスク資産）へ投資できるように基礎固めをすべきである」というものである。これは行動ファイナンスの知見を取り入れているとみられる。

図表5－15　イギリスNESTのターゲット・デート・ファンドのリスクのとり方

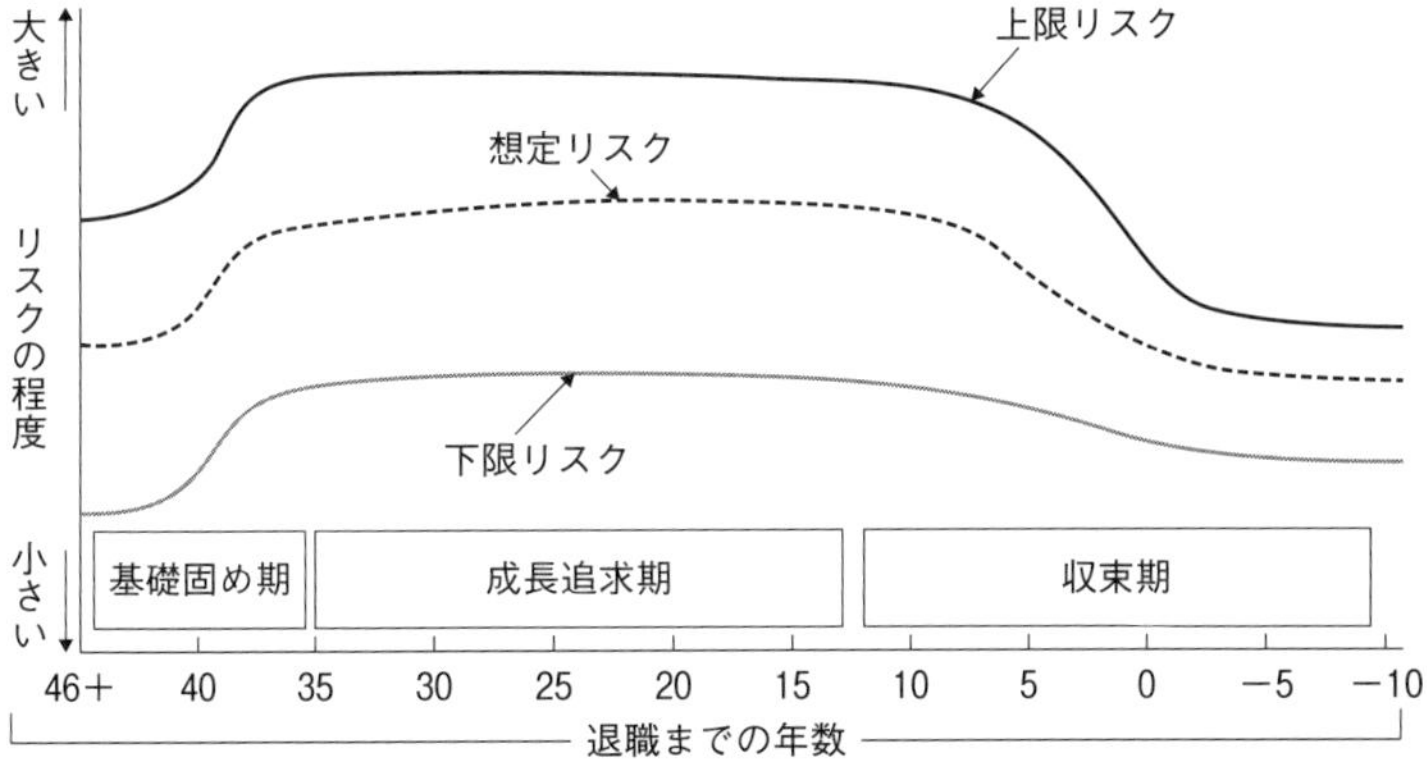

（注）　NESTは、「基礎固め期（Foundation phase）」にはインフレ率以上のリターン、「成長追求期（Growth phase）」にはインフレ率＋３％以上のリターンを目指す、「収束期（Consolidation phase）」には徐々にリスクを下げるとしている。

（出所）　NESTのWebsiteの“Looking after member's money”掲載図（2018年５月20日参照）より筆者作成

（3）　ＥＳＧ投資（ファンド）

ＥＳＧ投資とは、環境（Environ-ment）、社会（Social）、ガバナンス（Governance）の要素を投資判断に取り入れて、より良くリスクを管理し、持続可能な長期リターンを生み出そうとする投資手法である（国連責任投資原則ホームページより）。

１９２０年代頃から始まったといわれる社会的責任投資（ＳＲＩ）の延長線上にある考え方であるが、ＳＲＩが倫理・価値観を重視するのに対し、ＥＳＧ投資は「環境・社会・ガバナンスを考慮することが長期的な企業価値の最大化に寄与する」という観点からの長期リターンの追求であると理解される。

ＥＳＧという言葉が知られるようになったのは、２００６年に国連のアナン事務総長（当時）が機関投資家に対し、ＥＳＧを投資プロセスに組み入れる「責任投資原則」（Priciples for Responcible Investment、略称「ＰＲＩ」）を提唱したことがきっかけであり（日本の公的年金資金を運用する年金積立金管理運用独立行政法人（略称「ＧＰＩＦ」）ホームページより）、ＧＰＩＦが２０１５年にＰＲＩに署名したことから日本の資産運用業界でも急速に関心が高まっている。また、ＥＳＧ投資は「サステナブル（持続可能）投資（SI：Sustainability Investment）」と呼ばれることもある。

ＥＳＧ投資の具体的手法については、ＥＳＧ基準に照らし不適当な分野や企業（武器・ギャンブル・煙草関連など）を投資対象から外す「ネガティブ・スクリーニング」や、逆に積極的にＥＳＧ（たとえば、Ｅについて公害防止、水質改善、Ｓについて地域貢献、男女機会均等、Ｇについて取締役会の構成、企業倫理）評価の高い企業を選んで投資する「ポジティブ・スクリーニング」がある。

ネガティブ・スクリーニングとポジティブ・スクリーニングを比べると、図表５－16に示すように、前者は投資ユニバース（選択の対象となる母集団）のうち一部だけを外す手法であるのに対し、後者は条件に合致する一部の企業だけを選択するため、投資可能企業は前者のほうがずっと

図表5－16　ネガティブ・スクリーニングとポジティブ・スクリーニング

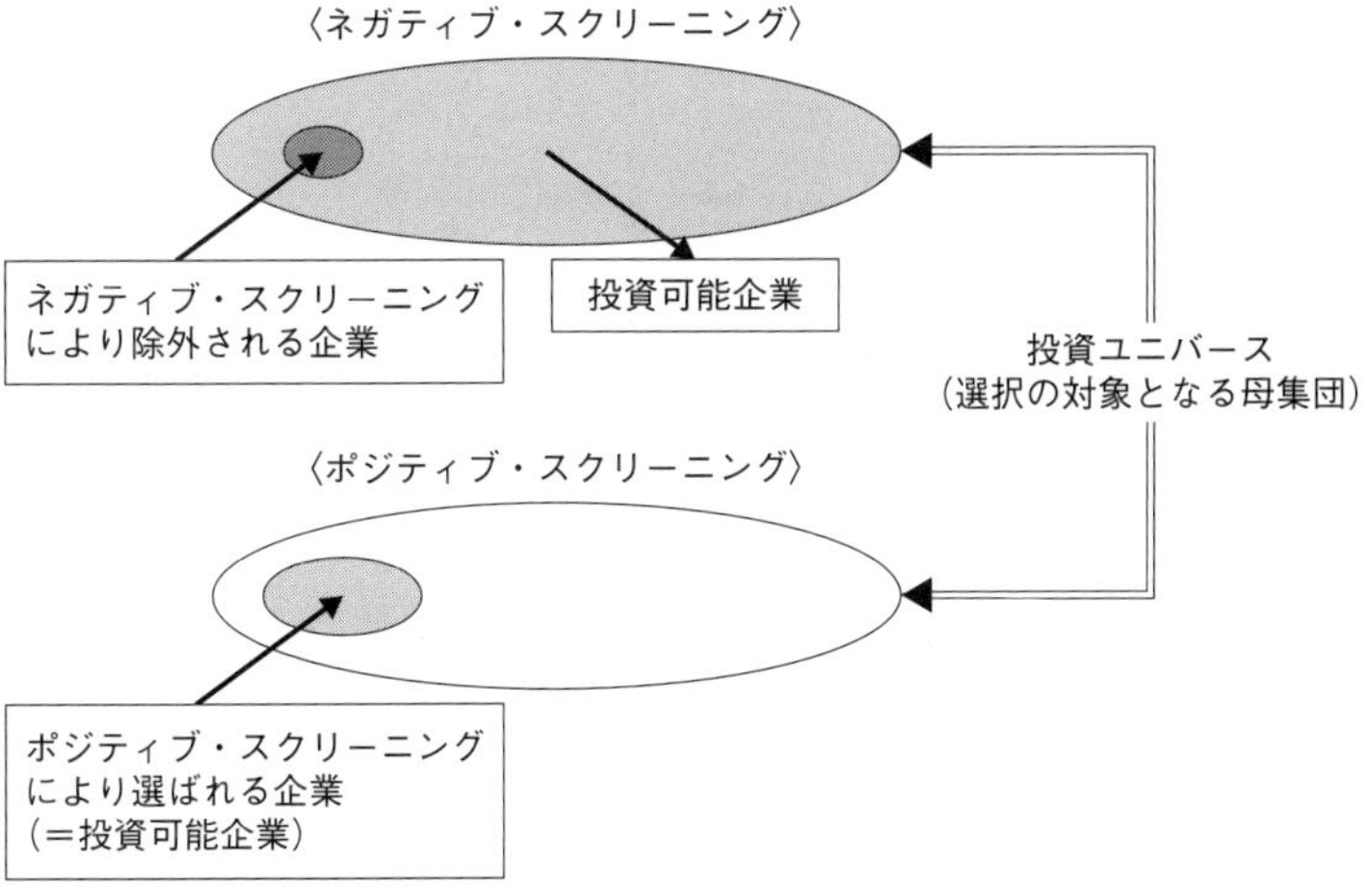

（出所）　筆者作成

多くなる。

ＥＳＧ投資の規模が大きいとされる欧米（特に、ヨーロッパ）では、ネガティブ・スクリーニングを採用している場合が多い。日本では投資信託についてみると、１９９０年代末からポジティブ・スクリーニングにより投資銘柄を絞り込んだ「環境関連株ファンド」などが設定されてきた。しかし、前述のように投資対象が限定されることもあって、２０１８年３月末の資産残高は２６６２億円にとどまっている（日本サステナブル投資フォーラム調べ）。

しかし、ＥＳＧ投資の手法は、投資信託においても（前述のポジティブ・スクリーニングによる専門ファンドだけでなく）いまやすべてのファンドの投資銘柄選定にあたって、ＥＳＧの分析を投資決定プロセスに組み込む「ＥＳＧインテグレーション」、あるいは、投資先企業との対話や議決権行使等を通じて、ＥＳＧへの取組みを促すなど企業行動に影響を与える「エンゲージメント」に拡大しつつある。ＥＳＧ投資は今後の重要なテーマとなろう。

なお、最近はＳＤＧｓ（Sustainable Development Goals、「持続可能な開発目標」）という言葉をよく聞くようになってきた。２０１５年９月に国連に加盟する１９３カ国すべてが合意して採択したもので、２０３０年までに貧困撲滅や格差の是正、気候変動対策など国際社会に共通する17の目標が達成されることを目指している。

ＳＤＧｓの大きな特徴は、こういった課題解決を担う主体として民間企業を位置づけている点にあり、日本企業の間でもＳＤＧｓが設定する目標を経営戦略に取り込み、事業機会として生かす動きが少しずつ広がっている。

このため、ＳＤＧｓ達成に関連した事業を展開する企業のなかから、株価上昇が期待される銘柄に投資するファンドも生まれている。

第6章

販売

本章では、投資信託はだれがどのような目的で買っているか（販売対象マーケット）、投資家は買った投資信託を何年間保有しているか、ファンドリターンと投資家リターンの関係（投資家リターンが低い）、そして、だれがどのような方法で投資信託を販売しているか（販売チャネル）について解説する。

1 投資信託はだれがどのような目的で買っているか（販売対象マーケット）

(1) 各国とも個人資金が中心

まず、主要国における投資信託の販売対象マーケット、言い換えれば「投資信託はだれが買っているか」を各国中央銀行統計によってみると、図表6－1のとおりである。

個人が直接保有している部分が日本は4割弱、アメリカでは5割以上を占め、保険・年金を通じる間接保有を含めると個人保有分が日本で5割、アメリカでは8割以上に達している（なお、日本について日本銀行は私募ファンドを含めて推計している。仮に、公募ファンド残高111兆円を分母として、個人の直接保有分の比率を計算すれば66％となる）。

一方、ヨーロッパでは個人が直接保有するより保険・年金を通じる間接保有が多いが、直接・間接を合計すれば、やはり個人が過半を占めている。

なお、日本およびヨーロッパ大陸（ドイツ・フランス）では、アメリカ・イギリスに比べると金融機関など法人の保有比率が高く、法人の資産運用手段としても利用されている。アメリカについては図表6－1でみると金融機関（保険を除く）・事業法人の合計で8％を占めているが、その中身は一時的余裕資金を運用するためのMMFが中心であり、本格的資産運用手段である長期投資信託についての金融機関・事業法人合計の保有比率は2％にすぎない。アメリ

図表6－1　主要国の投資信託保有者構成（2017年末現在）

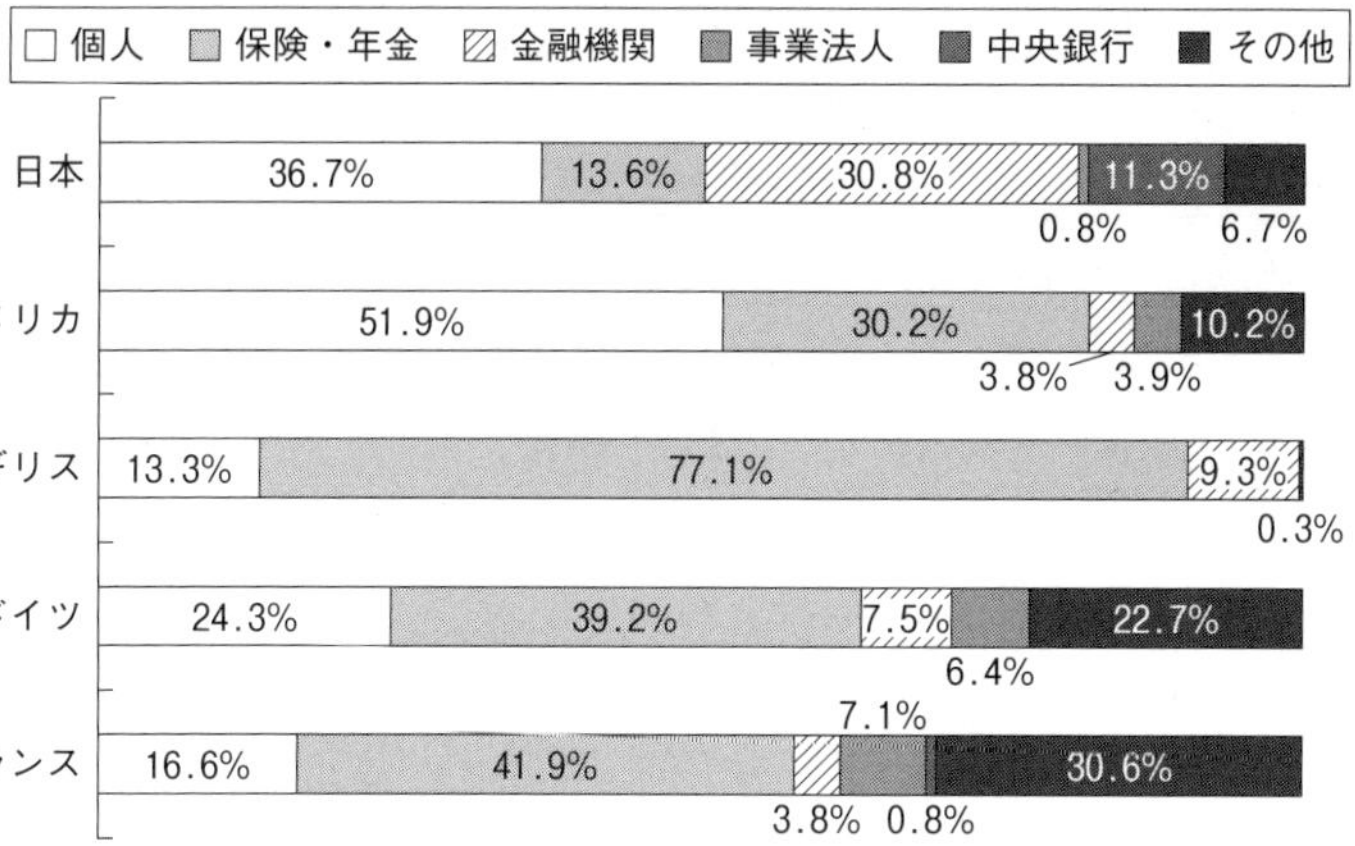

（出所）　各国中央銀行資金循環統計より筆者作成

カでは上場企業の資本活用について、株主から「本業で高収益を得られないで財テクに走るくらいなら資本を還元せよ」といった圧力が強いのではないかと思われる。

また、日本では日本銀行によるＥＴＦの継続的買付けにより、中央銀行の投資信託保有比率が１割を超えており、外国と大きく異なっている。

(2) 購入目的は「老後に備える」が第1位

投資信託の購入目的について、統計の得られる日本とアメリカについてみると、図表６－２のとおりである。

日本もアメリカも「老後（退職後）の資金づくり」を目的とする人が多い。しか

図表６－２　個人投資家の投資信託購入目的

日本		アメリカ	
老後の生活資金	40.1％	退職後の資金	72％
特に目的はないが資金を増やしたいため	27.8％	不時に備えて	8％
資産のリスク分散	24.1％	現在の収入の補完	7％
経済の勉強のため	12.3％	教育資金	5％
子どもまたは孫の教育資金	9.1％	節税	4％
レジャー資金	6.3％	住宅または高額商品購入	3％
住宅資金	3.4％	その他	1％

（出所）投資信託協会「投資信託に関するアンケート調査」2015年、複数回答、上位項目のみ掲載
アメリカはICI "Profile of Mutual Fund Shareholders, 2015"、「主たる目的は何か」への回答

し、アメリカと異なり日本では3割弱の人が「特に目的はないが資金を増やしたいため」と答えている。このように、日本では明確な投資目的をもたないで投資信託を購入している（利益が出れば売却しようと考えている）人も多いことが、後で述べる投資信託の平均保有期間の差（日本の投資家の平均保有期間がアメリカより短いこと）につながる一因であると考えられる。

(3) 若年層への普及度が低い日本

次に投資信託の主たる保有者である個人について、年齢別の保有率（各年齢層について投資信託保有者が何パーセントいるか）を、データの得られる日本とアメリカで比較すると図表6－3のとおりである。

全年齢層合計の保有比率は日本が9％弱でアメリカ（43％）の5分の1であり、特に若年層の保有比率が低いことが目立つ（65歳以上ではアメリカの3分の1程度であるが、35歳未満ではアメリカの10分の1以下である）。この差は、後述する確定拠出年金の普及度の違いによるところが大きいと考えられる。

(4) 確定拠出（DC）年金資金の比重が高いアメリカ

世界投資信託残高の半分を占めるアメリカ、および人口は日本の5分の1であるにもかかわら

図表6－3　年齢別の投資信託保有率（2015年）

	日本の投信保有率		アメリカの投信保有率
	男性	女性	
全体	8.7%		43%
20～24歳	0.9%	1.1%	32%
25～29歳	1.4%	3.8%	
30～34歳	4.6%	1.0%	
35～39歳	7.3%	4.3%	48%
40～44歳	7.6%	4.3%	
45～49歳	6.3%	7.6%	54%
50～54歳	10.7%	8.2%	
55～59歳	11.5%	8.5%	48%
60～64歳	11.8%	12.2%	
65～69歳	14.6%	12.6%	36%
70～74歳	18.4%	11.4%	
75～79歳	11.8%	9.6%	
80～84歳	17.2%	9.7%	
85～89歳	15.4%	4.2%	
90歳以上	16.7%	0.0%	

（出所）日本証券業協会「証券投資に関する全国調査（個人調査）平成27年度版」、アメリカはICI "Ownership of Mutual Funds, Shareholder Sentiment, and Use of the Internet, 2015"

ず、投資信託残高は日本の2倍もあるオーストラリアでは、確定拠出（ＤＣ）年金資金による投資比率が高いことはよく知られている。

ＤＣ年金と投資信託の関連について、統計のあるアメリカの場合をみると図表６－４のとおりである。

２０１７年末には、ＩＲＡと職域型ＤＣ年金を合わせると全投資信託残高の47％、株式投資信託については61％がＤＣ年金資金となっている。このうち、ＩＲＡ（アイアールエー、Indivisual Retirement Account＝個人退職口座の略）は個人型の積立口座であり、職域型ＤＣは４０１（ｋ）プラン（税法401条(k)項に基づく退職準備口座）などの給与天引口座である。

アメリカではＤＣ年金の普及度が高く（就職後すぐに職域型ＤＣ年金制度に加入することが多い）、しかも後述するようにＤＣ年金資産を投資信託で運用す

図表６－４　アメリカの投資信託残高に占めるDC年金資金の割合

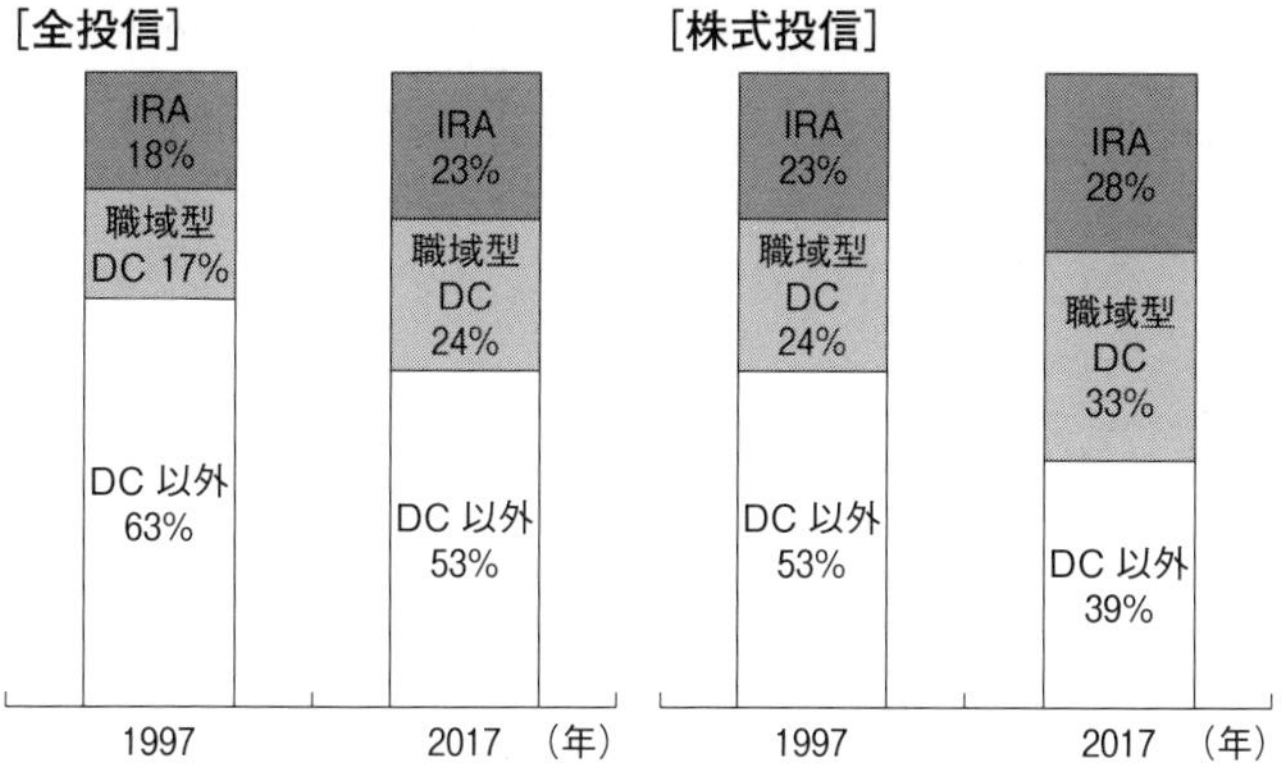

（出所）ICI 資料より筆者作成

る割合が高い。これが前述の「若年層でも投資信託保有比率が高い」ことに寄与し、また後述する「アメリカ投資家の平均保有期間が日本より長い」ことの一因となっている。

なお、アメリカではＤＣ年金口座の獲得は業者側のメリットも大きいと理解されており、「４０１（k）ビジネスは収益機会が３度ある」といわれる。第一に契約を獲得すれば毎月しかも長期にわたって安定資金を導入できる、第二に契約者が退職した時に大きな資金の運用にかかわれる、そして、第三は相続時（顧客の家族との取引につながること）である。

アメリカのＤＣ年金の資産運用は、日本と同様に預金や保険商品で行うことも可能である。しかし、実際にはＤＣ年金資産残高のうち投資信託で運用される割合が図表６－５の

図表6－5　アメリカDC年金資産のうち投資信託で運用されている割合

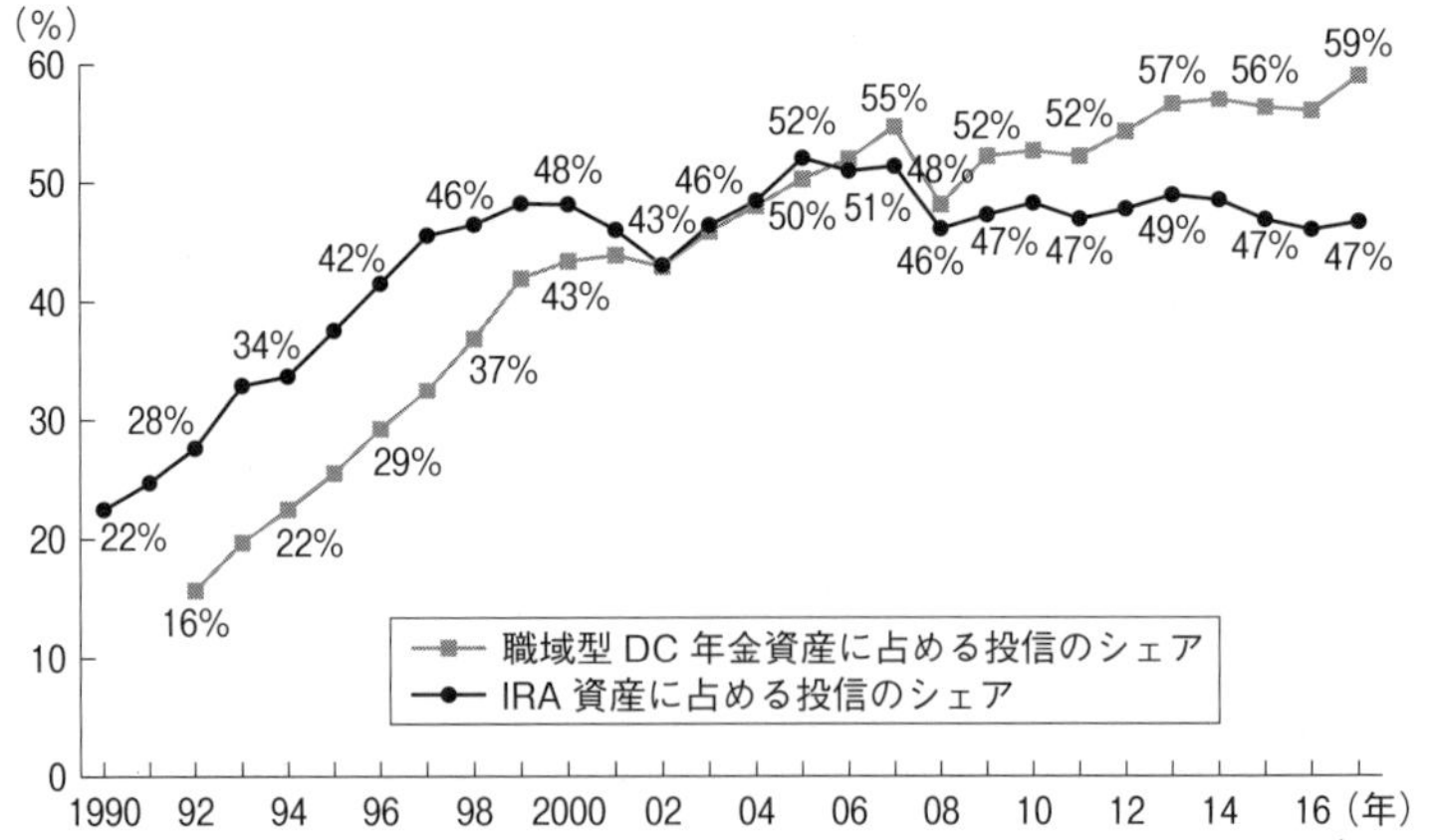

（出所）　ICI統計より筆者作成

ように傾向的に高まっており、２０１７年末には職域型ＤＣ年金について59％、ＩＲＡについて47％を投資信託が占めている。
　このように、アメリカのＤＣ年金加入者が資産の運用対象として、株式投資信託を中心に投資信託を選んでいる理由は、退職準備といった長期の資産運用の場合には「短期的なリスクはあっても長期的に高いリターンを期待できる資産に投資すべきだ」という認識が行き渡っていることによる。

〔参考〕アメリカでは、確定拠出年金の資産運用について政府も株式組入商品を推奨

　アメリカでは２００６年制定の年金改革法において、４０１（ｋ）プラン加入者が資産の運用方法について選択を行わなかった場合、労働省の定める規制に沿った資産を選んだとみなすことができることとした。そして労働省は２００７年に「加入者の運用指示がなかった場合の適格投資商品（デフォルト・オプション＝初期設定商品ともいわれる）」として、ライフサイクルファンド（第５章６「世界の注目商品」で取り上げたターゲット・デート・ファンドなど）、バランスファンド、投資顧問による運用商品の３つとすることを規則で定め、このなかから各企業が選択できることとした。この３つはいずれも株式組入可能商品である。

言い換えるとＭＭＦ（預金に近い短期運用ファンド）や、保険会社の元利保証商品など元本確保商品をデフォルト商品に含めなかった。その理由として労働省は「ＭＭＦや元本確保商品は、長期でみた場合に前記３商品のような好リターンを生まないため、加入者が退職時に十分な資産を形成できないおそれがあること」などをあげていた。

2 投資家は買い付けた投資信託を何年間保有しているか（平均保有期間）

日本では、投資信託について投資家の平均保有期間が短いと指摘されることが多い。外国ではどうだろうか。

ＭＭＦ（日本は、ＭＲＦ）を除く長期投資信託（株式投資信託・債券投資信託・バランスファンドの合計）について、データ入手が可能なアメリカ・イギリスの実績と日本を比較すると図表６－６のとおりである（ＥＴＦを除いており、またイギリスは統計発表方法の変更により２０１６年以降のデータがない）。

２００８年のリーマンショックの翌年以降、おおむねイギリスが４年台、アメリカが３年台で推移している。これに対し日本は、２００９年以降に短期化が目立ち、２０１３年に１・７年ま

図表6－6　長期投資信託の平均保有期間の国際比較

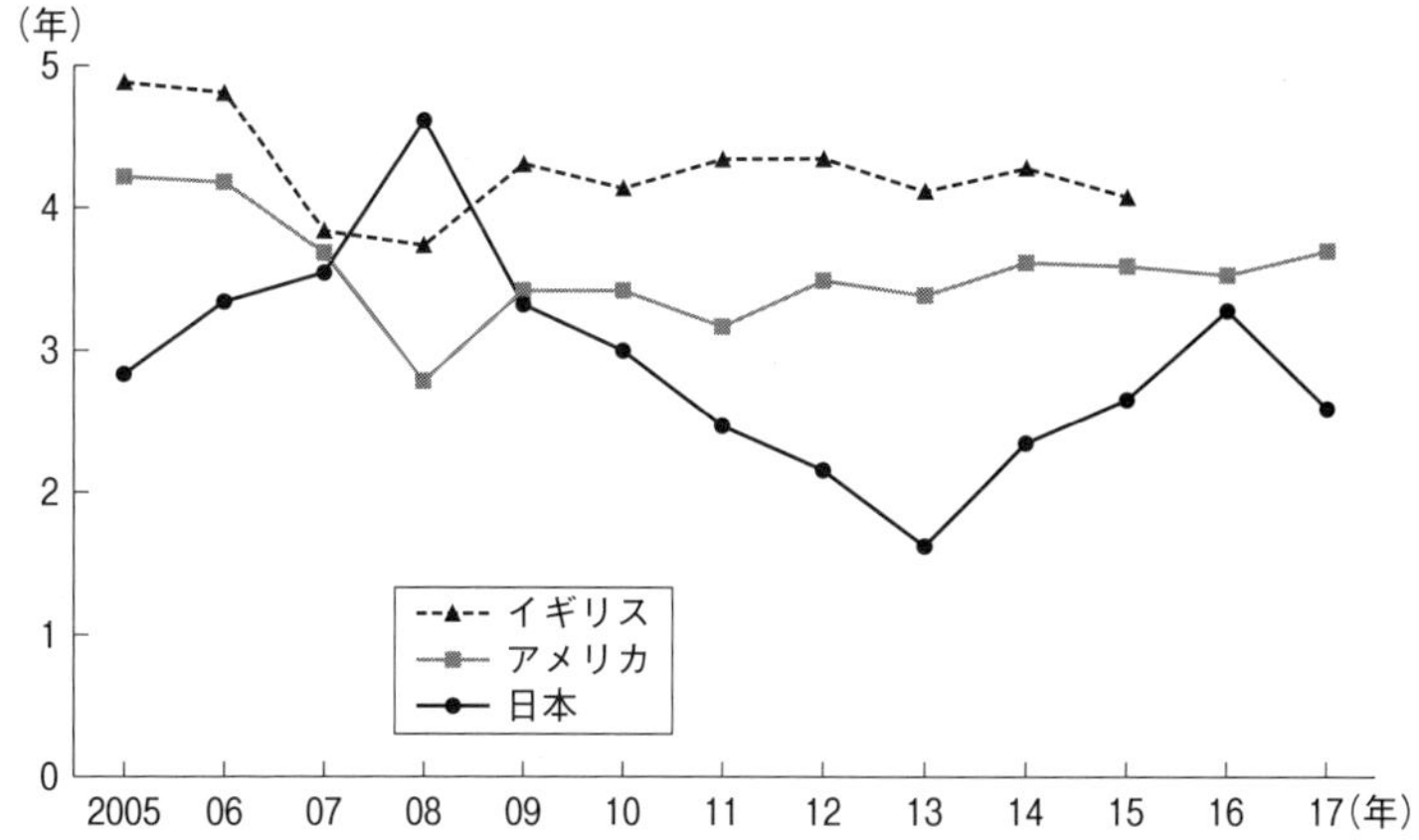

（注1）　日本・アメリカはETFを除いて計算、イギリスはデータの制約上全ファンド合計（2016年以降は不明）。
（注2）　平均保有期間は（年間平均残高／年間解約額）により算出した。日本は解約額に償還額を含む。
（注3）　年間平均残高は前年末残高と当年末残高を平均した簡便計算値を用いた。
（出所）　各国投信協会データより筆者作成

で落ち込んだ。その後は反転したが、２０１７年にはいわゆる「やれやれ売り」（買付け後に時価が値下りしたため長く保有していた証券を時価の回復に伴い売却すること）が多く出て再び3年を割った。

なお、図には示していないが、イギリスのＩＳＡ口座（Individual Savings Account＝個人貯蓄口座、日本の投資優遇税制「ＮＩＳＡ（ニーサ）」の設計にあたり参考にした資産形成促進制度）で保有されている投資信託については、２０１５年までの10年間平均で保有期間が8・3年と長くなっていた。日本でもＮＩＳＡ口座を通じる買付けが長期投資につながることが期待される。

3 安値買い・高値売りしている投資家（ファンドリターンと投資家リターンの関係）

投資信託の販売に関連する問題として、近年、世界的に「投資家がファンドを高値で買って安値で売っている結果、投資家利回りがファンド利回りより低くなっている」ことが指摘されるようになった。

日本については、2018年3月までの10年間に公募株式投資信託全体の基準価額（分配金込み）は年率4・4％上昇したが、投資家の平均リターンは年率2・2％であった（注1）という。

また、アメリカについて投資専門誌「ジャーナル・オブ・ポートフォリオ」の2016年冬号に掲載されたアメリカの学者3人の共同研究によると、1993〜2015年の23年間において、アメリカの株式ファンドの平均リターンが年8・81％であったのに対し、同ファンドに投資した投資家の平均リターンは6・87％であったと述べている（注2）。

さらに、アメリカの投資信託パフォーマンス評価機関モーニングスター社が、世界9カ国を対象に投資家リターンを調査した結果（注3）によると、2016年末に至る5年間（アメリカは

10年間）の平均で、９カ国中８カ国は投資家リターンがファンドリターンを下回っていた。

このように世界的に投資家利回りがファンド利回りを下回っている理由は、①投資家の平均買付コストがファンドの平均基準価額より高い（高値で買っている）か、②投資家の平均換金価額がファンドの平均基準価額より低い（安値で売っている）、またはその両方にある。

前記の状況を改善するには、投資家が市況をみながらタイミングを計って投資するのではなく、市況の動きに関係なく継続的に積立（時間分散）投資することが望まれる。

特に、毎月決まった金額を投資する「定額投資」を継続すれば、前記①の投資家の平均買付コストをファンドの平均基準価額より低くできる。その理屈は簡単で、「値段が変動するものを同じ金額ずつ買っていくと、〝高いときには少ない量を買い、安いときには多くの量を買う〟ため、平均単価を引き下げられる」わけである。この投資手法はアメリカで「ドルコスト平均法」と呼ばれている。

図表６－７は定額投資のメリットの例示である。ある株式の値段が図の折れ線のように変化したとする。４時点の平均株価は［(1,000＋500＋1,500＋1,000)÷4］で１０００円である。もし、各時点で１００万円ずつ投資していくと、買付株数は図の棒のようになり合計で４６７７株買える。平均買付単価は400万円÷4,677株＝855円となり、平均株価の１０００円より１４５円も安く買えたことになる。その理由は、「高いときには少なく買い、安いときに多く買っているか

図表6－7　ドルコスト平均法

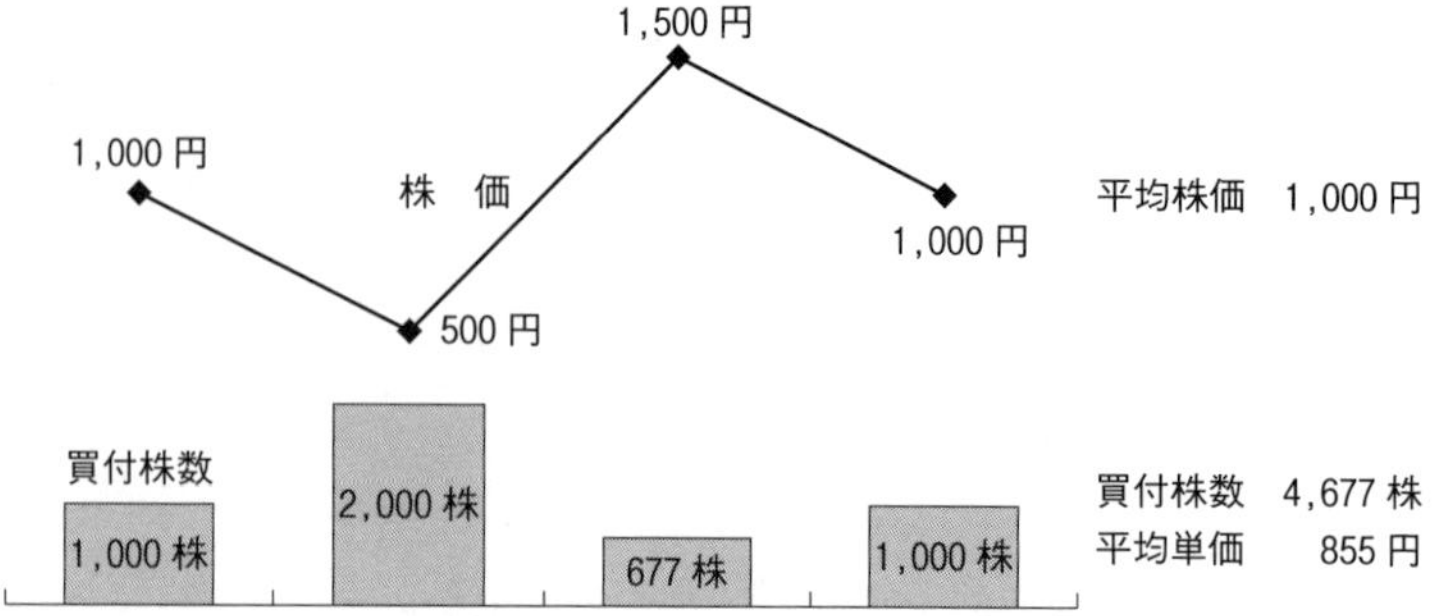

（注）100万円ずつ4回、合計400万円投資した場合。

ら」である。

また、実例として日経平均株価で計算すると、2017年に至る30年間の各年末の日経平均株価の平均値は1万6813円であったが、定額投資を行った場合の平均買付コストは1万4689円と計算される。

なお、毎月の給与から天引きで積み立てるDC年金口座を通じる投資は、自動的にドルコスト平均法を活用することになるので、DC年金の普及は投資家利回りの向上にも貢献すると考えられる。

事実、前述の投資家リターンについても、日本のDC年金専用投資信託の投資家リターンは過去10年間の年平均で5・7％に達し、基準価額の年率4・2％上昇を上回っていた（注4）。

また前掲のアメリカのモーニングスター社による投資家利回り分析においても、401（k）プランの主要投資対象であるアメリカのターゲット・デート・ファンドなど

「自動月掛け投資」の対象になっているファンドの場合は、投資家リターンがファンドリターンを上回っていたという結果が示されている。

したがって、販売サイドにおいても「積立」推進の努力が望まれる。日本では税の恩典がある「つみたてNISA」が2018年から導入され、官民あげて積立投資を促進していることはよく知られているとおりである（なお、日本ではドルコスト平均法の認知度がまだ低い。投資信託協会の2017年調査によれば、ドルコスト平均法は存在自体の認知が低く、「あることを知らない」人が71・3％にのぼっている（注5））。

4 だれがどのような方法で販売しているか（販売経路）

投資信託の販売経路（以下「販売チャネル」）の分析にあたっては、①証券・銀行といった販売主体別の切り口と、②人の助言付きか、インターネット活用かなど、販売方法別の切り口とがある。

(1) 販売主体別の状況

日本では投資信託の販売は、1997年まで証券会社によって行われ、ごく一部の投資信託会社が直接販売していた。しかし、1998年に「金融ビッグバン」と呼ばれる金融規制の大緩和が実施され、銀行などの金融機関が投資信託販売に参入した結果、状況は大きく変わった。

1998年末以降について、販売主体別の投資信託残高構成の変化をみると図表6－8のとおりであり、銀行等が重要な販売窓口となるに至った。ただし、2008年をピークに銀行等の比重は低下している。リーマンショックによる投資信託時価の下落時に、リスクに不慣れであった銀行顧客の間に一部混乱が生じ、以後、銀行は証券会社に比べて投資信託の販売に慎重になった面があるようだ。

一方、残高シェアはまだ小さいが、独立系投資信託会社による直接販売が2008年以

図表6－8　日本の販売主体別にみた投資信託残高構成の変化

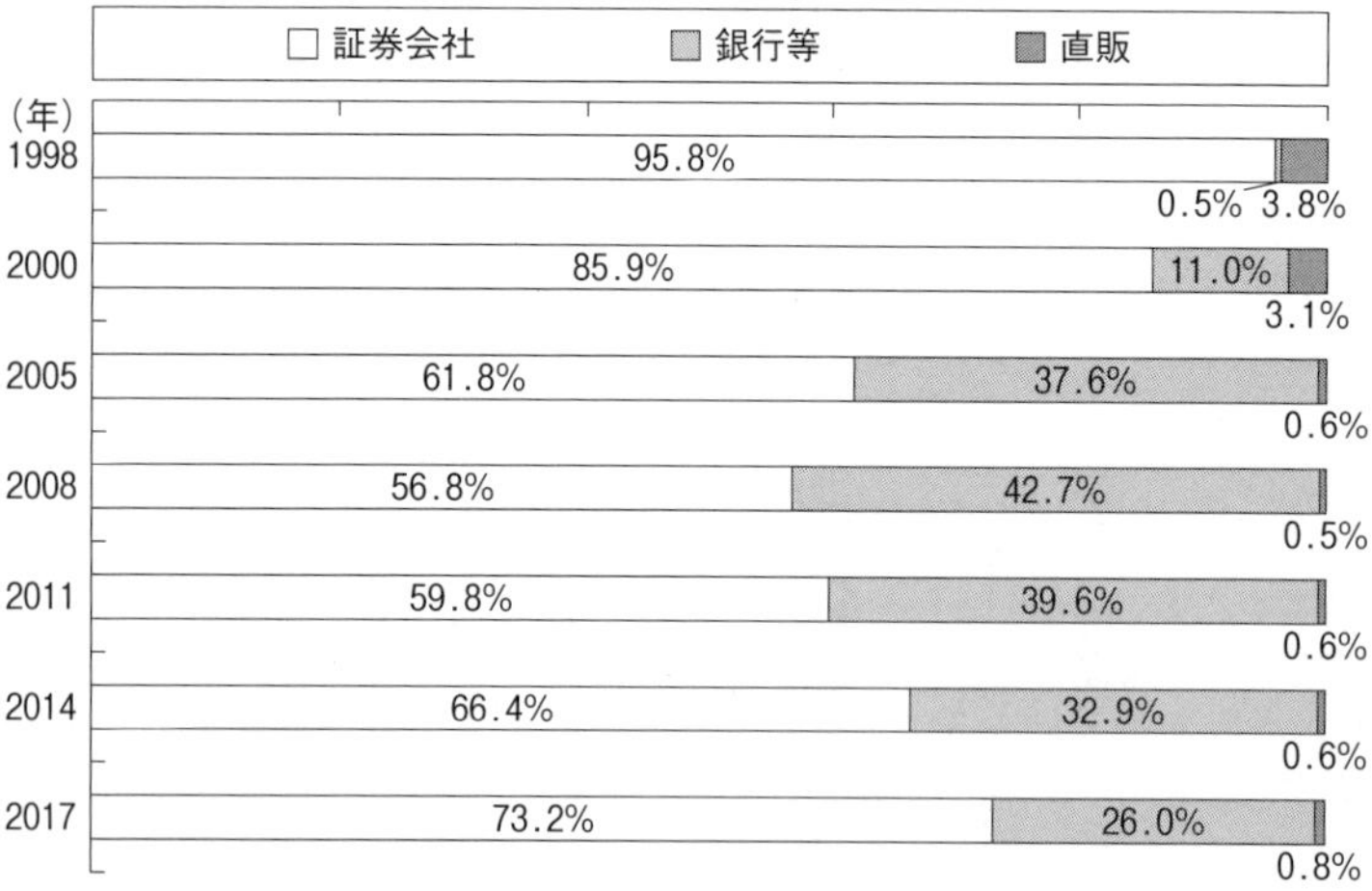

（出所）投資信託協会統計より筆者作成

降ジリジリと増加していることは注目される。

さて、アメリカでは前述のようにDC年金プラン経由の販売が増加していることから、ICI（アイシーアイ＝Investment Company Institute の略、日本の投資信託協会に類似した団体）は、投資家の購入経路を、まず、①401（k）など職域DC年金プラン経由と、②それ以外に分けたうえで、②についてだれを経由しているかを調査している（図表6－9）。

2017年現在では図表6－9上段のように、①職域DC年金プラン内だけで投資信託を購入している投資家が36％、②それ以外の投資家が64％（職域DC年金プラン以外だけで購入している19％と、職域DC年金プランとそれ以外の両方で購入している45％の合計）となっている。

そして、②の職域DC年金プラン以外で購入している投資家の利用経路（複数回答）をみると、図表6－9下段のようにフルサービス証券会社（日本の大手証券会社に相当）が26％、証券会社や銀行などに属さない独立FP（ファイナンシャル・プランナー）が26％、ディスカウントブローカー（日本のネット証券に似ており、助言サービスをしないかわりに手数料を安くしている証券会社）が24％と多い。なお、投資家が投資アドバイザー（FP）を通じて購入している場合、投資家は毎年投資残高の1～1・5％程度の報酬をFPに支払っているといわれているが、これは投資信託のコストには含まれていない。

また、ディスカウントブローカーは「ファンドスーパー」を運営している。ファンドスーパー

図表6－9　アメリカ投資家の投資信託購入経路（2017年調査）
（職域ＤＣ年金プランとの関係）

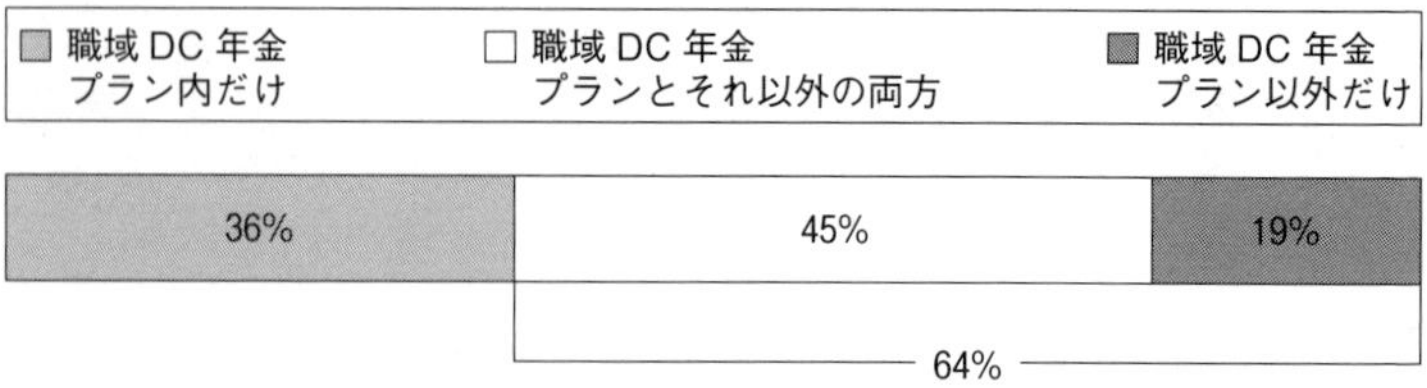

職域 DC 年金プラン以外での購入経路（複数回答）

購入経路	利用率	
投資助言者	50%	
フルサービス証券会社		26%
独立 FP		26%
銀行・その他金融機関		18%
保険代理人		11%
会計士		6 %
直接購入	36%	
投信会社直販		20%
ディスカウントブローカー		24%

（出所） ICI “Profile of Mutual Fund Shareholders, 2017”

とは、多数の投資信託会社の多数のファンド（少なくとも数百本以上）を取り揃えて、助言なし・低コストで販売する方式で、品揃えが豊富で価格（手数料）が安いことからスーパーマーケットになぞらえられている。

一方、投資信託会社の直接販売利用者は20％で日本より利用度が高く、銀行・その他金融機関経由は18％で日本より利用度は低い。

なお、図には示していないが、過去と比べると２０１０年当時は、①の職域ＤＣ年金プラン内だけの購入者が28％、②それ以外が72％であったから、職域ＤＣ年金プランの利用度が高まる傾向にある。そして、②については、ディスカウントブローカーの利用者が20％から24％へ増えており、アメリカの投資家がコスト節約志向を強めていることをうかがわせる。

次に、日本と同様にＤＣ年金が未発達のヨーロッパ大陸（ドイツ・フランスなど）では、販売チャネルを銀行・保険など販売主体別で区分することが一般的である。そしてユニバーサルバンキング（銀行が証券業務を含めて幅広い機能を担う）制度をとっているため、銀行が投資信託販売の中心的地位を占めている。

なお、日本以外ではＩＦＡ（アイエフエー＝Independent Financal Advisor、独立ファイナンシャル・アドバイザー、前述の独立ＦＰと同義語）が活躍しており（図表６－９下段のとおり、アメリカでは職域ＤＣ年金プラン以外の購入経路において銀行等よりも独立ＦＰの利用度が高い）、また投資信託会社の直接販売も一定の役割を果たしている。

(2) 日本で販売会社の評価始まる

日本では、本章2で取り上げた「投資信託の平均保有期間が短い」ことなどに関連し、「販売会社が手数料稼ぎのため、売りやすい新商品を既存商品から乗換えさせている」など販売会社の営業姿勢に対する批判がある。

こうしたなかで、世界に類をみないと思われる「投資信託販売会社の評価」が始まった（後述するように、ファンドの運用実績を評価する機関は世界各地にあるが、販売会社を評価して公表するシステムはアメリカ・ヨーロッパにはないと筆者は理解している）。

以下に、2つの動きを紹介する。

① 格付投資情報センターは、2017年12月に「顧客本位の投資信託販売会社評価」を開始すると発表した。これは、中立的な第三者の立場から投資信託販売業務を行う金融事業者の「顧客本位の業務運営」に関する評価を行うものである。

その意義について同社は「個人投資家が自ら金融事業者を比較し、投資信託を購入する先を選択することは難しい。金融事業者の業務運営に対する、第三者が行う参考指標のニーズが高まっている。……選ばれる銀行・証券会社になるためには、第三者評価が必要になる」（注6）

と述べている。

具体的には、販売会社が「顧客本位の業務運営」のために策定した取組方針や取組状況、手数料水準、顧客ニーズに合致した販売が行われているか、販売後のアフターフォロー、販売体制のチェック機能など多岐にわたる調査を行ったうえ、SS、S、A、B、Cの5段階で評価するとしている。

なお、評価は販売会社からの依頼によって行い（筆者注：債券の格付が発行会社からの依頼によって行われることと同様である）、「評価した販売会社が20～30社を超えた時点で、顧客属性ごとの販売実態など各事業者のデータを比較できるような統計情報の提供も想定している」とのことである。

このように、第三者機関が投資信託の販売会社を評価するアイデアは、4年前に中央大学特任教授（当時）明田雅昭氏（現・日本証券経済研究所特任リサーチ・フェロー）が提案していた。それは日本証券アナリスト協会発行の『証券アナリストジャーナル』２０１４年5月号掲載論文の「解題」のなかにおいてであり、同氏は次のように述べていた。

「販売会社の営業戦略が販売会社の利益に沿うよう立案される以上、投資家の利益と一致せず、短期の売買回転になりがちである。このような販売姿勢を販売会社が自ら改めるのを期待するのには無理があろう。むしろ独立した第三者が販売会社の販売姿勢を分析・評価し、その情報が投資家に豊富に提供されるようになれば、投資家が自らの投資方針・姿勢に合致する販売会社を選ぶようになり、そのことが販売会社の姿勢を変えていく圧力になるのではないだろうか」。

また、２０１６年12月に公表された金融審議会「市場ワーキング・グループ」の報告書においても「顧客本位の業務運営を確立・定着させていく方策」の「⑵顧客の主体的な行動」において、「有識者等で構成される第三者的な主体が、例えば民間における自発的な取組みとして形成され、金融事業者全般あるいは各金融事業者の取組方針や取組状況を顧客の立場から評価し、評価結果を公表するといったメカニズムが存在すれば、顧客が金融事業者を選別する上で参考になると考えられる」と記述されていた。

② 金融庁は２０１８年6月に、「投資信託の販売会社における比較可能な共通ＫＰＩ（注7）について」を公表した。

その趣旨について、金融庁は報道発表資料において次のように述べている。

「……これまでに、多くの金融事業者が「顧客本位の業務運営に関する原則」を採択の上、取組方針を策定・公表し、また、一定数の金融事業者が、取組方針と併せて顧客本位の業務運営を客観的に評価できるようにするための成果指標（ＫＰＩ）を公表しています。

他方、自主的なＫＰＩの内容は区々であり、顧客がＫＰＩを用いて金融事業者を選ぶことは必ずしも容易でないことから、今般、長期的にリスクや手数料等に見合ったリターンがどの程度生じているかを「見える化」するために、比較可能な共通KPIと考えられる3つの指標を公表します」。

金融庁が取り上げた3つの指標は、(i)運用損益別顧客比率、(ii)投資信託預り残高上位20銘柄のコスト・リターン、(iii)投資信託預り残高上位20銘柄のリスク・リターンで、その内容は次のとおりである。

(i)運用損益別顧客比率は、投資信託を保有している顧客について、基準日時点の保有投資信託に係る購入時以降の累積の運用損益（手数料控除後）を算出し、運用損益別に顧客比率を示した指標である。この指標により、個々の顧客が保有している投資信託について、購入時以降どれくらいのリターンが生じているかみることができる。

(ii)投資信託預り残高上位20銘柄のコスト・リターンおよび、(iii)投資信託預り残高上位20銘柄のリスク・リターンは、設定後5年以上の投資信託の預り残高上位20銘柄について、銘柄ごとおよび預り残高加重平均のコストとリターンの関係、リスクとリターンの関係を示した指標である。これらの指標により、中長期的に、金融事業者がどのようなリターン実績をもつ商品を顧客に多く提供してきたかをみることができる。

そして、金融庁は「これら3つの指標を比較可能な共通KPIとすることは、顧客及び金融事業者がリターンへの関心を高める上で有意義と考えられ、投資信託の販売会社において、これら3つの指標に関する自社の数値を公表することを期待する」としている。

多数の会社がこの数値を公表すれば、各社間の比較が可能になり、販売会社の評価表ができることにつながると考えられる。

(3) 販売方法

投資信託の販売方法（投資家からみれば買付方法）については、大きく分けると、①証券・銀行等の販売員やIFAなど「人」の助言付きと、②人の助言がないインターネット経由がある。

そして最近、②のインターネット経由についてコンピュータ・プログラムに基づく簡単な助言サービスがつく「ロボアドバイザー」の利用が世界で急速に広がっている。

このほか、間接的販売方法として、他のサービスや商品を通じる経路もある。その例としては、「ラップアカウント」や変額年金保険がある。ラップアカウントは、証券会社等の金融機関が、各投資家の資産状況等にあわせて資産配分・銘柄選択・売買執行など資産運用にかかわる諸サービスを一括提供する投資一任口座である。多くのサービスを包み込んだ（wrap＝ラップした）口座であることから「ラップアカウント」と呼ばれる。ラップアカウントには株式や債券に直接投資する口座もあるが、投資対象を投資信託に限定した口座である「ファンドラップ」が大きく伸びている。

図表6－10　現在の投資信託販売チャネル

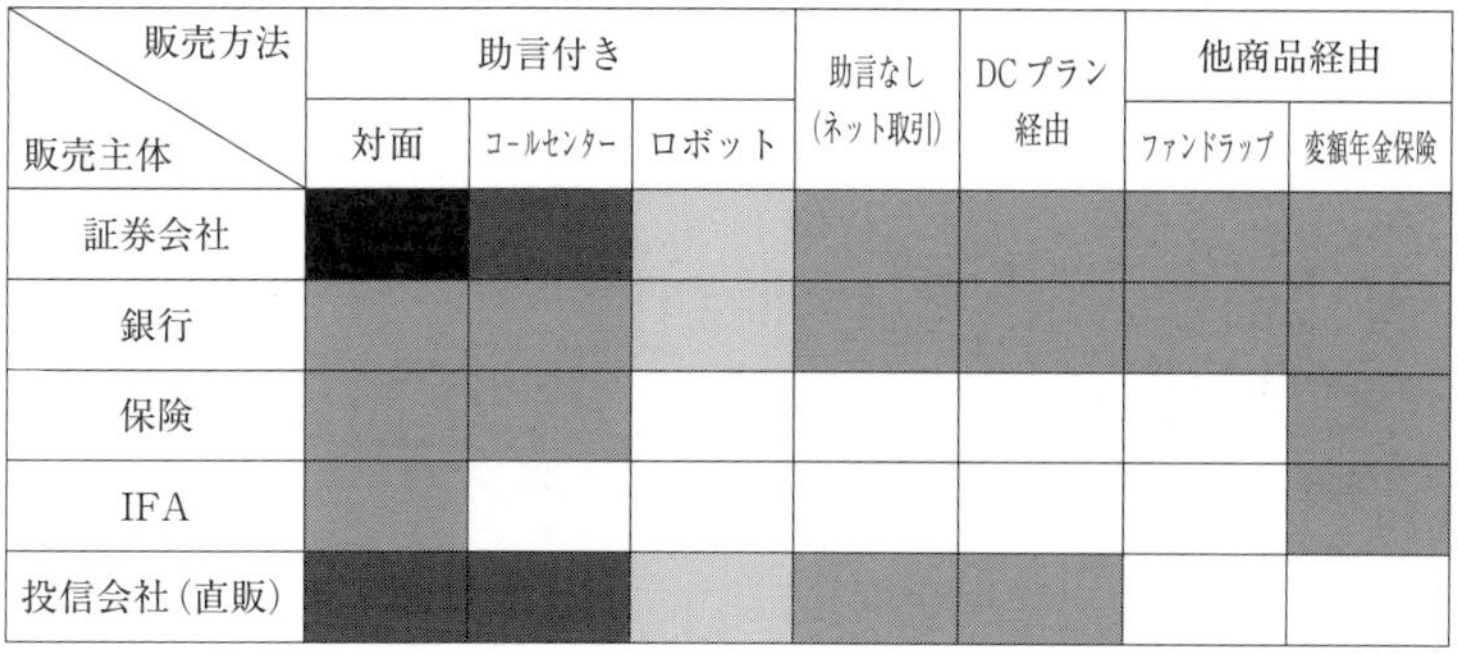

（出所）　主にアメリカの状況をふまえ筆者作成

(4)　多様化した販売チャネル

以上で述べてきた、(1)販売主体と(3)販売方法について、主としてアメリカの状況をふまえてマトリックスのかたちにまとめると、図表6－10のようになる。ここでは網掛けが濃いほど取扱開始時期が早いこと、白地はほとんど存在しないと思われることを示している。

歴史的にみると、1960年代くらいまでは、投資信託先進国のアメリカにおいてすら投資信託販売チャネルは左上の箱（証券会社による対面販売）に限られていた。その後、投資信託へのニーズの拡大、規制緩和、IT（情報技術）の進歩などにより、投資信託販売チャネルは多様化の一途をたどった。言い換えれば、投資家と投資信託との接点が大きく広がり、それがさらなる投資信託市場の拡大に結びついた。

ここで、日本における今後の投資信託販売の方向を考え

図表6－11　アメリカの投資信託販売方式の変遷

	環境・制度	ダウ平均株価（各年代末）	販売主体	販売方法	販売担当者(FA)の投信営業手法	手数料収受方法
1960年代	株価好調（黄金の60年代）	679→800	証券会社中心	営業マンによる対面販売	個別商品販売営業	顧客から販売時にコミッション収受
1970年代	株価長期低迷、手数料規制の強化、株式売買委託手数料自由化	838	証券会社の投信販売意欲減退、投信会社の直販勃興	通信販売（コールセンター）始まる		
1980年代	ファンド資産から販売経費を支弁する12b－1フィー認可 401（k）スタート 株価上昇基調へ転じる	（10年で3.3倍） 2,753	銀行が参加	401（k）プラン外交本格化		販売コミッションに加え、ファンドから残高に対するフィー（12b－1フィー）を収受
1990年代	株価本格上昇継続（ITバブルへ）	（10年で4.2倍） 11,497	ネット証券が参加	ファンドスーパー出現 ラップアカウント成長 変額年金保険経由も増加		
2000年代	株価波乱（ITバブル崩壊、リーマンショック）	10,428	IFAの増加		資産管理型営業へ変化	顧客から預り資産に対するフィーを別途収受の方向へ→ファンドはノーロード化
2010年代	IT化の進展 利益相反防止規制の強化（コストの透明化促進）	(2018年6月) 24,271		ロボアドの成長	投資助言者からFAへ、ゴールベース（人生設計のサポート）営業へ	2000年代の動きが加速

（出所）　各種資料より筆者作成

るうえで参考になると思われるので、過去数10年間におけるアメリカの投資信託販売方式の変遷をまとめると、図表6－11のとおりである。

詳しい説明は省略するが、筆者が指摘したいポイントは2つある。

第一に株価の動向が投資信託販売に大きな影響を与えたことである。

1970年代に株価が長期にわたって低迷した（したがって、投資信託の運用実績も不振が続いた）時期には、証券会社の投資信託販売意欲がしぼんでしまった。その結果、投資信託会社がやむにやまれず直接販売に進出した。

その後1980年代から1990年代にかけて株価が長期的に大きな上昇を続け（ダウ平均株価は1980年代に3・3倍、1990年代は4・2倍に上昇）、投資信託の運用実績も好調に推移した時期には、証券会社が投資信託販売に復帰しただけでなく、銀行も進出、さらに保険会社も変額年金保険を経由して投資信託販売に参画した。それが現在につながっている。

第二に、販売者の手数料・報酬の受取方法がコミッション（販売手数料）からフィー（残高に対する報酬）へ変化してきたことである。

1970年代くらいまでは「投資信託を販売した時に販売額に対し手数料（コミッション）を受け取る方式」であったが、1980年代に「販売コミッションに加え、ファンドから販売残高に対して一定率の報酬（フィー）を受け取る方式」へ、そして2000年頃から「ファンドからではなく、ラップアカウントを含め、顧客から別途アドバイスフィーを受け取る方式」へ徐々に移行しつつある。この結果、ファンド販売については無手数料（ノーロード）化が進んでいる。

この第二の変化の背景には、証券営業マン、言い換えればファイナンシャル・アドバイザー（FA）の営業手法が個別商品販売営業から資産管理型営業（個々の顧客のリスク許容度などにあわせて資産配分をアドバイスし、それに沿って個別商品の購入を勧める営業手法）に変革してきたことがある。また、規制当局も以下のタリー・レポートにあるように、投資家のために売買コミッションより残高フィーのほうが望ましいと考えていた。

〔参考〕タリー・レポート

１９９４年に当時のＳＥＣ委員長アーサー・レビット氏の要請により「個人向けブローカレッジ業界の利益相反を明らかにし、その相反を少なくする最良の方法を検討するため」にダニエル・タリー氏を委員長とする委員会が設けられた。

その設立の背景には、「コミッション制の報酬制度により販売外務員が顧客口座を過当回転させたり不適当な推奨を行わせたりしていないか」という懸念があった。１９９５年にまとまった報告書（「タリー・レポート」と呼ばれる）は、手数料・報酬体系について、取引に関係する三者、すなわち投資家・登録外務員・証券会社の利害が一致するよう設計されたものが最良の制度であると定義した。

その具体的方法としてタリー委員会は、顧客口座の資産残高に基づく報酬の一部を登録外務員が受け取る方法をあげた。そうすれば、外務員がたとえ顧客に対し「何もするな」と助言しても報酬を得ることができるからだと述べていた。

(5) これからの投資信託販売

さて、今後は図表6－10に掲げた販売チャネルでどの部分が拡大していくのだろうか。

縦軸の販売主体については、いままで世界的にＩＦＡがシェアを伸ばしてきた。日本ではＩＦＡの認知度が低く投資信託販売額に占める比率はまだ極小である。日本でＩＦＡの活躍舞台を広げるためには、投資家がフィーを払ってアドバイスを得ようとする風土になっていない状況を変えていく必要があろう。

また、横軸の販売方法については、ロボアドバイザーの拡大、アメリカ・オーストラリア・日本などでＤＣ年金プラン経由の販売増が見込まれるほか、日本ではファンドラップの急拡大が進行中である。

そして、フィンテックの進展などにより今後、図表6－10に掲げていない新しいチャネルが生まれる可能性もある。たとえば、販売主体についてグーグルやアマゾンなどIT関連企業の参入が考えられ、販売方法として日本ですでに職場積立NISA（官公庁・企業等において給与天引き等によりNISA口座を利用して株式投資信託等を買い付ける制度）が始まっている。

これらの販売チャネル拡大によって、いままで貯蓄しか行っていなかった人々が投資に向かうことが期待される。たとえば、経営コンサルティング会社A・T・カーニー社は2015年に発表したロボアドバイザーに関するレポート（注8）のなかで、ロボアドバイザリーの普及によって、現預金など今は投資に振り向けられていない金融資産が投資に向かうとみている。すなわち、ロボアドバイザーが運用する資産額は2020年には2・2兆ドル程度に達する可能性があり、そのうち半分の1・1兆ドルは現預金などからシフトする資産として計算している。

（注1） 2018年8月2日付日本経済新聞2面「投信「高値づかみ」のワナ」（日本のモーニングスター社集計値による）。

（注2） Jason Hsu, Brett W. Myers,and Ryan Whitby, "Timing Poorly: A Guide to Generating Poor Returns While Investing in Successful Strategies" *Journal of Portfolio Management*, Winter 2016.

（注３） "Mind the Gap: Global Investor Returns Show the Costs of Bad Timing Around the World", Morningstar Manager Research May 30, 2017.

（注４） 出所は（注１）と同じ。

（注５） 投資信託協会「投資信託に関するアンケート調査報告書」２０１８年３月。

（注６） 格付投資情報センター「ファンド情報」No. 263（２０１８年１月15日）掲載記事より。

（注７） ＫＰＩとはKey Performance Indicator の略で、企業目標の達成度を評価するための成果評価指標をいう。

（注８） Insights from the A.T.Kearney 2015 Robo-Advisory Services Study "Hype vs. Reality: The Coming Waves of "Robo" Adoption", June 18, 2015.

第7章

資産運用

本章では、投資信託資産の運用はどのように行われるか、ファンドマネジャー制と委員会制の違い、アクティブ運用（市場平均リターンを上回る成果を目指す運用）の手法、パッシブ運用（市場平均指数に連動する成果を目指す運用）とアクティブ運用の歴史的変遷、パッシブ運用とアクティブ運用の是非をめぐる議論、投資のグローバル化の状況、スチュワードシップ・コード（責任ある機関投資家の諸原則）、パフォーマンス（運用実績）評価機関、および投資信託運用業界の現況について取り上げる。

1 資産運用はどのように行われるか（運用のプロセスと運用会社の組織）

投資信託の資産運用方法は、運用会社により、またファンドにより異なる。ファンドについては、株価指数（たとえば、東証株価指数＝ＴＯＰＩＸや日経平均株価）など各種の市場平均指数（インデックス）の動きに連動する成果を目指す「インデックスファンド」と、市場平均指数の動きを上回る成果を目指す「アクティブ運用ファンド」とで大きく異なる。

インデックスファンド（「パッシブ運用ファンド」とも呼ぶ）については、連動対象とする指数に採用されている銘柄（たとえば、トヨタ自動車、ＮＴＴといった個別企業の株式を指す）を指数と同じ配分で組み入れることを原則とするため、資産配分・銘柄選択などについて運用者の裁量の余地は小さい。

そこで本書においては、運用者の能力を生かして市場平均を上回る成果を目指すアクティブ運用ファンドを念頭に、運用のプロセスおよびだれがどのようにかかわるかについて述べる。

日本の運用会社の場合は、アメリカのように各ファンドの運用担当者（ファンドマネジャーと呼ばれる）が大きな権限をもって自由に運用するという方法ではなく、組織的運用を採用しているケースが多い。運用のプロセスと組織は会社によって異なるが、典型的な姿を描くと図表７－１のとおりである。なお、図表７－１において、四角のなかで番号を付した部分は資産運用のプロセスを示し、楕円で囲んだ部分は各プロセスにかかわる人または組織を示している。

以下、株式を投資対象とするアクティブ運用ファンドを念頭に、図表７－１に沿って運用の流れと組織のかかわり方を解説する。

① 一般的に運用会社は、自社で運用する多数のファンド全体にかかわる投資戦略を決定する会議体をもっている（図表７－１においては「投資政策委員会」としているが、呼び名は「投資戦略会議」など会社によって異なる）。

この会議には、ファンド資産の運用にかかわる主要関係者（運用部門の統括責任者、ファンド

図表7－1　投資信託の資産運用のプロセスと組織（例）

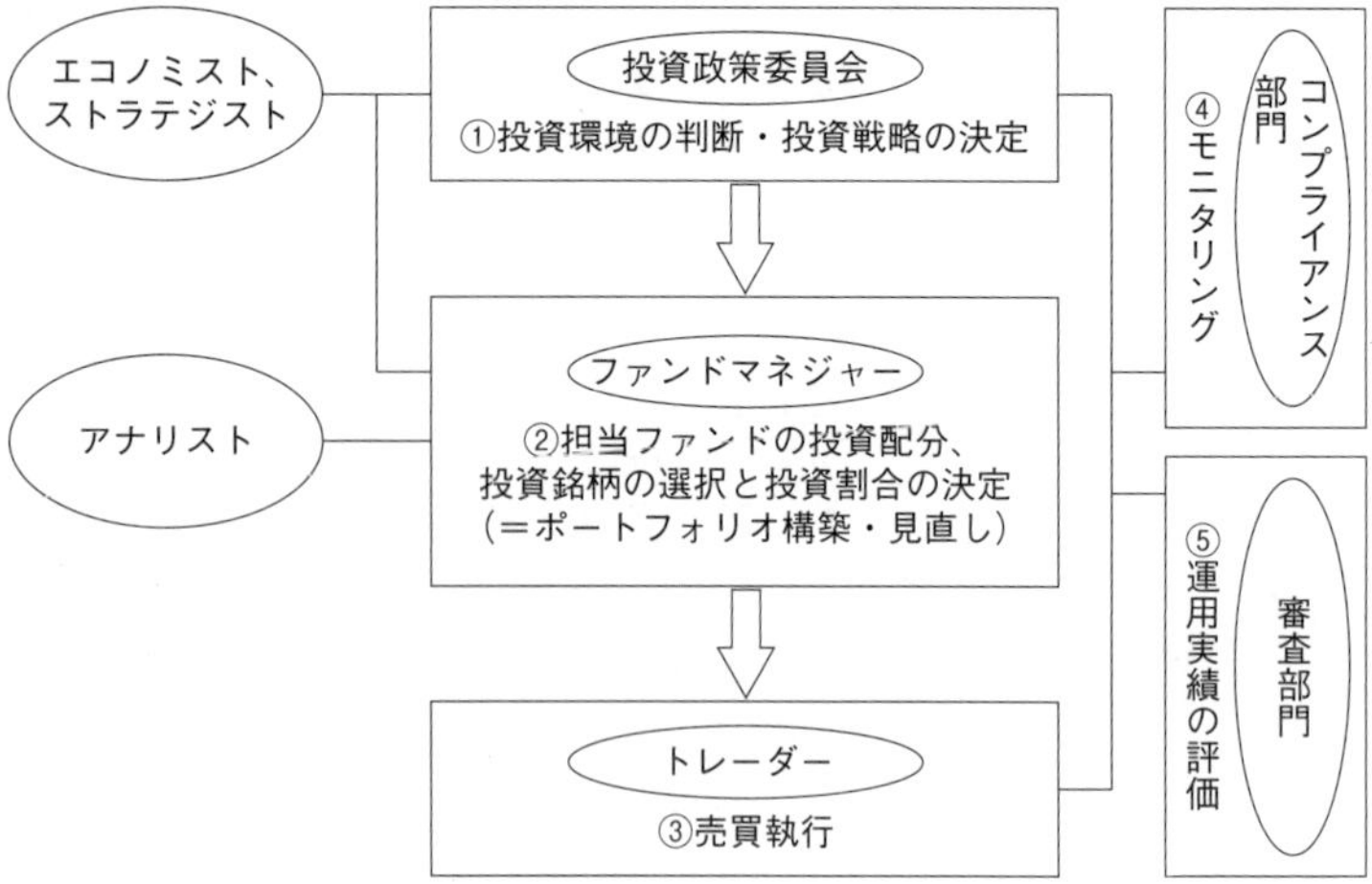

（出所）　各種資料等に基づき筆者作成

マネジャー、内外の経済分析を専門とするエコノミスト、投資戦略の立案者であるストラテジストなど）が参加して、投資環境の分析・判断を行う。そして、この判断に基づいて全社的な投資戦略（資産別・国別・産業別の投資配分等）を決定する。

　この会議は月1回など定期的に開催されるほか、大きな市況変動があったときには緊急に開催される。

②　前記の全体会議の結論に基づき、各ファンドのマネジャーが、ポートフォリオ（資産別などの投資配分、組入銘柄とその投資配分）の構築・見直しを行い、必要な銘柄入替え等を行う。この作業は、当該ファンドの説明書（投資家が買付け時に受け取る書面であり法的には目論見書《もくろみしょ》という、詳細は第9章

で解説）に記載した投資方針および第4章5で述べた資産運用に関する法制にのっとって行う。

ファンドマネジャーは、前記②の作業にあたり、企業の調査・分析を担当するアナリストの意見を参考にする。アナリストは自分の担当する業種に属する企業の決算分析や日頃の企業経営者との接触等に基づき、企業の収益性・将来性を分析して、ファンドマネジャーに情報提供する役割を担っている。

③　ファンドマネジャーは投資配分の変更・銘柄入替えを決定すると、必要な証券買付・売付の指示をトレーディング（証券売買の執行）部門に出す。そして株式売買取引の専門家であるトレーダーが市場の動きを見極めながら売買を執行する。

④　以上の①～③の運用プロセス全体を通じて、法令違反等がないかをコンプライアンス（法令遵守）部門が同時進行的に監視（モニタリング）して、不正行為を防いでいる。

⑤　また、審査部門が各ファンドの運用実績（パフォーマンス）を評価して、成功・失敗要因（何が良かったのか、悪かったのか）等の分析結果を経営陣・運用部門にフィードバックすることにより、全社的なパフォーマンスの向上につなげる役割を果たす。

なお、投資信託資産の運用は、外部の会社に委託することも可能である。日本では海外証券へ投資するファンドにおいて現地運用業者に外部委託が行われる場合が多く、委託先の専門ノウハウの活用、日本との時差の克服などにより効率的運用を目指すものである。外部委託ファンドについては、委託先の選定、委託先の運用のモニタリング、パフォーマンス評価などが日本の運用会社の主な業務となる。

2 ファンドマネジャー制と委員会制などの違い（ファンドの運用方式）

世界の投資信託を見渡すと、ファンドの運用方式として、ファンドマネジャー制（1個のファンドを1人で運用する）、チーム制（1個のファンドを数人のチームで運用する）、マルチマネジャー制（1個のファンドの資産を数個に分割し、各々を異なるマネジャーが運用する）、委員会制（運用関係者が出席する委員会における合議に基づき運用する）などがある。

日本は、運用会社のウェブサイトをみると、「主たる投資方針を投資委員会で決定し、それに基づき各ファンドの担当者が運用を行う組織運用」を採用している会社が多く見受けられる。

一方、アメリカでは一般的にファンドマネジャー個人の裁量権が強い。そのため、投資信託の評価機関（運用会社などから独立した中立的立場でパフォーマンスなどを評価して、投資家・販売会社等に情報を提供する機関、詳細は本章8で解説）がファンドの評価を行う際には、ファンドマネジャーの担当年数の長さ、交代頻度、ファンドマネジャーが自分の運用するファンドを保有しているか、などファンドマネジャー情報が重要な評価基準になっている。

以上の運用方式の違いを反映して、投資家への情報開示の法的要件が日本とアメリカで異なる。組織運用を行う日本は、交付目論見書（販売会社が投資信託を購入する投資家に必ず渡さなければならない説明書、詳細は第9章で解説）の記載要件として「ファンドの運用体制（組織、当該運用体制に関する社内規則、内部管理およびファンドに関する意思決定を監督する組織、人員および手続ならびにこれらの者の相互連絡等……」を掲げているのに対し、アメリカではファンドマネジャー個人に関する情報が重視されている（投資信託の情報開示の全体像については、第9章で解説）。

ファンドマネジャー制と組織運用のどちらが良いかについては、一長一短がある。運用方式の両極端にあるファンドマネジャー制と委員会制の長短を比較すると図表7－2のとおりである。ファンドマネジャー制の短所を解決できる点が委員会制の長所であり、逆に委員会制の短所を解決できる点がファンドマネジャー制の長所である。どちらの長所を重視するかが運用会社の経営判断となろう。なお、アメリカでは、最近ファンドマネジャー制から、チーム運用あるいはマルチマネジャー制へ移行する動きがみられる。

筆者は、「個人の能力を存分に発揮させることができる」などファンドマネジャー制の良さを生かしながら、その欠点（ファンドマネジャーが離脱した際のリスクが大きいことなど）をカバーす

図表7－2　ファンドマネジャー制と委員会制の長所と短所

	ファンドマネジャー制	委員会制
長所	①個人の能力を存分に発揮させることができる ②機動的運用が可能 ③責任の所在が明確である	①ファンドごとのパフォーマンスのばらつきが少ない ②極端に過激な運用を避けられる ③意思決定の内容・プロセスをフォローしやすい
短所	①ファンドマネジャーの離職・病気・事故などの場合のリスクが大きい ②ファンドごとにパフォーマンスのばらつきが出る ③一個人に任せるので意思決定の内容・プロセスがわかりにくい	①中庸・最大公約数的結論となり、責任もあいまいになる ②個人の能力を最大限に発揮させることが困難 ③運用方針の修正等について機動性に欠ける

（出所）　諸資料等より筆者作成

る方法として、マルチマネジャー制（前述のように1個のファンドの資産を数個に分割して異なるマネジャーが運用する方法）は優れているのではないかと考えている。なお、マルチマネジャー制については自社内のマネジャーによる方法のほかに、外部の運用会社を活用する場合もある。

3　投資スタイルなどの活用（アクティブ運用の手法）

市場平均を上回る運用成果を目指すアクティブ運用について、目標達成のための手法あるいは着目点として次のようなものがある。

(1) トップダウンとボトムアップ

株式を組入対象とするポートフォリオの組成にあたっては、トップダウン方式とボトムアップ方式がある。

トップダウンとは、景気・金利・為替といったマクロ経済の見通しを重視し、それに基づいて株式・債券などの資産配分比率や国別配分比率（「アセットアロケーション」とも呼ぶ）、あるいは株式のセクター（分野）別（たとえば、輸出関連・内需関連）の配分を決めて、その後、個別銘柄の選択へ下ろしていく運用方式である。この方式においてはエコノミストや市場分析チーム、ストラテジストなどが重要な役割を担う。

一方、ボトムアップ方式は、経済や産業の動向から下ろすのではなく、もっぱら個別企業のファンダメンタル（収益性や資産内容などの基本的価値）分析や、バリュエーション（投資家の評価=株価の水準）の分析により魅力的な銘柄の選択に専念し、その積上げによってポートフォリオを構築していく方式である。この方式においては個別銘柄を分析するアナリストが重要な役割を担う。

日本では、トップダウンとボトムアップを併用しているケースが多いと、筆者は理解している。

(2) 投資スタイルの選択

後述する現代投資理論によれば、すべての市場参加者がすべての情報を得たうえで合理的に行動するとすれば、すべての証券の価格は妥当な水準に収れんする。したがって割高・割安は存在しない。しかし実際には、成長株、大型株といった特定の属性をもった銘柄群が一定の期間、市場平均を上回るリターンを収める現象（特異といった意味で「アノマリー」と呼ばれる）が観測されている。

このアノマリーに着目して投資銘柄を選択する切り口は投資スタイルと呼ばれ、代表的な選択基準として、グロース（成長）とバリュー（投資価値）およびそのブレンド、規模別（大型・中型・小型）がある。アメリカの投資信託評価機関モーニングスター社は株式ファンドを投資スタイル別に分類したうえでパフォーマンス評価を行っている。

① グロースとバリュー

グロース投資は、前述のファンダメンタル分析を重視し、企業の利益成長を銘柄選択の主軸に据えるスタイルであり、一般的には企業の1株当り利益が平均以上の成長をすると期待される成長株に投資する。これらの高成長期待企業の株式は、ふつう市場平均と比べ配当利回り（配当金の株価に対する割合）が低く、ＰＥＲ（Price Earnig Ratio，株価が1株当り利益の何倍になっているかを示す「株価収益率」）が高い。したがって、グローススタイルのポートフォリオは平均ＰＥＲや平均ＰＢＲ（Price Book-Value Ratio，株価が1株当り純資産の何倍になっているかを示す「株価純資産倍率」）が市場平均より高くなる。

一方、バリュー投資は、前述のバリュエーション（株価）分析を重視して、株価が企業の基本価値（利益・配当・資産内容など）に比較して割安であり、将来、妥当株価に戻ると判断される株式に投資する。判断指標としてはＰＥＲやＰＢＲなどが用いられ、ポートフォリオの平均ＰＥＲや平均ＰＢＲは低めになる。

このグロースとバリューのどちらを採用するか、あるいは両方を併用するかはファンドによって異なり、常に一方を採用する場合には、それをファンド名に用いたり（たとえば、「グロースファンド」）、その旨（たとえば、「バリューを重視して銘柄選択する」こと）をファンド説明書に明記したりしている。

②　大型・中型・小型

投資スタイルの別の切り口として、各企業の株式時価総額（株価×発行株数）の規模を基準に大型・中型・小型に分ける方法もある。株価が規模別により異なる動きを示す傾向があることに着目する考え方である。

ファンドによって、小型株だけに投資するもの（「小型株ファンド」）もあり、また、1個のファンドのなかで大型・中型株を運用する専門チームと小型株を運用する専門チームを設けるといった場合もある。

4 主軸は穏健なアクティブ運用（アクティブ運用とパッシブ運用の歴史的変遷）

(1) 歴史的推移

世界最初の投資信託がイギリスで設立されてから今日に至る150年間の「パッシブ運用とアクティブ運用の盛衰」をまとめると、図表7-3のとおりである。要約すれば、両者の間で振り子は極端から極端に振れてきたが、主軸は穏健なアクティブ運用にあったといえよう。

イギリスで1868年（明治元年）に生まれたフォーリン・アンド・コロニアル・ガバメント・トラストは、ファンド出発時に選択した債券を原則としてファンドの満期時まで保有（バイ・アンド・ホールド）する固定投資型投資信託であった。その後、イギリスの投資信託は徐々

図表７－３　世界の投資信託におけるアクティブ運用とパッシブ運用の歴史的変遷

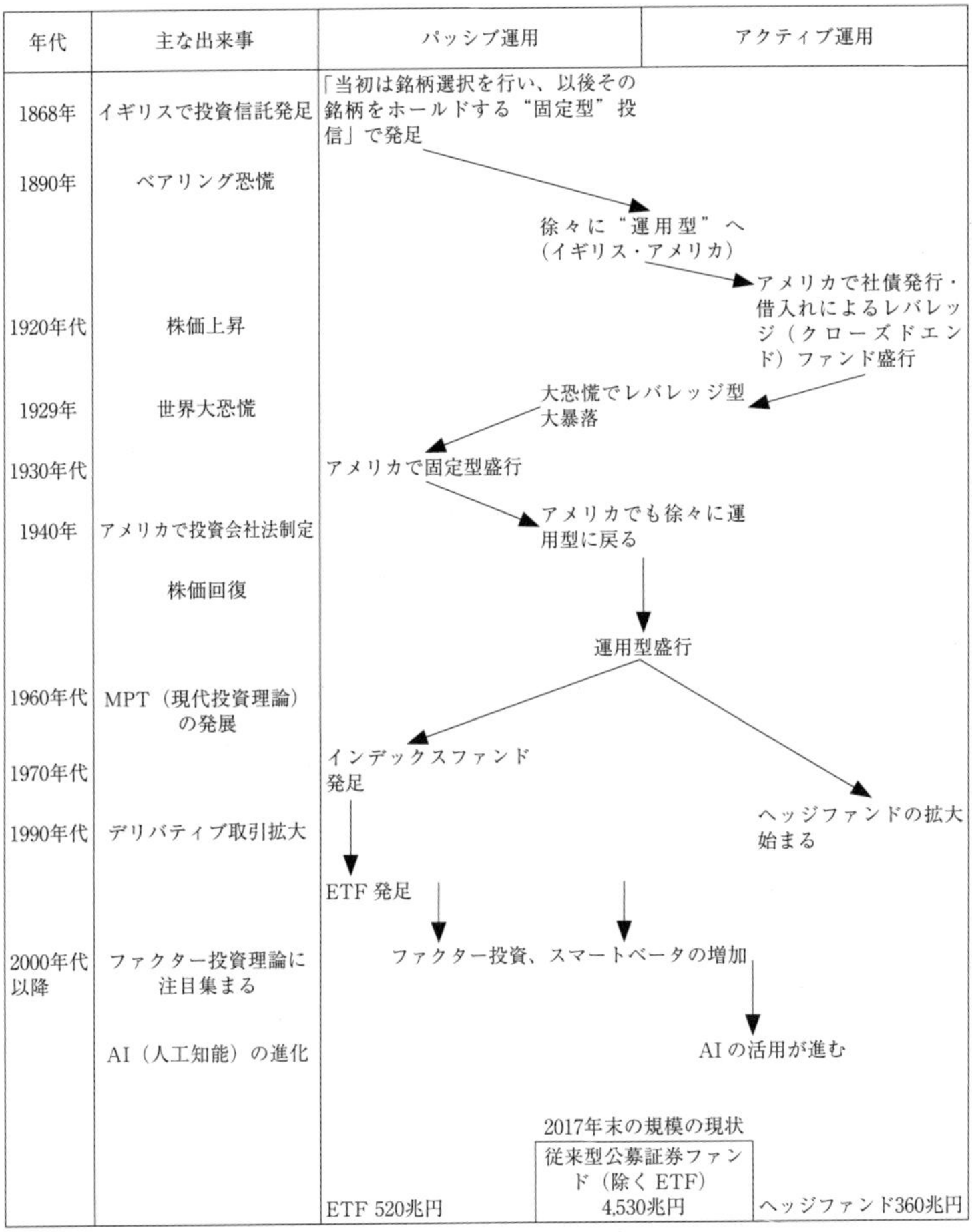

（出所）　各種資料より筆者作成

に銘柄入替えを行う運用型に移行し、1890年のベアリング恐慌（投資銀行ベアリング・ブラザーズの破綻に伴う国際的な証券価格の下落）時に多くのファンドの資産価値が急落した後は、分散投資の徹底など堅実な経営政策が強調された。

このイギリスにおける暴落の経験は大恐慌時のアメリカで生かされなかった。すなわち、1929年の暴落前のアメリカにおけるクローズドエンド会社型ファンド（投資信託の形式については、第5章3「世界の投資信託の分類」参照）は、社債発行等による借入資本を活用し、いわゆるレバレッジ（てこ作用）付きの株式投資を行って大幅な値上りをねらっていた（資本金の20倍に当たる借入れを有する会社もあった（注1））。そのため、大恐慌後の株価下落の影響を大きく受け、市場価格が暴落前に比べ40分の1の下落にしたファンドもあった（注2）。

この失敗の結果、専門家運用の威信が失墜し、一般投資家は「運用」を忌み嫌うようになった。その反動で1930年に生まれたファンドが、運用者の機能を極端に抑えた固定的単位型投資信託であった。これは組入株式をあらかじめ固定するか、入替えを極端に制限するもので、ポートフォリオの内容がガラス張りで明瞭、てこ作用のないこともあって投資家から安心感をもって迎えられた。

しかし、その後も株価が下落したことから固定ポートフォリオも値下りが続き、徐々に銘柄入替え等の運用の必要性が再認識されることとなった。

以後、アメリカでは、1940年投資会社法の制定による法整備（分散投資義務などを規定）が行われたことも相まって運用型への信頼感が増し、投資信託の主流を占めることになった。

第2次世界大戦後の歴史をみると、MPT（Modern Portofolio Theory，現代投資理論）の発展に伴うインデックスファンドの発足（インデックスファンドの歴史については後述）、さらにETF（第5章6「世界の注目商品」参照）への進化がある一方で、デリバティブを活用したヘッジファンドの人気が上昇するなど、パッシブと超アクティブの両極端の動きがあった。しかし、投資信託の大宗を占めたのは、株式と債券への長期分散投資により安定的リターンの獲得を目指す稳健運用ファンドであった。

2017年末の世界のファンド残高をみると、究極のパッシブファンドともいうべきETFが520兆円、反対に（公募ファンドではないが）超アクティブともいうべきヘッジファンドが360兆円に対し、伝統的な証券投資信託（ETF以外のインデックスファンドを含む）は4500兆円を超えている。

なお、近年はコンピュータ技術の進歩を生かして、「ファクター投資」あるいは「スマートベータ」と呼ばれる運用手法が現れており、これについては後述する。

(2) インデックスファンド（パッシブ運用）の歴史

近年、世界的に運用残高が増大しているインデックスファンドはどのような背景のもとで生まれ、どのような展開を経て今日に至ったのだろうか。元ＩＣＩ（米国投資信託協会）理事長マシュー・フィンク氏の著書“Rise of Mutual Funds”、公募インデックスファンドの創始者ジョン・ボーグル氏の著書“Bogle on Mutual Funds”、米国ＣＦＡ協会発行の“A Comprehensive Guide to Exchange-Traded Funds（ETFs）”およびＩＣＩ統計等からインデックスファンドの歴史を振り返ると、次のとおりである。

インデックスファンド誕生の基盤となったのは、１９６１年にウィリアム・シャープ氏が唱えた「市場ポートフォリオ（市場にあるすべての銘柄を、各銘柄の時価総額構成比率と同じ割合で保有するポートフォリオ）こそが最も効率的である」とするＣＡＰＭ（Capital Asset Pricing Model，資本資産価格モデル）であった。

この概念を最初に実用化したのは機関投資家であり、１９７１年にウェルスファーゴ銀行が、サムソナイト社の年金基金向けにＮＹ証券取引所上場の約１５００銘柄に等金額投資するポートフォリオを組成した。しかし、これは維持・管理が非常に困難であることが判明し、その後、同行は複数の年金基金資金などを合同運用するコミングル・トラストの一部に、Ｓ＆Ｐ５００銘柄

（アメリカの格付・投資情報機関であるS&Pダウ・ジョーンズ・インデックス・エル・エル・シーが算出する、アメリカの代表的株価指数「S&P500指数」に採用されている500銘柄）を時価総額比で組み入れる方式のインデックス・ポートフォリオを導入した。

そして、1973年にバートン・マルキール氏が著書『ウォール街のランダム・ウォーカー』のなかでインデックス投資信託の創設を提唱、1975年にはチャールズ・エリス氏がファイナンシャル・アナリスト・ジャーナル誌に掲載した有名な論文「敗者のゲーム（"THE LOSER'S GAME"）」のなかで「もし運用者が市場に勝てないのであれば、市場に加わることを考えるべきで、インデックスファンドはその1つの方法だ」と主張した。

以上のような経緯を経て、ジョン・ボーグル氏が創設したバンガード社（現在ではアメリカ最大の投資信託会社に成長）が、1976年に世界最初の個人投資家向けインデックス投資信託「ファースト・インデックス・インベストメント・トラスト」（現・「バンガード500インデックスファンド」）を発足させた。

ボーグル氏は、前掲著書のなかで（インデックスファンドとの関連で）CAPMをはじめとするMPT（現代ポートフォリオ理論）を次のように要約している（注3）。

①株式市場に参加するすべての投資家の集合体が株式市場全体を保有しているのであるから、投資家のうち、すべての株式を長期保有するパッシブ投資家が市場リターンと一致する

投資成果を得られるなら、アクティブ投資家グループも全体として市場を上回ることはできず、彼らの投資成果も市場のリターンと一致する、②経費控除前のグロスリターンが同じであるなら、投資家が負担する資産運用フィーおよび取引コストはパッシブ投資家のほうがアクティブ投資家より低いので、パッシブ投資家のほうが高いネットリターンを得られる。

前記の理念のもと、1976年に発足した第1号インデックスファンドには、当初1104万ドル（バンガード社の目標の10分の1以下）の資金しか集まらなかった。その後も1990年代半ば頃までは、米国投資信託に占めるインデックスファンドの比率が大きく上昇することはなかった（ICIのインデックスファンド統計も1993年以降しか存在していない）。

当時、インデックスファンドが不人気であった理由について、ボーグル氏は前掲著書のなかで、①「いっさい運用しないほうがプロの運用より良い」という考え方は投資家の既成概念に合致しなかった、②運用会社の収入がアクティブ運用ファンドに比べ少ない、③投資家の「夢」あるいは「成功への願望」は永遠に存在する（少数ではあるがファンドをうまく選択できる投資家、あるいは運良く高実績をあげるファンドにあたって市場平均を上回るリターンを得る投資家が常に存在し、そうした成功者の経験だけが声高に語られる）ことの3点をあげていた。

しかし、①米国株式市況が1982年を底として長期的に上昇を続けるなかで、投資家の米国株全体（言い換えれば指数）の収益性に対する確信が深まるとともに、②外国株や債券を対象とするものなどインデックスファンドの品揃えの充実、③投資家のコスト意識の高まり、④メディア等によるアクティブ運用への疑問の提起（アクティブ運用ファンドのうち、インデックスを上回る実績をあげたファンドは少ないといった指摘）といった要因が重なって、１９９０年代後半からインデックスファンドは急速に拡大した。

そして、２０００年代初頭のＩＴ（情報技術）バブルの崩壊による市場全体（指数）の急落により、インデックスファンドの拡大はいったんスローダウンした。しかし、２００８年のリーマンショック時に、アクティブ運用ファンドが必ずしも投資家の期待に沿う運用成果をあげなかったことなどから、インデックスファンドの成長は再び加速する動きをみせている。

アメリカの株式投資信託について、インデック

図表７－４　アメリカ株式投資信託のパッシブ化の状況

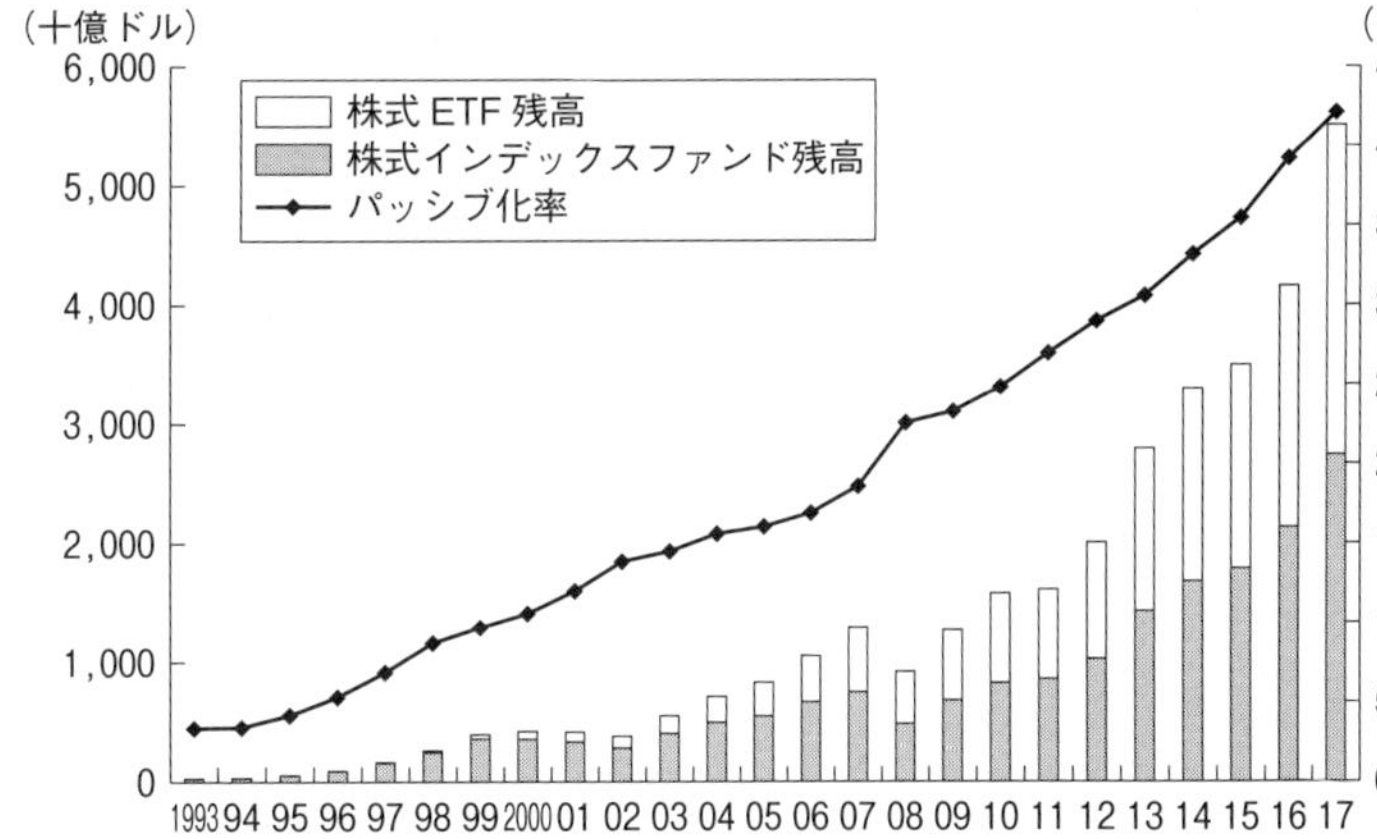

（出所）　ICI データより筆者作成

スファンドにETFを加えたパッシブ運用ファンドの残高と株式投資信託全体に占める比率（パッシブ化率）の推移をみると、図表7－4のとおりであり、パッシブ化率は2017年末に4割を超えるに至っている。

なお、日本のパッシブ化率も2017年末現在の投信協会の商品分類別統計によれば、株式投信97・4兆円のうちインデックスタイプ（ETFを含む）の残高は39・5兆円で41％と計算される（日本株ファンドだけをとれば75％以上である（注4））。

(3) 最近の資産運用の変化

① ファクター投資・スマートベータ指数の普及

近年、ファクター投資あるいはスマートベータ指数という言葉が頻繁に聞かれるようになった。ファクター投資とは、銘柄選択や投資配分の決定にあたり、バリュー（価値）・モメンタム（価格変動の勢い）・ボラティリティ（変動性）・サイズ（規模）といった投資ファクター（証券のリスク・リターンをもたらす要因）を活用するものである。なお、前記3「アクティブ運用の手法」において述べた投資スタイルにおいて用いる「グロース・バリュー、大型・中型・小型」も古くから活用されている投資ファクターということができよう。

さて、ファクターの活用にあたっては、1つのファクターだけ（たとえば、低ボラティリティ）

を使ってポートフォリオを構成する場合と、複数のファクター（たとえば、価格が割安な高バリュー、価格変動の勢いがよい強モメンタム、資本収益率の高い高成長、価格変動度が小さい低ボラティリティ）を組み合わせてポートフォリオを構築するマルチファクターモデルがある。マルチ

【参考】ファクターとは何か

アメリカのコロンビア大学教授アンドリュー・アング氏（2015年から世界最大の資産運用会社ブラックロック社のファクター投資担当マネージング・ディレクターも務める）は、その著書（注5）のなかで「資産におけるファクターとは、食品における栄養素のようなものである」と述べて、次のように説明している。

「われわれの健康維持のために重要であるのは、水・炭水化物・たんぱく質・食物繊維・脂肪といった栄養素であり、その栄養素を摂取するためにわれわれは穀物・肉・乳製品といった食品を食べている。そして資産運用にあたっても重要であるのは、株式・国債・社債といった資産そのものでなく、そうした資産の裏にあるバリュー・ボラティリティ・モメンタムといったファクターである」。

ファクターモデルは、各ファクターが市場にフィットする時期が異なることを考慮し、多くの期間に適合するポートフォリオを組もうとする考え方である。

一方、「スマートベータ指数」は、伝統的な時価総額加重指数ではなく、それよりも優れたリスク修正後リターンを得るために、企業の売上げ・収益性・配当や株価の変動率など特定の要因を用いて構成された指数である。

言い換えれば、投資ファクターはアクティブ運用にあたっても活用される「運用ツール」であり、スマートベータ指数に連動させる運用は、従来のアクティブ運用とパッシブ運用の中間的な「運用手法」と考えてよいであろう。なお、ETFの専門調査機関ETFGIによれば、2018年4月末現在、世界のスマートベータETF（類似の上場商品ETPを含む）は、1278本存在し、その残高は6470億ドルに達している。

いずれにしても、ファクターやスマートベータの普及によって、いまやアクティブ運用とパッシブ運用の境界はあいまいになりつつある。

② AI（人工知能）活用の進展

2010年代半ば頃から、資産運用にあたってもAIの活用が急速に進み、AI運用を標榜したファンドも生まれている。

従来から大量データの処理・分析結果を資産運用に活用することは行われていた。最近は、コンピュータ処理能力（計算速度・容量）の画期的進化に加え、活用できるデータが飛躍的に広がった（たとえば、マクロ経済・企業財務データなど数値情報だけでなく、ＳＮＳなどインターネット上の情報を含む言語情報や音声・画像データも取り込めるようになった）結果、ＡＩを資産運用に使える範囲が広がった。また、ＡＩは前述の投資ファクターの進化・改良への貢献も見込まれている。

資産運用の世界では、前述した１９６１年のＣＡＰＭの誕生以降、数十年間にわたって（前述のファクター投資理論等は開発・利用されているものの）革新的投資理論が現れていないといわれる。将棋の世界で棋士が考えつかなかった指し手をＡＩが編み出したように、ＡＩが画期的投資理論・手法をクリエイトできないかと筆者は期待している。

5 パフォーマンスの良否、市場への影響（アクティブとパッシブの是非をめぐる議論）

(1) 投資パフォーマンス

アメリカで投資家のコスト意識が高まっていることを反映して、投資資金がアクティブ運用ファンドからパッシブ運用に向かっていることは前述のとおりである。また、世界的に「アクティブ運用のパフォーマンスはインデックスに劣っている」という論調が高まりをみせている。

こうしたなかで、モルガン・スタンレー・インベスト・マネジメント社は、２０１７年6月に「パッシブ運用について語られないこと」と題するレポートを出した。そのなかで、筆者のRuchir Sharma氏は、①過去15年間、（アメリカを除く）グローバル市場対象ファンドについてはアクティブ運用ファンドが指数に勝っている、②特に新興国株ファンドや投資対象を限定しているファンド（たとえば、インド株ファンド）はアクティブが強い、②アメリカ株ファンドについても、上昇相場ではアクティブは負けているが、下落相場ではアクティブが勝っていることなどを強調している。

なお、日本の「国内株ファンド」の２０１７年末に至る10年間の実績（日本のモーニングスター社のインデックスから筆者計算）を、国内株全体の動きを示す東証株価指数（ＴＯＰＩＸ）と比較すると図表7－5のとおりである。10年間のうち7年間は、国内株ファンドのリターンがＴＯＰＩＸを上回っており、10年間の算術平均は国内株ファンドが9・1％、ＴＯＰＩＸが7・1％となった（幾何平均は、それぞれ5・9％、4・2％）。

この「国内株ファンド」には、インデックスファンドとアクティブ運用ファンドの両方が含まれているが、インデックスファンドのリターンは指数に連動する（正確にいえば、指数のリターン

図表7－5　日本の国内株ファンド収益率とTOPIX収益率の比較

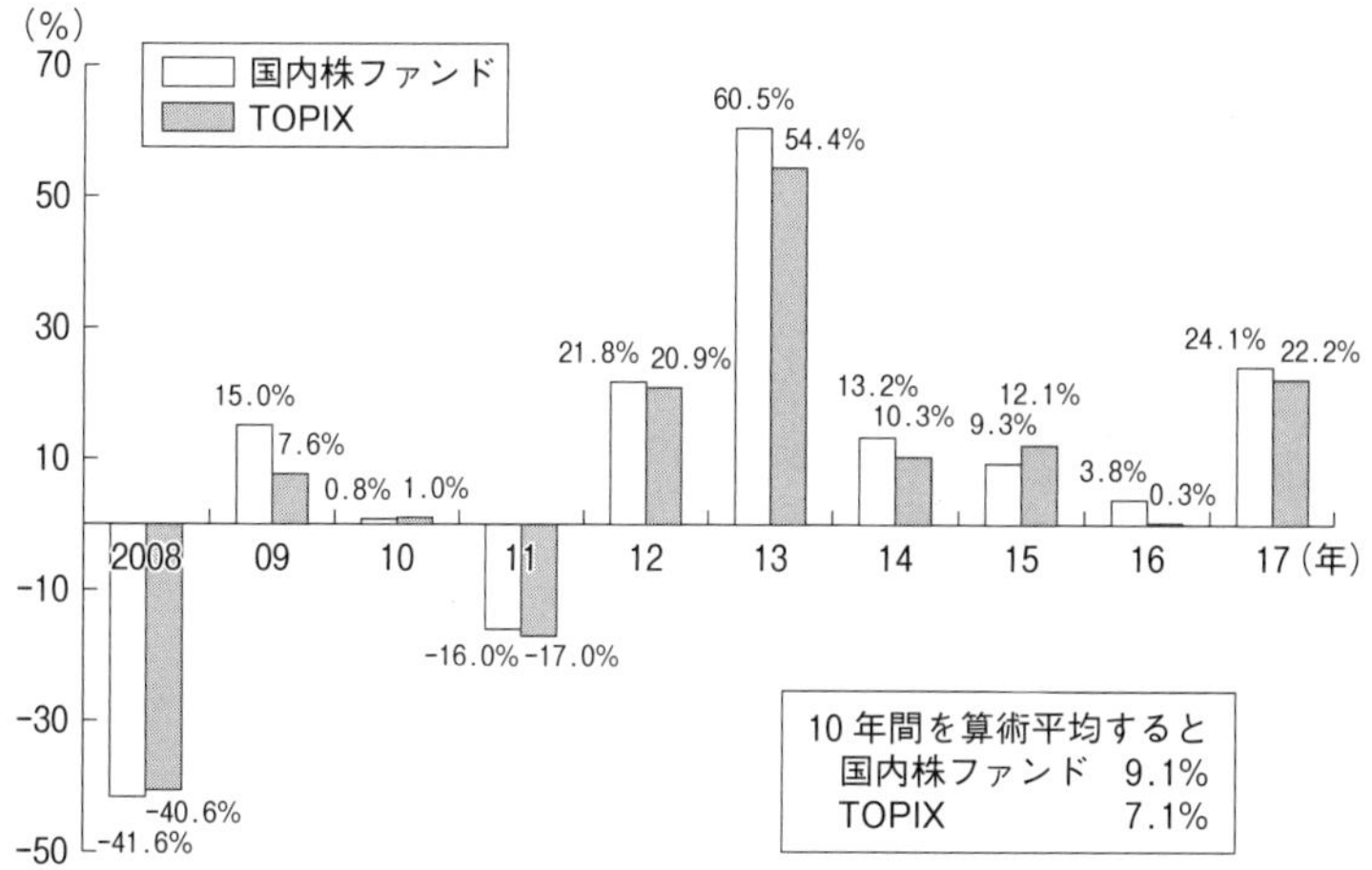

（出所）　国内株ファンドはモーニングスターインデックス（分配金再投資、加重平均）より計算、TOPIXは東京証券取引所（配当込みTOPIXの投資収益率）

からファンド経費を控除した値に連動する）。したがって、指数との差は主にアクティブ運用ファンドによってもたらされていると考えられ、アクティブ運用ファンドの実績はＴＯＰＩＸとの比較において優っているといえよう。

ちなみに、10年前に１００万円投資して複利運用してきた場合、ＴＯＰＩＸは１５２万円、国内株ファンドは１７７万円に増えていた計算になる。

このほか、株式以外に目を向ければ、「債券についてはアクティブ運用が優位だ」という、アメリカの有力債券ファンド運用会社ピムコ社の興味深い主張（２０１７年）がある（注６）。

その理由として同社のJamil Baz氏は

「102兆ドルのグローバル債券市場の47％は、中央銀行・保険会社など経済合理性を追求しない投資家が占めている（＝債券市場は株式市場のように効率的でない）こと、債券インデックスの中身は頻繁に入れ替わる（→入替え時にパッシブ運用者がポートフォリオをインデックスの構成と一致させるため、買いや売りに走るので、アクティブ運用者はこれを予測しアルファの獲得を図れる）こと、債券は満期→新規発行があり、新規発行は円滑な消化のためいくぶん割安な価格で行われることから、アクティブ運用ファンドはディスカウント価格で購入できる（インデックス運用の場合は、当該債券が発行後インデックスに組み入れられた後に購入するため、ディスカウント価格で購入できない）こと」などをあげている。

また、やや次元の異なる話であるが、いわゆるオルタナティブ資産（非公開株・不動産・インフラ・商品などの資産、言い換えれば上場株式・債券などの伝統的運用資産と異なる値動きを示す代替資産）についても、プロ（アクティブ運用）が力量を発揮できる分野といえよう。

(2) パッシブ運用拡大の問題点

世界的にパッシブ運用が拡大するにつれ、その問題点を指摘する声も多くなっている。以下に、2つの論点を紹介する。

① 株式市場の「資本配分機能」の低下を招くおそれ

インデックスファンド・ETFというパッシブ運用ファンドの拡大がもたらす問題として、株式市場全体の質的向上との関連があげられる。それは、単純に市場時価総額に応じて投資していくインデックス運用では、「高収益会社の資本調達を助け、低収益会社に市場からの脱退を迫る」という株式市場に期待される資本配分機能が十分に発揮されず、株式市場全体（＝指数）の収益性向上に貢献しない――言い換えれば「インデックス運用は市場指数の収益性向上に関しアクティブ運用に〝タダ乗り〟している」といわれる問題である。

日本においても、年金基金を含めてパッシブ運用が一段と拡大する（アクティブ運用が衰退する）ことに対する懸念は、日本企業のガバナンス改革との関連で、２０１４年8月に経済産業省が公表した「伊藤レポート」でも指摘された。

同レポートは「持続的成長への競争力とインセンティブ～企業と投資家の望ましい関係構築～」プロジェクト（座長：伊藤邦雄　一橋大学大学院商学研究科教授）の最終報告書である。そのなか（注7）に、次のような指摘がある。

「日本市場では機関投資家がパッシブ運用に偏っており、中長期的な投資家層が薄いことが指摘されている。市場全体のインデックス等の運用手法では、投資先企業の選別が行われず、企業と投資家の「協創」や「対話」促進にはつながらない。中長期的な視点から主体的判断と分析に基づいて株式銘柄を選択する投資家層を厚くする機運を醸成すべきである。……また、パッシブ運用に偏った状況では企業分析のプロとしてのセルサイド・アナリストの機能が十分に使いきれないことにも注意すべきである。……単純なパッシブ運用偏重ではなく、企業に対する中長期的な投資を促進するためにも、アナリストによるベーシックレポート作成が推奨され、目標株価とその根拠も含むファンダメンタルズ分析が促されることが求められる」。

また、同レポートの別の箇所（注8）においては「……インデックス運用への偏重により、変革しようとする企業がその他企業に埋もれてしまい、投資比率が市場平均に近いリスクを避けた機関投資家が多数を占めることになる」と指摘している。

② コモンオーナーシップ（共通株主）の問題

2010年代の半ば頃から、世界的に「同一業種内の競争関係にある複数の企業の株式を、パッシブ運用を行う多数機関投資家が共通して保有する〝コモンオーナーシップ（共通株主）〟が増大している。この現象は当該企業間の競争を弱め、消費者の利益を害する結果を招く」という議論が盛んになってきた。

特に少数企業への集中度（寡占度）が高い業種（たとえば航空業界、銀行など）で、料金や手数料が上がる現象がみられたという研究結果が発表されている。そして、この現象を生む理由として、「たとえば航空業界で寡占度の高いA社とB社の株主が共通であるとすると、2社の間で運賃・サービスの競争をするより、両社の料金を高止まりさせて航空業界全体の儲けを大きくしたほうが、株主にとって大きなリターン（高配当と株価上昇）が見込まれることになるからだ」と説明されている。言い換えると、コモンオーナーシップの増大は、企業経営者をして自分の企業よりその業種全体の収益性を高める方向に駆り立てるという問題提起である。

この議論は、パッシブ運用比率の高いアメリカだけでなく、ＯＥＣＤが２０１７年11月に問題を整理したレポート（注９）を発表するなど世界的に広がりをみせている。

【参考】世界でインデックス（指数）の数は３２８万を超えている

世界の指数提供会社14社で組織する指数産業協会（Index Industy Association）の調査（２０１８年1月発表（注10））によると、２０１７年6月末現在、世界で計算されているインデックスの数は３２８万８０００に達している。そのうち95％は株式指数である。

そして株式指数の内訳をみると、セクターあるいは業種別指数が42・7％、市場全体の時価総額指数が14・８％、小型株指数が13・６％、大型株指数が10・８％、中型株指数が10・７％を占めている。一方、最近注目されているファクターあるいはスマートベータ指数は５・６％、ＥＳＧ指数は０・３％である。

指数提供会社は資産運用会社等への指数提供によりライセンス収入を得ており、ブルームバーグニュースによると、大手3社（S&P Global Inc., MSCI Inc., FTSE Russell）だけで年間収入は20億ドル以上（2017年）に達しているという（注11）。

6 アメリカでも海外投資増加（投資のグローバル化の状況）

投資信託資産の外国への投資割合の変化を日本・アメリカ・ドイツについて比較すると、図表7－6のとおりである（アメリカについては、運用資産について内外構成データがないため、外国投資ファンドの割合をとっている）。

日本は、2000年代に入って外債に投資する毎月分配型ファンドの拡大に伴い外国投資比率が急上昇し、2007年に5割を超えた。その後、円高による為替差損の発生、2013年頃からの国内株価の回復などを反映して、2017年末には31％に低下した（なお、ETFを除いた株式投資信託に占める外貨建純資産比率は2017年末で45％である（注12））。ただし、近年ファンド・オブ・ファンズが増えており、その組入対象円建てファンドが保有する外貨建証券は投資信託協会統計の外貨建資産にカウントされていないため、実質的な外貨建証券比率はもっと高いと

図表7－6　日本・アメリカ・ドイツの外国投資比率の推移

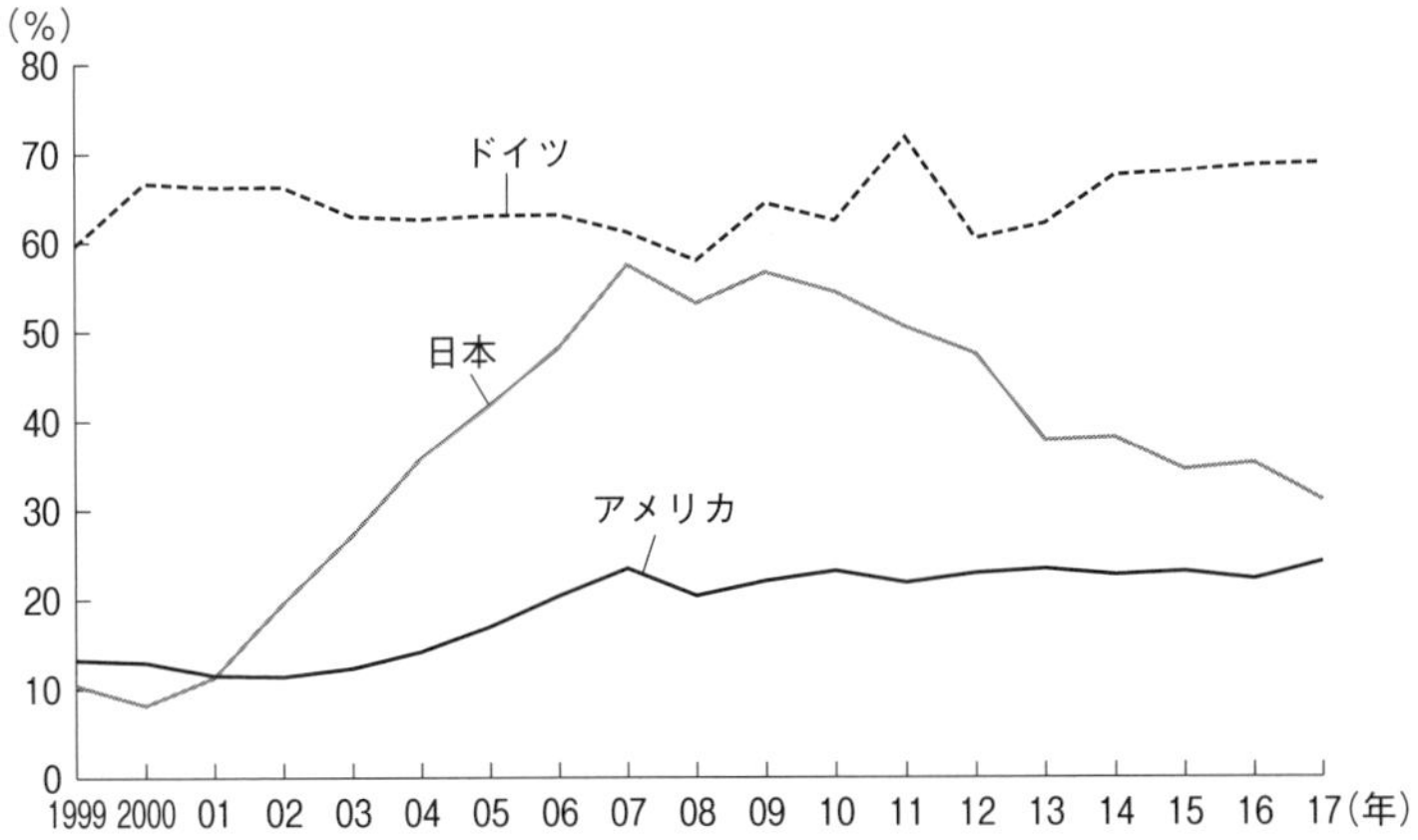

（注）日本・ドイツは、保有株式・債券合計額（余資その他は含まない）のうちの海外株式・債券の比率。アメリカは株式ファンド・債券ファンド（免税地方債ファンドを除く）合計のうちの世界株式ファンド・世界債券ファンド合計の比率。

（出所）日本は投信協会統計、アメリカはICI統計、ドイツはブンデスバンク統計月報より筆者作成

思われる。

ドイツは、投資信託の規模に比べ自国市場が小さいことなどにより伝統的に外国投資比率が高く、ほぼ一貫して60～70％を維持している。一方、自国の証券市場が大きくリターンも良好なアメリカにおいても、外国投資ファンドの比率が２００２年の11％から２００６年に20％を超えた。グローバル投資は世界の潮流といえよう。

なお、図には示していないが、株式と債券とに分けて外国投資比率をみると、日本は毎月分配型ファンドの安定的利子収入へのニーズを反映して圧倒的に債券の外国投資比率が

高く（２０１７年末で株式は20％、債券は69％）、ドイツはほぼ同水準（株式65％、債券77％）、アメリカは株式の外国投資比率が高くなっている（株式27％、債券14％）。

7 上場企業の価値向上を促す（スチュワードシップ・コード）

日本では、政府の「日本再興戦略」の一環として、２０１４年に「責任ある機関投資家」の諸原則《日本版スチュワードシップ・コード》が定められた。

スチュワード（steward）とは執事、あるいは財産管理人の意味をもつ英語であり、イギリスにおいて２０１０年に規定されたスチュワードシップ・コード（他人の財産を管理する機関投資家の行動責任原則）を参考に、金融庁に設けられた「日本版スチュワードシップ・コードに関する有識者検討会」が２０１４年に本コードを策定した。

その目的は「機関投資家が、投資先の日本企業やその事業環境等に関する深い理解に基づく建設的な目的をもった対話（エンゲージメント）などを通じて、当該企業の企業価値の向上や持続的成長を促すことにより、顧客・受益者の中長期的な投資リターンの拡大を図る責任を果たす」ことにある（傍線は筆者）。

本コードは法的拘束力をもつものではないが、投資信託運用会社をはじめ大多数の機関投資家が趣旨に賛同し、コードの受入れを表明・履行している。
コードは2017年に改訂されており、改訂後のコードの内容は次のとおりである。

［参考］「責任ある機関投資家」の諸原則《日本版スチュワードシップ・コード》
投資と対話を通じて企業の持続的成長を促すために

本コードの原則

投資先企業の持続的成長を促し、顧客・受益者の中長期的な投資リターンの拡大を図るために、

1．機関投資家は、スチュワードシップ責任を果たすための明確な方針を策定し、これを公表すべきである。
2．機関投資家は、スチュワードシップ責任を果たす上で管理すべき利益相反について、明確な方針を策定し、これを公表すべきである。
3．機関投資家は、投資先企業の持続的成長に向けてスチュワードシップ責任を適切に果たすため、当該企業の状況を的確に把握すべきである。
4．機関投資家は、投資先企業との建設的な「目的を持った対話」を通じて、投資先企業と

認識の共有を図るとともに、問題の改善に努めるべきである。
5．機関投資家は、議決権の行使と行使結果の公表について明確な方針を持つとともに、議決権行使の方針については、単に形式的な判断基準にとどまるのではなく、投資先企業の持続的成長に資するものとなるよう工夫すべきである。
6．機関投資家は、議決権の行使も含め、スチュワードシップ責任をどのように果たしているのかについて、原則として、顧客・受益者に対して定期的に報告を行うべきである。
7．機関投資家は、投資先企業の持続的成長に資するよう、投資先企業やその事業環境等に関する深い理解に基づき、当該企業との対話やスチュワードシップ活動に伴う判断を適切に行うための実力を備えるべきである。

なお、原則5．の議決権行使の結果の公表に関して、2017年のコード改訂にあたり、指針に「機関投資家は、議決権の行使結果を、個別の投資先企業及び議案ごとに公表すべきである」ことが盛り込まれた。これを受けて、2017年から議決権行使結果の個別開示に踏み切る運用会社が増えており、投資信託協会の調査によれば、2018年1月現在で投資信託運用会社の71・9％が個別開示を行っている。

また、原則4．の投資先企業との対話に関連して、2017年の改訂コードの指針に「パッシブ運用は、投資先企業の株式を売却する選択肢が限られ、中長期的な企業価値の向上を促す必要性が高いことから、機関投資家は、パッシブ運用を行うに当たって、より積極的に中長期的視点に立った対話や議決権行使に取り組むべきである」ことが新たに付け加えられた。これについては、パッシブ運用が本来低コストを特長とするだけに、その特長を生かしながら、企業との対話や議決権行使（コストを要する）にどう取り組むかが課題となっている。

一方、スチュワードシップ・コードと並んで、２０１５年に東京証券取引所が上場企業のガバナンス（経営統治）の改善を目指す「コーポレートガバナンス・コード～会社の持続的な成長と中長期的な企業価値の向上のために～」を定めた（２０１８年に改訂）。

前記の「機関投資家に適用するスチュワードシップ・コード」と「上場企業に適用するコーポレートガバナンス・コード」は、「車の両輪となって、投資家側と会社側双方から企業の持続的な成長が促されること」が期待されている。

8 中立の立場からファンド評価（パフォーマンス評価機関）

日本をはじめ多くの国には、運用会社や販売会社から独立した中立的立場で、客観的に投資信託のパフォーマンスを分析・評価する機関が存在する。

評価の方法には、定量評価と定性評価の2種類がある。

定量評価

過去の運用実績を数量的に分析する方法である。ファンドのリターンと、その振れ具合（リスク）を分析して、「リスク調整後リターン」（ファンドのリターンから無リスク資産のリターンを差し引いた値＝リスクプレミアムを標準偏差で除した値であり、「シャープレシオ」と呼ばれる）を算出し、投資対象などが共通の同種ファンド群（たとえば、国内株ファンド、先進国債券ファンドなどに区分した母集団）のなかで相対比較をする方法が一般的である。そして、各母集団のなかでの順位に応じ、5段階に分けてランクを示すことが多い。

定性評価

定性評価は、過去のパフォーマンスという「結果」を数量分析するのではなく、ファンドの投資哲学・運用体制・人材・運用プロセスなど、ファンドおよび運用会社の質を分析することにより「今後のパフォーマンス創出能力」を評価する手法である。

参考までに、アメリカの代表的な評価会社であるモーニングスター社の定性評価基準は、次のとおりである（同社ウェブサイト掲載内容を筆者が翻訳）。

【参考】（アメリカ）モーニングスター社のファンド定性評価基準（5つの「P」）

Process（**プロセス**）……ファンドの投資戦略の内容、経営陣が運用プロセスを長期的に適切かつ一貫して遂行できる競争力をもっているか

Performance（**パフォーマンス**）……ファンドのパフォーマンスは運用プロセスと整合的になっているか、リスク修正後リターンは高いか

People（**人材**）……ファンドマネジャーの才能、運用担当期間の長さ、資質の評価

Parent（**親運用会社**）……ファンドを運用する投資顧問会社は、セールスマンシップ（運用資産の拡大）よりもスチュワードシップ（投資家への忠誠）を優先しているか

Price（**経費率**）……当該ファンドの経費率は同じチャネルで販売されている同種ファンドに比べ割安か

なお日本では、定量評価を公表する評価機関が一般的であり、投資信託協会が原データを提供している機関は図表7－7の21社である（2018年11月末現在）。

図表7－7　日本の投資信託評価機関

評価機関名	ホームページアドレス
野村総合研究所	http://fis.nri.co.jp/
エービック	http://www.fundland.com
QUICK	http://www.quick.co.jp/page/top.html
日本金融通信社（ニッキン）	http://www.nikkin.co.jp
ブルームバーグ L.P.	http://www.bloomberg.co.jp
モーニングスター	http://www.morningstar.co.jp/
時事通信社	http://www.jiji.com/jc/m_trustboard
格付投資情報センター	https://www.r-i.co.jp/investment/
ドリームバイザー・ドット・コム	http://www.dreamvisor.com
三菱アセット・ブレインズ	http://www.mab.jp
アーティス	http://money.infobank.co.jp/fund/
エム・ピー・アイ・ジャパン	http://www.mpi-japan.com/
大和ファンド・コンサルティング	http://www.daiwa-fc.co.jp
カカクコム	http://kakaku.com/fund/
トムソン・ロイター・マーケッツ	http://www.reuters.co.jp
日興リサーチセンター	http://www.nikko-research.co.jp/
イボットソン・アソシエイツ・ジャパン	http://www.ibbotson.co.jp/ 投信まとなび：http://www.matonavi.jp/
パワーソリューションズ	http://www.powersolutions.co.jp 運営サイト -eFundEv：http://www.efundev.com
みんかぶ	みんなの投信：http://itf.minkabu.jp/
Finatext	http://www.finatext.com/?lan=jp
クォンツ・リサーチ	http://www.quantsresearch.com

（出所）投資信託協会ウェブサイト

9 日本で新規参入が増加（世界の投資信託運用業界の現況）

(1) 投資信託運用会社の数

２０１７年末の主要国の投資信託残高、投資信託運用会社数、１社当り運用額を比較すると、図表７－８のとおりである。

投資信託運用会社数は、日本の80社（２０１７年末現在で公募証券投資信託の運用残高がある会社の数）に対し、アメリカが８００社以上、フランスが６００社以上とはるかに多い。一方、１社当り運用額でみると日本の１兆３８９９億円はアメリカの半分であるものの、フランスより大きい。

(2) 上位会社への集中度、資本系列

次に、各国の運用資産額上位5社をとって、そのシェアおよび資本系列をみると、図表７－９のとおりである。

上位会社への集中度は日本・ドイツで高い（上位5社が市場全体の7割以上のシェアをもつ）一

図表７－８　主要国の投資信託残高、運用会社数、１社当り運用額（2017年末現在）

	投信純資産額	投信純資産額（円換算）	運用会社の数	１社当り運用額（円換算）
日本	111.19兆円	111兆1,920億円	（注１）80	13,899億円
アメリカ	22,1470億ドル	2,494兆8,595億円	（注２）856	29,145億円
イギリス	（注３）11,583億ポンド	176兆37億円	（注３）91	19,341億円
ドイツ	（注４）3,996億ユーロ	53兆9,220億円	（注４）33	16,340億円
フランス	19,291億ユーロ	260兆3,128億円	（注５）630	4,132億円

（注１）　公募証券投資信託の運用残高がある会社数。
（注２）　ICI "*2018 Investment Company Fact Book*" における記述。
（注３）　Invetment Association 資料。
（注４）　ドイツ投信協会（BVI）の公募証券ファンド会社別統計よりドイツ国内籍投信のみ集計。
（注５）　EFAMA Fact Book 2017における記述（2016年末現在）。
（注６）　円換算レートは2017年末レート：１ドル＝112.65円、１ポンド＝151.95円、１ユーロ＝134.94円。
（出所）　筆者作成

方、アメリカ・イギリスでは集中度が低く競争が激しいことを示している。

また、運用会社の資本系列を証券系・銀行系・保険系・独立系に分けた場合、アメリカ・イギリスは独立系が多い。アメリカについて、ＩＣＩ発行"2018 Investment Company Fact Book"によれば２０１７年末現在、会社数で81％が独立系投資顧問会社である（運用資産額では２０１２年現在で３分の２が独立系との推定がある（注13））。一方、日本の上位会社は証券系・銀行系で占められており、ユニバーサルバンク制をとるドイツは銀行系が多い。

図表7－9　主要国の投資信託運用資産額上位5社の状況（2017年末）

[日本]

	会社名	資本系列	運用資産（億円）	シェア
1	野村	証券系	299,415	26.9%
2	大和	証券系	159,626	14.4%
3	日興	銀行系	144,065	13.0%
4	三菱 UFJ	銀行系	105,675	9.5%
5	アセットマネジメント One	銀行系	87,731	7.9%
	5社計		796,512	71.6%
	業界全体		1,111,920	

[アメリカ]

	会社名	資本系列	運用資産（億ドル）	シェア
1	Vanguard	独立系	37,192	19.8%
2	Fidelity	独立系	20,394	10.9%
3	Capital Research	独立系	16,865	9.0%
4	T.Rowe Price	独立系	6,151	3.3%
5	JP－Morgan Chase	銀行系	5,588	3.0%
	5社計		86,190	46.0%
	業界全体		187,460	

[イギリス](注１)

	会社名	資本系列	運用資産(億ポンド)	シェア
1	M&G Securities	独立系	830	7.2%
2	Blackrock	独立系	687	5.9%
3	Scottish Widdows	保険系	600	5.2%
4	Capita Financial	独立系	565	4.9%
5	Standard Life	保険系	455	3.9%
	５社計		3,137	27.1%
	業界全体		11,583	

[ドイツ](注２)

	会社名	資本系列	運用資産(億ユーロ)	シェア
1	Union Inv.	組合銀行系	831	20.8%
2	Deutsche AM	銀行系	744	18.6%
3	DekaBank	貯蓄銀行系	707	17.7%
4	BlackRock	独立系	481	12.0%
5	Allianz	保険系	295	7.4%
	５社計		3,058	76.5%
	業界全体		3,996	

(注１)　他社ファンドに投資するFOFを含む。
(注２)　ドイツ国内籍公募証券投信のみの資産であり、ルクセンファンドなどは含まない。
(出所)　日本は投資信託協会データ、アメリカはICIデータ（ETFを含まず)、イギリスはIA（英国投信協会）データ、ドイツはDVI（ドイツ投信協会）データをベースに筆者作成

(3) 投資信託資産の運用業務への新規参入・撤退の状況

投資信託運用業界への新規参入および撤退状況を、データのある日本とアメリカについてみると、図表7－10のとおりである（日本は証券投資信託会社のみを集計しており不動産投資信託運用会社は含まない）。

図表7－8でみたとおり、運用会社数は日本に比べアメリカが圧倒的に多いため、変化の度合いをみる意味で、新規参入・撤退の会社数でなく、比率（前年末会社数に対する新規参入数、撤退数（合併を含む）比率）をとり、新規参入率を実線で、撤退率を点線（いずれも日本は太

図表7－10　日本とアメリカの投資信託運用業務　新規参入・撤退率

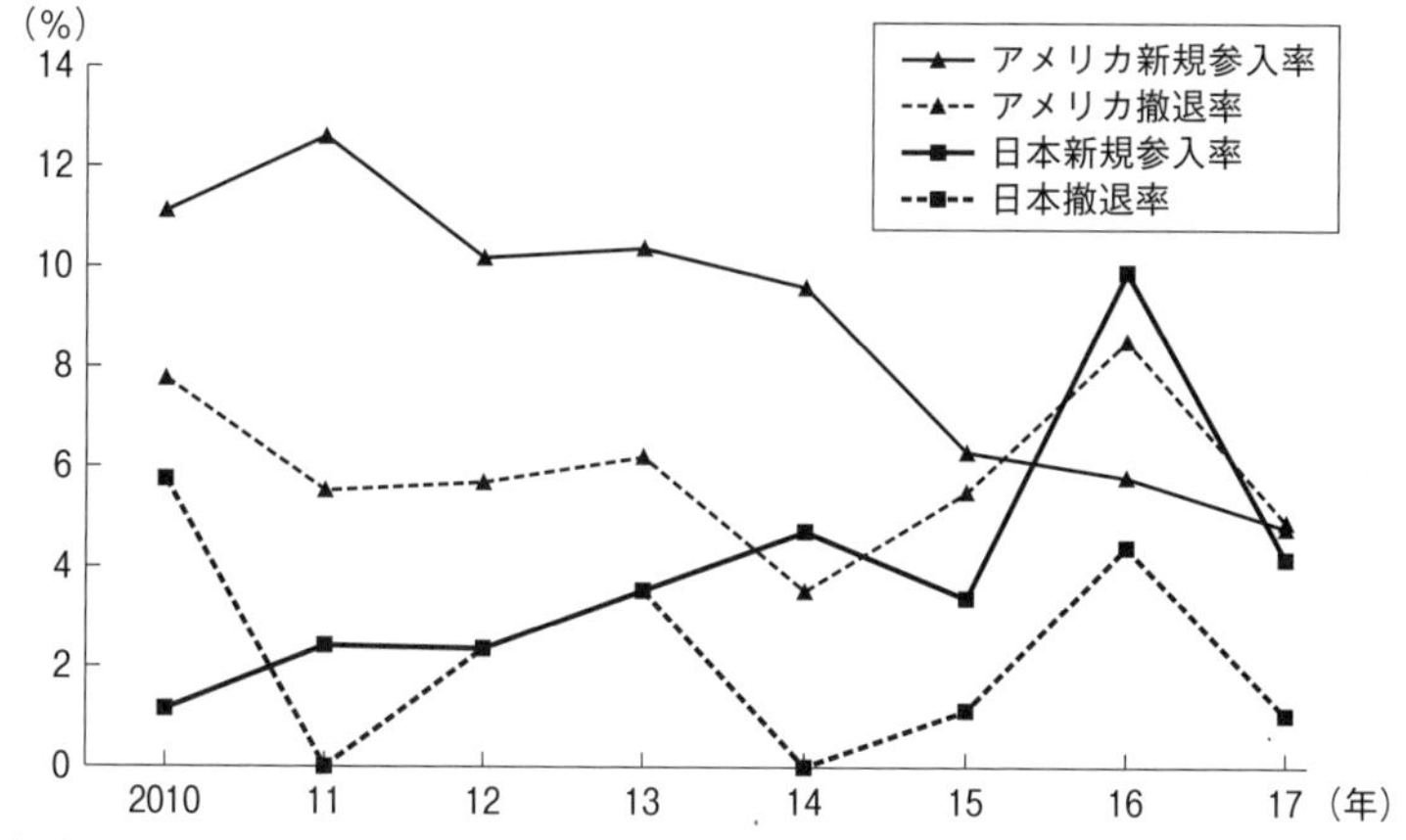

（注）　いずれも前年末会社数に対する割合。

（出所）　日本は投資信託協会の各年末会員数・各年の新規加入数・退会数（いずれも証券投資信託委託会社のみを対象に集計）より筆者作成。アメリカはICI“*2018 Investment Company Fact Book*”掲載図表より筆者計算

線、アメリカは細線）で示している。

これでみると、アメリカは２０１３年まで新規参入率・撤退率とも高かったが、２０１５年以降は新規参入率が低下し、２０１６年から撤退率のほうが大きくなっている（言い換えれば、現存会社数が減少している）。投資信託ビジネスの成熟度が高まっているせいかもしれない。

一方、日本は２０１６年に一気に9社が参入して新規参入率が10％に達するなど、新規参入率が撤退率を上回る（現存会社数が増加する）傾向にある。日本の投資信託運用業務の将来性が高いとみられていることの証左であろう。

（注1）江口行雄『投資信託発展史論』ダイヤモンド社（１９６１年）１２６頁。
（注2）Matthew Fink "*The Rise of Mutual Funds*" Oxford University Press, 2011, p17.
（注3）John C. Bogle "*Bogle on Mutual Funds New Perspectives for the Intelligent Investor*" RICHRRD D.IRWIN,INC., 1994, p170.
（注4）投資信託協会統計（２０１７年末現在）「株式投信の商品分類別内訳」の「国内株式ファンド」残高に対する「インデックス日経225、ＴＯＰＩＸ」合計の比率は75％と計算される。
（注5）Andrew Ang "*Asset Management; A Systematic Approach to Factor Investing, First Edition*", 2014（坂口雄作・浅岡泰史・角間和男・浦壁厚郎監訳『資産運用の本質――ファクター投資への体系的アプローチ』金融財政事情研究会、２０１６年）。
（注6）Jamil Baz「債券は違う：アクティブ運用の優位性」２０１７年4月（ＰＩＭＣＯブログ）。

https://japan.pimco.com/ja-jp/insights/japanese-blog/bonds-are-different-the-active-advantage

（注7）「持続的成長への競争力とインセンティブ～企業と投資家の望ましい関係構築～」プロジェクト（座長：伊藤邦雄 一橋大学大学院商学研究科教授）の最終報告書の「要旨」の「Ⅱ．インベストメント・チェーンの全体最適に向けて 3．提言・推奨 2)パッシブ運用から深い分析に基づく銘柄選択を」のなかにある。

（注8）同レポート本文の「5 中長期投資の促進」【議論と現状・エビデンス】。

（注9）"Common Ownership by Institutional Investors and its Impact on Competion Background Note be the Secretariat" OECD, November 2017.

（注10）https://www.enhancedonlinenews.com/news/eon/20180122005184/en

（注11）"A $3.6 Trillion Regulatory Hole Around ETFs Gets SEC Scrutiny". https://www.bloomberg.com/news/articles/2018-07-18/a-3-trillion-regulatory-hole-surrounding-etfs-gets-sec-scrutiny

（注12）投資信託協会「投資信託の主要統計等ファクトブック」（２０１８年3月）。

（注13）Independent Directors Council "*Fundamentals for Newer Directors February 2014*", p1.

第8章

分配と税制

本章では、日本の分配制度を解説した後、分配制度の国際比較、分配の実態の国際比較を行い、次に税制について投資信託税制の国際比較、貯蓄・投資優遇税制の国際比較を行う。

1 評価益も分配可能（日本の分配の制度）

投資信託は法令に従い、また目論見書に記載した各ファンドの分配方針に沿って、各ファンドの決算後に投資家への分配を行う（ファンドの時価＝基準価額は分配金額分だけ下落する）。分配の頻度はファンドによって異なり、年1回、半年ごと、3カ月ごと、隔月、毎月、毎日と多様である。

分配に関する規制について日本では法令に特段の規定はなく、投資信託協会の定める規則（注1）に規定がある。内容はファンドの種類によって異なり、要点は次のとおりである。

(1) 追加型株式投資信託（ETFを除く）の分配規制

① 配当等収益（ファンドが受け取る配当金・利子等を指し、外国ではインカムと呼ばれる収入）は全部を分配できる。

② 売買等利益（ファンドの組入証券の値上り益であり、いわゆるキャピタルゲイン）は、前期から繰り越された欠損金がある場合にはそれを補てんしたうえで残額を分配できる。
日本では組入証券の売却による実現益だけでなく、決算日に有価証券の帳簿価額を時価に評価替えして評価損益を売買損益に加算することにより、評価益も分配可能原資としている。

③ なお、追加型株式投資信託においては、投資家の買付けによるファンドへの資金追加（追加設定という）に伴う口数増加により、1口当り分配原資が薄まらないようにするため、追加設定資金のうちファンドの既発生収益に対応する部分を「収益調整金」勘定に計上し、これを分配原資とする仕組みになっている。
この収益調整金勘定も前記①の配当等収益部分と②の売買損益相当部分の2つに分けられており、配当等収益相当部分は分配に使用でき、売買等損益相当部分は欠損金がある場合には当該欠損金額または売買等損益相当額のいずれかがゼロになるまで留保し、当該留保額を超える売買等損益相当額を分配できる。

④ 配当等収益および売買等利益、収益調整金のいずれも分配に充てないでファンド内に留保することもできる。

(2) ETFの分配規制

ETFは配当等収益だけを分配できる。

(3) 単位型投資信託の分配規制

決算日の基準価額が元本額以上の場合には元本超過額または配当等収益額のいずれか多い額を分配でき、基準価額が元本額未満の場合には配当等収益額を分配できる。

(4) 追加型公社債投資信託の分配規制

決算日に収益（元本超過額）の全額を分配する。これは、1961年に公社債投資信託が発足した際、決算日に元本価額で追加設定する仕組みにしたことによる。

以上のように、日本の主力販売商品である(1)の追加型株式投資信託については、分配可能原資の範囲が広く、また収益をファンド内に留保することも可能である。このため、投資信託委託会社は分配金額を柔軟に決定することができる。これが毎月分配型ファンドの安定分配を可能とする制度的基盤となっている。

2 日本は自由度が高い（分配制度の国際比較）

世界主要国について分配規制（法令等で投資家への分配を認めている原資の範囲）の比較をすると、図表8－1のとおりである。

日本は、配当・利子収入（インカム）のほか、キャピタルゲイン（値上り益）について売買損益と評価損益を合算することにより評価益まで分配できるのに対し、アメリカ、イギリス、ドイツ、フランスは評価益の分配はできない。したがって、日本は分配の自由度が高いといえる（ただし、ルクセンブルク・ケイマン諸島などオフショアファンド設立拠点国の分配規制は日本より緩やかである）。

ただし、アメリカ・ヨーロッパにおいて評価益を分配しない（決算期末に組入有価証券を時価に評価替えして売

図表8－1　分配に充てられる原資の比較

		日本	アメリカ	ヨーロッパ		
				イギリス	ドイツ	フランス
インカム（配当・利子収入）		○	○	○	○	○
キャピタルゲイン（値上り益）	実現益	○	○	×	○	○
	評価益	○	×	×	×	×

（注）○は分配可能、×は分配不可能を示す。
（出所）日本は投資信託協会規則、アメリカは投資会社法、ヨーロッパは各国投資信託規制法・投資信託協会資料等に基づき筆者作成

買損益と評価損益をすることを行わない）ことは、裏返せば評価損があっても実現売買益は分配できることを意味する。近時、企業会計が時価主義へ移行していることを勘案すると、日本の方式は現時点において一定の合理性をもっているとみることもできる。

3 アメリカの投資家は分配を嫌っている（分配の実態の国際比較）

(1) 日本とアメリカの分配率比較

ＥＴＦを除く長期投資信託（ＭＭＦ・ＭＲＦ以外の投資信託）について「年間支払分配金の年間平均純資産に対する比率」を「分配率」としてとらえ、日本とアメリカの比較をすると図表８－２の実線のとおりである（日本の投資信託協会による分配金支払データが存在する２０１０年以降について計算した）。

日本の分配率は６～10％と計算され、アメリカの３～５％程度の２倍以上になっている。投資信託全体に占める毎月分配型・高分配ファンドの比重が大きいことによる。

図表8－2　日本とアメリカの分配率、分配流出率の推移

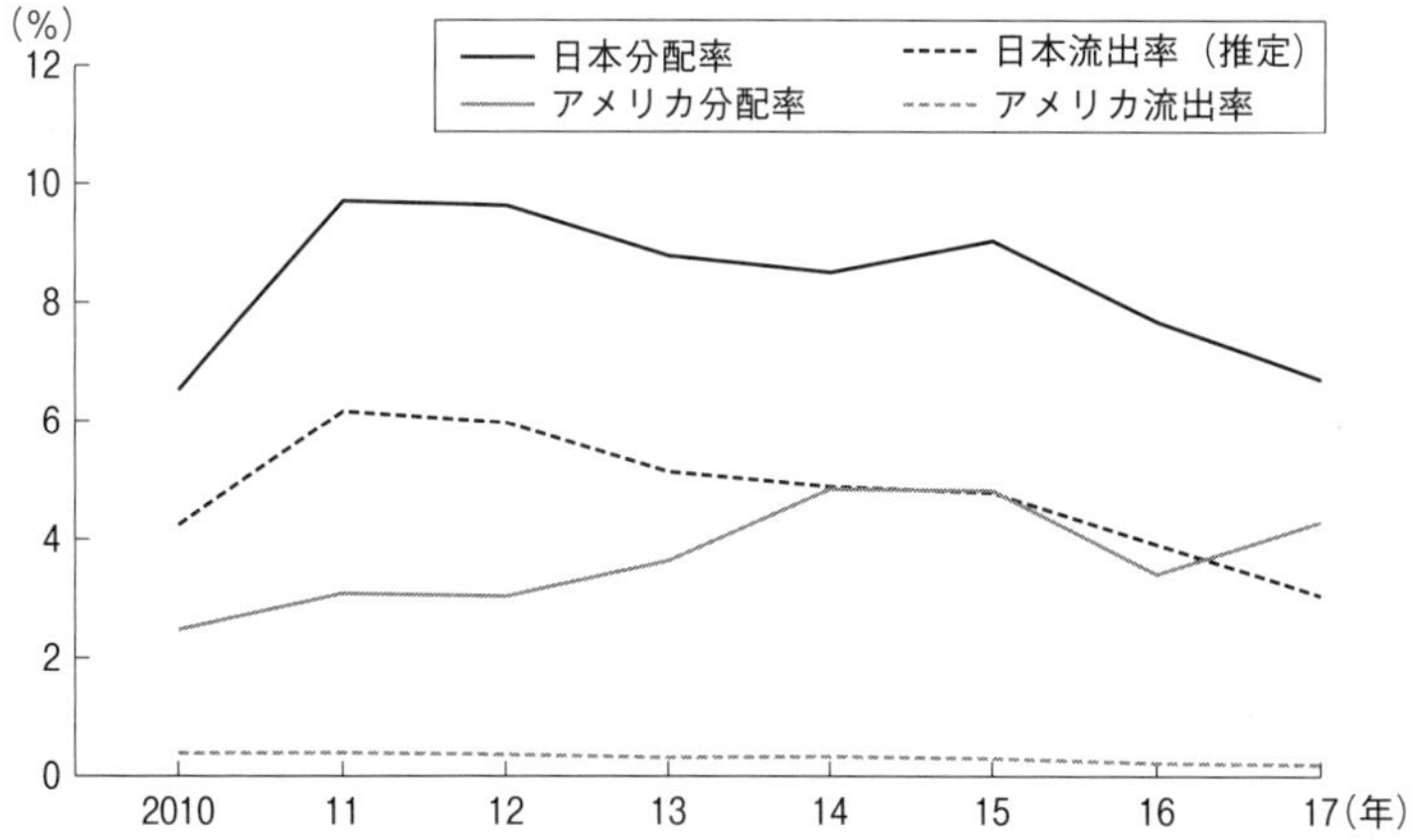

（注）　分配率は［年間支払分配額／年間平均純資産］、流出率は［（年間支払分配額－再投資額）／年間平均純資産］により計算、年間平均純資産は前年末と当年末の平均による簡便計算。
（出所）　投資信託協会、ICI統計より筆者作成

また、図表8－2の点線は「分配金のうち再投資されずに投資信託から流出した金額の平均純資産に対する比率」を「流出率」として示している。アメリカでは分配金の9割以上が再投資されているため、平均純資産に対する流出率は0・5％以下ときわめて低いのに対し、毎月分配型ファンドの多い日本の分配金流出率は3～6％程度と推定される（日本の流出率は毎月分配型ファンドの分配金再投資率を2割、その他のファンドの分配金再投資率を7割とみて計算した）。

運用残高で勝負する投資信託ビジネス推進上の観点からすると、「もったいない」といわざるをえない。

(2) アメリカでも「元本払戻し」分配はある

世界共通の事例であるが、投資信託においてはすべての投資家が公平に（言い換えれば一律に）扱われる結果、分配金を受け取った投資家のなかには、ファンドの時価（基準価額）が自己の買付コストより下がっているにもかかわらず分配金を受け取ることがある。

日本では、個別元本方式（個々の投資家の買付コストに基づき税を計算する方式）により、各投資家が受け取る分配金のうち元本の払戻しに当たる部分（決算日の分配落ち後の基準価額が投資家のコスト＝個別元本を下回る部分）については「元本払戻金（特別分配金）」として非課税になっている。

アメリカにおいても、（当然のことながら）投資家によっては元本の払戻分配が発生する（ファンドの期中受取インカムに加え、実現キャピタルゲインがあれば、決算日の時価に関係なく投資家に一律に分配される）。

したがって、高値で買った投資家はコスト割れでも分配金を受け取らざるをえず、しかも後掲の「税制」において詳述するように、アメリカでは受取分配金の全額を当年所得として申告・納税の必要がある（日本のように元本払戻金をその時点で非課税にする仕組みは導入されていない）。

(3) アメリカの投資家は分配を嫌っている

前記のような税制のもとで、アメリカの投資家は一般的には分配金受取りを嫌う傾向が強い。アメリカのモーニングスター社（投資信託評価会社）は、各ファンドの分配実績に基づき「受取分配金に対する課税により投資家リターンが年何％減少したか」を計算し、「タックス・コスト・レシオ」として各ファンドの評価シートに掲載している。そして、この数値が高いことは投資家にとってマイナス材料として評価されている。

また、アメリカでＥＴＦの人気が高い理由の１つとして、キャピタルゲイン分配がほとんどないことが指摘されている。すなわち、ＥＴＦはアクティブ運用ファンドのような銘柄入替えがないうえ、従来型インデックスファンドのように解約に伴う証券売却もない（証券の現物がそのまま引き出される）。したがって、通常はファンド内で売買益が発生しないためキャピタルゲイン分配は行われない。

よって、投資家は、保有しているＥＴＦを売却するまでキャピタルゲイン課税を繰り延べることができるわけで、これは一般ファンドにはない税のメリットとして認識されている。

(4)「マイナスの収益分配」もあるヨーロッパのMMF

ヨーロッパでは日本より早くマイナス金利が導入され、固定基準価額（毎日収益の全額を分配して分配後基準価額を常に元本価額に戻す）方式を採用するMMFについてマイナス分配が行われている。具体的には、マイナス分配金額に見合う分だけ投資家の持分（口数または株数、以下「口数」）を減少させて固定基準価額を維持している。

簡単な数式例をあげよう。MMFを含む投資信託の基準価額は、［ファンド純資産総額／口数＝基準価額］により計算される。MMFは図表8－3のように、通常時には毎日決算・毎日分配により、たとえば、1,000,000円／1,000,000口＝1円となる。

そして、組入資産の価格低下などにより分配支払前の純資産総額が、たとえば、990,000円に減少した場合、日本・アメリカは図表8－3のように、分母の口数を変動させないので基準価額は元本割れとなる。実際に、一部のファンドで元本割れが発生したことがある。

しかし、ヨーロッパの固定基準価額方式MMFは、図表8－3のように純資産総額がたとえば990,000円に減少した場合、「基準価額が1円になるように分母の口数を削減する」方式を採用して固定基準価額を維持している。

こうしたなかで、ESMA（ヨーロッパ証券監督機構）は、ヨーロッパMMFの制度変更に関

図表８－３　MMFの基準価額計算方式（例）

		分配前純資産総額	決算・分配	純資産総額	口数	基準価額
通常時		1,000,100円	－100円…	1,000,000円 ／	1,000,000口 ＝	1円
純資産減少時	日本・アメリカ	990,000円		990,000円 ／	1,000,000口 ＝	0.99円
	ヨーロッパ	990,000円		990,000円 ／	990,000口 ＝	1円

し、２０１７年５月に発出した市中協議書において「ＭＭＦのマイナス分配（口数削減）は認められない」という見解を示した。

これに対し、Institutional Money Market Funds Association（ヨーロッパの固定基準価額方式ＭＭＦを運用する会社の団体）やブラックロック社が、「マイナス分配に伴う口数削減は、ＵＣＩＴＳ指令のもとで実施され、すでに幅広く認知されている」として、ＥＳＭＡの見解に反対する文書をＥＳＭＡに提出していた。

なお本件については、ＥＳＭＡが欧州委員会法務当局に意見を求め、２０１８年１月にＥＳＭＡの見解が正しいとのお墨付きを得ており、今後マイナス分配は認められなくなる可能性がある。

4　投資家にフレンドリーな日本の税制（投資信託税制の国際比較）

投資信託は、既述のように多数の投資家から集めた資金でファンドを構築し、ファンドの投資によって得た収益を投資家に分配する仕組みである。

したがって、まずファンド段階で収益が発生し、その収益を投資家に分配すると投資家段階で収益が発生する。この両方の段階で課税すると二重課税になる。

そこで、世界的にファンド段階は非課税とすることが一般的に行われている。ただし、アメリカでは、ファンド内に収益を留保する場合にはその留保益に課税される。このため、すべての収益を投資家に分配することによってファンド段階での課税を回避している。

図表8－4は、ファンド段階と投資家段階に分けて投資信託税制を国際比較したものである。

以下、日本とアメリカの投資家段階の税制について詳述する。

日本は分配金について、ファンドの収益の源泉にさかのぼることなく、株式投資信託の分配金はすべて配当所

図表8－4　投資信託税制の比較

	日本	アメリカ	ヨーロッパ
ファンド段階	非課税、利益留保可能（非課税）	分配益について非課税、利益留保は実質的に不可能（留保すれば課税される）	原則非課税
投資者段階	株式投信は株式並み、公社債投信は公社債並み	ファンドの種類に関係なく収益の源泉別にそれぞれの税制を適用	国によって大きく異なる

（出所）　各種資料より筆者作成

得、公社債投資信託の分配金はすべて利子所得として課税される。そして、投資家は原則として源泉徴収により課税関係を終了させることができる（申告の必要がない）。

なお、追加型株式投資信託について、分配金のうち個別投資家にとって元本払戻しに相当する部分（分配後基準価額が個別投資家の買付コストを下回る部分を指し、「元本払戻金」あるいは「特別分配金」という）は非課税である。ただし、元本払戻金を受領した投資家の買付コスト（税制上「個別元本」という）は、その分引き下げられる。

また換金・償還時の損益は譲渡所得として課税され、「源泉徴収ありの特定口座」を利用すれば申告の必要はない。

一方、アメリカの投資信託の投資家税制は、ＩＣＩ発行の“*2018 Investment Company Fact Book*”によれば、分配金については、ファンドの種類に関係なく収益の源泉別に課税される。すなわち「インカム（利子・配当収入）および1年以内の短期キャピタルゲインを原資とする普通配当金（ordinary dividend distributions）」は配当所得として、「1年超の長期キャピタルゲイン分配」は長期キャピタルゲインとして課税される。

アメリカでは源泉徴収制度がなく、投資家はすべて申告する必要がある。また、ファンドの時価が自分の買付コストを下回っている状態で受け取った分配金（元本の払戻部分）についても、日本のような非課税措置はないので、受取分配金の全額を当年所得として申告・納税しなければならない（ただし、日本では元本払戻金を非課税としているため、元本払戻金を受け取った投資家の税制上の買付コストは引き下げられるが、アメリカでは前述のように分配受取時に元本の払戻し部分についても課税されるため、税制上の買付コストの引下げは行われない）。

〔参考〕元本払戻金に関する投資家税制の日本とアメリカの比較

日本で「分配金受領時に元本払戻金が非課税である一方でコストの引下げが行われること」と、アメリカで「分配金受領時にコスト割れでも課税される一方でコストの引下げはないこと」の効果を比較例示すると図表8－5のとおりである。

この例では、日本の投資家は、図の(C)決算時においては税を支払わないかわりに、(D)換金時において税が発生する。一方、アメリカの投資家は、(C)決算時に税を払うかわりに、(D)換金時には税が発生しない。

したがって、取得時から換金時までを通算した課税対象額は日本とアメリカは同じであり、早く納税する（アメリカ）か、遅く納税する（日本）かの違いである。しかし、アメリカでは投資家が決算時（分配金受取時）に課税されることをマイナス材料として評価していることは前述のとおりである。

図表8－5　投資信託投資家税制の日本とアメリカの比較（例）

基準価額の変化と分配が右図のようであった場合、投資家課税の例をあげると下表のようになる。

時点	(A)　(B)　(C)決算　(D)
基準価額の動き	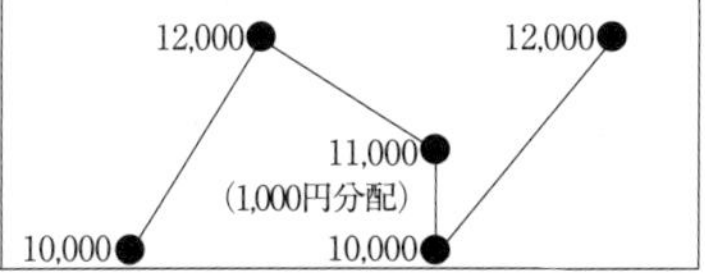

時点	ファンドの動き		投資家行動（例）	課税上の扱い			
				日本		アメリカ	
	基準価額	決算・分配		コスト（個別元本）	課税対象額	コスト	課税対象額
(A)	10,000円						
(B)取得時	12,000円		12,000円で取得	12,000円		12,000円	
(C)決算時	11,000円 ↓分配落ち 10,000円	1,000円分配	1,000円分配受領	11,000円に変化←	0円（元本払戻金として非課税）	（変化なし）	1,000円
(D)換金時	12,000円		12,000円で売却		1,000円 (12,000－11,000)		0円 (12,000－12,000)
通算課税対象額					1,000円		1,000円

（出所）　筆者作成

また、換金時の損益は保有期間に応じ、長期または短期キャピタルゲインとして申告の必要がある。

以上の日本とアメリカの税制を比較すると、日本の税制は投資家にフレンドリーであるといえよう。

5 投資優遇が充実している日本（貯蓄・投資優遇税制の国際比較）

投資信託に限定した事項ではないが、各国の貯蓄・投資優遇税制の内容を国際比較するとともに、投資信託における優遇税制活用度の比較をしてみた。

(1) 優遇税制の比較

各国の貯蓄・投資優遇税制の内容を比較すると、図表8－6のとおりである。

老後準備・教育資金など資産形成の目的を限定した優遇税制だけを採用しているアメリカに対し、日本は、「老後」等の目的限定優遇に加え、目的を問わず資産形成全般についても優遇税制

図表8－6　貯蓄・投資優遇税制の国際比較

	目的を問わず資産形成全般を優遇する税制	資産形成の目的を限定して優遇する税制	対象商品を限定して優遇する税制
日本	NISA、ジュニアNISA、つみたてNISA	確定拠出年金、年金財形、住宅財形	NISA、ジュニアNISA、つみたてNISA
アメリカ		確定拠出年金、529教育資金プラン	
イギリス	ISA、ジュニアISA	確定拠出年金（自動加入）、ライフタイムISA（住宅等積立）	
ドイツ		確定拠出年金	
フランス	PEA（個人持株プラン）	確定拠出年金（PERCO）	PEA（個人持株プラン）

（出所）　各種資料より筆者作成

を取り入れている。

さらに、アメリカ・イギリス等にはない「対象商品を株式および株式投資信託に限定した優遇制度」もあり、株式および株式投資信託について優遇税制が充実している。言い換えれば「貯蓄から投資へ」の政策目標を反映した税制となっている。

(2)　投資信託における優遇税制活用度の比較

前述のように、日本は投資優遇制度の範囲が広いが、投資信託保有者の優遇制度利用度でみるとアメリカが抜きんでている。

すなわち、ＩＣＩによれば

2017年末現在でアメリカ投資信託残高の55％は、401（k）・IRAといった確定拠出拠年金口座や、教育資金（529プラン）口座など、優遇税制（＝税支払繰延）口座で保有されている（注2）。

日本は2017年3月末現在の投資信託残高99兆円のうち、DC年金保有分が5・3兆円程度（企業型4・85兆円、個人型0・48兆円の合計）（注3）、NISA保有分が6兆円程度（注4）、合計11兆円程度と推定され投資信託全体に占める比率は11％程度である。

また、イギリスは2017年末現在の投資信託残高1兆2174億ポンドのうちISA（個人貯蓄口座）分は1636億ポンドであり、投資信託全体に占める比率は13％程度である（確定拠出年金分は不明）。

前記のように、日本の投資信託においてDC年金優遇税制の活用度がアメリカに比べ低い理由としては、①DC年金制度が導入されてからの期間がまだ短いこと（導入時期はアメリカ401（k）が1981年、日本は2001年）、②拠出限度額が小さいこと（個人拠出限度額は2018年現在、アメリカ401（k）が50歳未満で1万8500ドル、50歳以上は2万4500ドルに対し、日本の企業型DC年金は企業分とあわせて33万～66万円）③DC年金の資産の運用において、いままで加入者が投資信託を選択する度合いが低かったことにある。

逆にいえば、日本における今後のDC制度活用の余地は大きいといえよう。

（注1）投資信託協会「投資信託財産の評価および計理等に関する規則　第5編　収益分配等に当たっての計理処理」。
（注2）ICI *"2018 Investment Company Fact Book"* p287.
（注3）運営管理機関連絡協議会「確定拠出年金統計資料　２００２年３月末〜２０１７年３月末」。
（注4）金融庁「ＮＩＳＡ・ジュニアＮＩＳＡ口座の利用状況調査（平成29年３月末時点）」。

第9章

ディスクロージャー（情報開示）

本章では、投資信託の投資家保護にあたり、重要な役割を果たす情報開示について解説する。まず情報開示の流れ（全体像）をみた後、投資家が買付け時に受け取る投資信託説明書（目論《もくろ》見書《みしょ》）、投資家が保有期間中に受け取る運用報告書について解説、次に運用会社がウェブサイトに掲載する適時開示（タイムリー・ディスクロージャー）、組入株式についての議決権行使の方針・行使結果の報告および販売会社によるトータルリターン通知制度について解説し、最後に投資信託の情報開示制度の国際比較を行う。

1　目論見書と運用報告書が中心（投資信託の情報開示の流れ）

投資信託の情報開示は、対象（だれに対して行うか）によって、投資家向けと監督当局向けとに分かれる。また情報開示の時期により募集時（投資家の買付け時）とファンド運用中（投資家の保有中）とに分かれる。

本書においては紙幅の都合上、監督当局向けについては省略し、投資家向け情報開示に絞って解説する。

図表9－1　投資家に対する情報開示の流れ（2018年8月末現在）

	投資信託に関する情報（投信委託会社による）	取引報告・残高報告等（販売会社による）
買付け時	①目論見書（投資信託説明書）	取引報告書および取引残高報告書
保有中	②運用報告書 ③適時開示（運用会社ウェブサイト） ④組入株式についての議決権行使の方針および行使結果の開示	分配金のお知らせ ⑤トータルリターン通知 取引残高報告書
換金時		取引報告書および取引残高報告書

（出所）　筆者作成

投資家向け情報開示の流れを、投資家行動に沿って時系列で示すと、図表9－1のとおりである。このうち、右側の販売会社による取引報告・残高報告等は、投資信託に限らず株式・債券などすべての証券取引に付随するものであるので説明を省略し、図表9－1の①～⑤の番号を付した投資信託に関する情報開示について詳述する。

2　「交付」と「請求」の2種類（目論見書の種類と記載内容）

図表9－1の①に記載したとおり、投資家が投資信託を買い付ける際には、当該ファン

ドの内容を記載した投資信託説明書（法的には「目論見書」という）が交付される。目論見書は投資信託の発行者である投資信託委託会社が作成し、販売会社が投資家に交付する。交付方法については、印刷書面の配布（郵送・手渡しなど）によるほか、インターネットを通じた電子交付による方法も認められている。

目論見書には、交付目論見書と請求目論見書の2種類がある。

交付目論見書は、投資家の買付契約時までに必ず交付されるもので、当該ファンドについて特に重要な事項を記載した書面である。一方、請求目論見書は、投資家が請求した場合に交付されるもので、当該ファンドの詳細を記載した書面である。

すべての投資家に交付が義務づけられている交付目論見書の記載事項を掲げると、図表9－2のとおりである。

以下、図表9－2の「本文に記載する項目」について補足説明する。

「⑵投資リスク」については、基準価額の変動要因（言い換えれば当該ファンドにはどんなリスクがあるか）等を文章で説明するほか、リターンの振れ具合について他の投資資産（代表的資産として国内株式、先進国株式、新興国株式、日本国債、先進国国債、新興国国債の6種類）との比較を図表で示す。この「他の投資資産との比較」は、後述の国際比較において述べるように他国にはない日本独特のリスク表示方法である。

図表９－２　交付目論見書の主要記載事項（2018年８月末現在）

記載項目	記載内容
［表紙等に記載する項目］	
(1)ファンドの名称および商品分類	有価証券届出書に記載されたファンド名称と、投資信託協会制定「商品分類に関する指針」における商品分類。
(2)委託会社等の情報	委託会社名、設立年月日、資本金、運用する投資信託の純資産総額、ホームページアドレス、電話番号、受託会社名等。
［本文に記載する項目］	
(1)ファンドの目的・特色	約款の「運用の基本方針」「投資態度」等に基づくファンドの特色、投資の着目点。また、ファンドの仕組み、運用手法、運用プロセス、投資制限、分配方針等、ファンドの特色となる事項。運用の外部委託をする場合は委託先の名称、委託内容。
(2)投資リスク	基準価額の変動要因、リスクの管理体制、他の投資資産との比較。
(3)運用実績	①直近10年間の基準価額・純資産の推移……基準価額は折れ線グラフ、純資産は棒グラフまたは面グラフ。 ②分配金の推移……直近10計算期間。 ③主要資産の状況……組入上位10銘柄、業種別比率、資産別比率など。 ④年間収益率の推移……直近10年間の騰落率を暦年ごとに棒グラフにより」記載。ベンチマークのあるファンドはベンチマークの騰落率も併記。
(4)手続・手数料等	①お申込メモ（購入価額・申込手続・信託期間、課税関係など）。 ②ファンドの費用（購入時手数料・信託財産留保額・運用管理費用（信託報酬）とその配分、その他の費用、税金等）。
(5)追加的情報	ファンドの特色やリスク等をより詳しく説明する必要がある場合（ファンド・オブ・ファンズ、仕組債やデリバティブを利用する場合など）は、その内容。

（出所）「特定有価証券等の内容等の開示に関する内閣府令」および投資信託協会「交付目論見書の作成に関する規則・細則」より筆者作成

「(3)運用実績」については、直近10年間の基準価額と直近10計算期間の分配金の推移のほか、基準価額変動と分配金を合計した年間収益率（トータルリターン）の推移を直近10年間についてグラフで示す。

「(4)手続・手数料等」の②ファンドの費用（言い換えれば投資家のコスト）のうち運用管理費用（信託報酬）については、その総報酬率に加え、運用会社（投資信託委託会社）・販売会社・信託銀行別の内訳と、各々がどのような役務に対し報酬を受け取るのかを記載する。

3 半年〜1年ごとに作成（運用報告書の種類・作成時期と記載内容）

図表9－1の②に記載したとおり、ファンド運用中（投資家の保有中）には、ファンドの運用内容・経過などを説明した運用報告書が交付される。運用報告書は運用会社である投資信託委託会社が作成し、販売会社が投資家に交付する。交付方法については、目論見書と同様に、印刷書面の配布（郵送・手渡しなど）によるほか、インターネットを通じた電子交付も認められている。

運用報告書も、目論見書と同様に2種類ある。

全保有者（受益者）に交付される「交付運用報告書」（特に重要な事項を記載した報告書）と、受益者が請求した場合に交付される「運用報告書（全体版）」（より詳細な運用状況等を記載した報告書）の2種類である。

運用報告書の作成・交付時期は、ファンドの決算（計算）期間により異なり、毎月決算など計算期間が半年未満のファンドは半年ごと、その他のファンドは決算時ごと（半年決算のファンドは半年ごと、1年決算のファンドは1年ごと）となっている。

全受益者に配布される交付運用報告書の記載内容を掲げると、図表9－3のとおりである。

以下、交付運用報告書の内容について補足説明する。

「(1)運用経過の説明」については、投資環境をふまえてどのような運用を行ったか、その結果、基準価額はどのように変化したか、ベンチマーク（運用の目標とする指標であり、たとえば、国内株ファンドの場合には日経平均株価や東証株価指数＝TOPIXなどが用いられる）を設けているファンドの場合にはベンチマークとの比較を記載する。

なお、運用報告書全体について、交付目論見書の記載内容と対応させて記載する部分が多い。たとえば、①運用経過の説明の「基準価額の変動要因」「ポートフォリオ」は目論見書の「ファンドの目的・特色」と比較しながら記載する、②目論見書において料率を記載していたコストについて、1万口当りで実際にいくらかかったかを金額で表示する、③リスクに関し目論見書に記

図表9－3　交付運用報告書の記載内容（2018年8月末現在）

⑴運用経過の説明 基準価額等の推移、基準価額の主な変動要因 当期中の1万口当りの費用明細（信託報酬、売買委託手数料、有価証券取引税、その他費用（保管費用、監査費用、その他）） 最近5年間の基準価額等の推移、投資環境 ポートフォリオ、ベンチマークとの差異、分配金等の表示
⑵今後の運用方針
⑶お知らせ（重大な約款変更・運用体制の変更等）
⑷当該投資信託の概要 （商品分類、信託期間、運用方針、主要投資対象、運用方法および分配方針の表）
⑸代表的な資産クラスとの騰落率の比較
⑹当該投資信託のデータ ①組入資産の内容、期末の全銘柄数および上位10銘柄以上とその組入比率の表 資産別配分、国別配分、通貨別配分 ②純資産等 純資産総額、受益権総口数および1万口当りの基準価額 ③(ファミリーファンド、ファンド・オブ・ファンズの場合）組入上位ファンドの概要

（注）　株式投信および日々決算型以外の公社債投信について記述した。
（出所）　投資信託協会「投資信託及び投資法人に係る運用報告書等に関する規則」より筆者作成

載した「他の投資資産との比較」についても直近の実績を記載するなどである。

このように、交付目論見書の記載内容に対応させて運用報告を行う趣旨は、平たくいえば「〝言っていたこと〟と〝やっていること〟が一致しているか」をチェックできるようにすることにあるといえよう。

4 毎月、運用状況を開示（投資信託会社による適時開示）

図表9－1の③に記載したとおり、投資信託委託会社は適時開示を行う。これは、月次ベースで各ファンドの基準価額の推移、資産構成、組入上位銘柄および業種別比率等を開示するほか、ファンド基準価額に重大な影響を与えた事由が生じた場合、その判断内容をウェブサイト等に開示するものである。

この適時開示開始のいきさつと目的を確認すると、次のとおりである。

２００２年に金融庁が公表した「証券市場の改革促進プログラム」のなかで投資信託について要請された「信頼される投資信託サービスの確立」を実現するため、２００２年12月に投資信託協会は「国民に信頼される投資信託に向けての取り組み」をまとめた。このなかで、「販売会社には投資家への充分な説明について一層の協力をお願いしつつ、委託会社としても自らが積極的にこれに関与し、自社の商品やその運用について積極的にアピールしていく」ことがうたわれ、その具体的な施策の1つとして適時開示が取り入れられた。

なお、目論見書や運用報告書については、その大部分が金融庁のEDINETや投資信託協会の「投信総合検索ライブラリー」などのウェブサイトにより、投信の購入者でなくとも閲覧が可能である。

5 個別企業・個別案件ごとに開示（組入株式の議決権行使）

図表9－1の④に記載したとおり、投資信託委託会社は、各社のウェブサイトにおいて、自社運用ファンドの組入株式についての議決権行使の方針および行使結果を開示している。

具体的には、投資信託協会制定のガイドライン「議決権の指図行使に係る規定を作成するにあたっての留意事項」、および第7章7で説明した「スチュワードシップ・コード（「責任ある機関投資家」の諸原則）」を受け入れた会社については同コードに沿って、議決権行使の方針および行使結果の開示（行使結果については個別企業・個別案件ごとに開示）を行っている。

参考までに、投資信託協会が集計した２０１７年度の業界全体の議決権行使結果をみると、次のとおりである。

【参考】投資信託委託会社の議決権行使状況（国内株式を運用対象とする64社の集計）

２０１７年５～６月の株主総会において運用会社により行使された会社提案議案の件数は16万７７０８件。そのうち、反対または棄権が投じられた件数は２万６２７１件で総議案合計の16・３％を占めており、昨年の15・９％と同水準の行使比率であった。

反対または棄権が投じられた割合（以下「反対等行使比率」）が高かった議案は以下のとおりであるが、いずれの議案も、例年、他の議案に比べて反対等行使比率が高い傾向にある。

・退職慰労金支給……49・８％（反対事例：支給額や決定プロセスが明確でないもの）
・その他の会社提案……22・８％（反対事例：経営者等による恣意性排除の仕組みが不十分な場合における買収防衛策の導入・更新）
・取締役選任……20・９％（反対事例：業績不振等について有責性のある候補者の再任）
・監査役選任……19・７％（反対事例：独立性に懸念のある社外役員の選任）

図表９－４　会社提案議案に対する反対等行使比率の推移

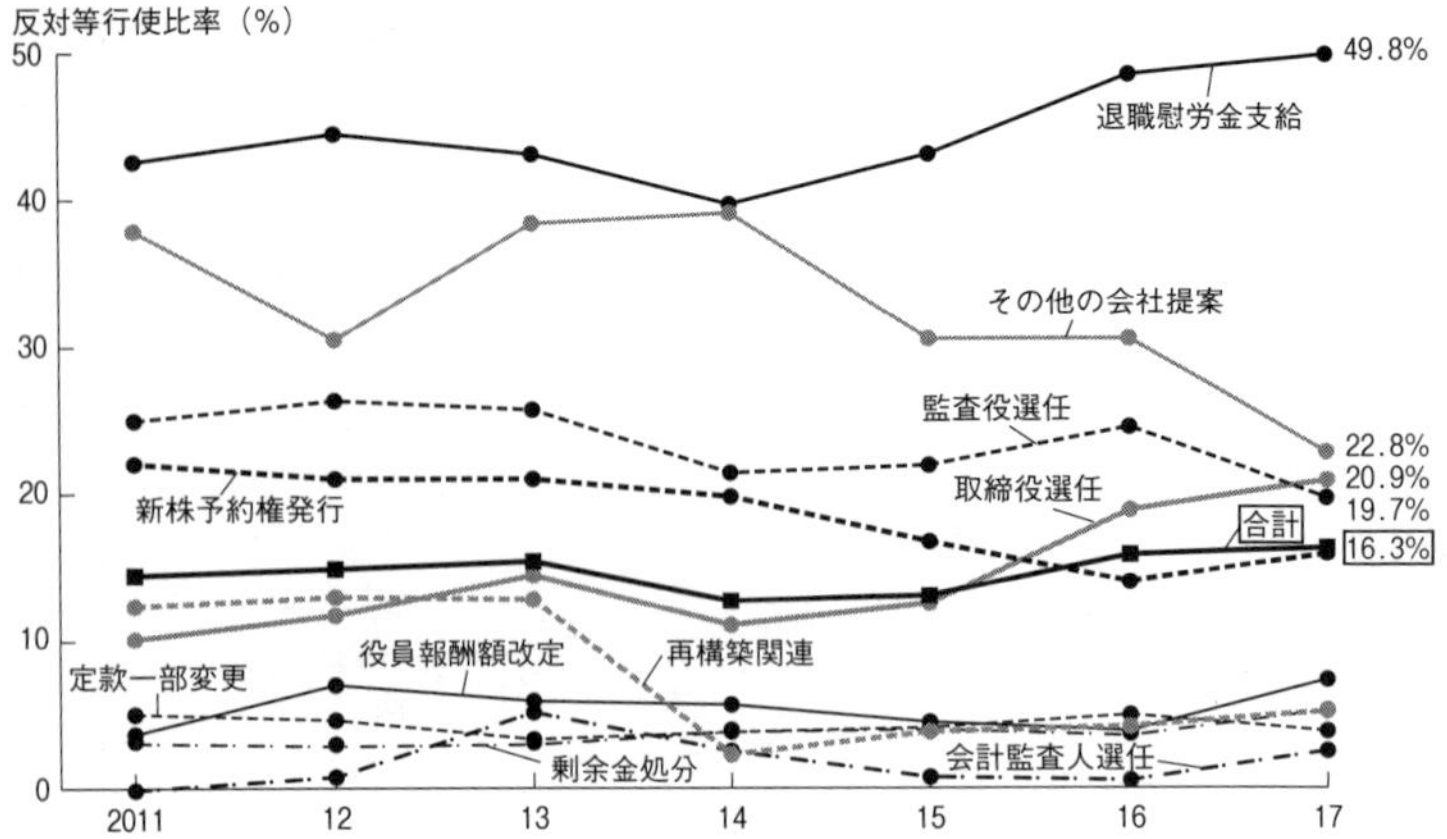

（注）　アンケート回答より投資信託協会事務局にて作成。
（出所）　投資信託協会ウェブサイト

一方、株主提案議案については行使件数が６１８７件。そのうち、賛成が投じられた件数は５１４件で総議案合計の８・３%を占めており、昨年と同じ行使比率であった。

賛成が多かった議案の例として、「自己株式取得」や「増配」といった株主還元に係るもの、役員報酬額について個別の金額や計算方法の開示を求めるものがみられた。

6 投資家ごと、ファンドごとに開示（販売会社のトータルリターン通知制度）

図表9－1の⑤に記載したとおり、販売会社は、自社顧客が保有する投資信託について、ファンド別に当該顧客のトータルリターンの状況を定期的に（年1回以上）通知している。

これは、「投資した金額(A)」と、「現在の時価およびいままでに引き出した金額、受け取った分配金の合計額(B)」とを比べて、(B)が(A)をいくら上回っている（利益が出ている）か、あるいは下回っている（損が出ている）か、を示すもので、次の式により計算される。

「計算時の評価金額」＋「計算時までの累計受取分配金額」＋「計算時までの累計売付金額」－「計算時までの累計買付金額」

具体例をあげてみよう。

（例）投資家A氏は、あるファンドを当初１００万円購入、後に２００万円追加購入した。現在までに分配金を合計50万円受け取り、70万円を一部換金した。現在の評価額は２５０万円である。

この場合には、トータルリターンは次のように計算される。

（計算時点の評価金額250万円＋累計受取分配金額50万円＋累計換金金額70万円）－（累計買付金額300万円）＝70万円の利益

このトータルリターン通知制度は、２０１２年に「投資信託・投資法人法制の見直し」について検討した金融審議会のワーキング・グループの報告に沿って実施されたものである。

同グループの問題意識は、毎月分配型ファンドの販売が急速に増加したなかで、「分配金はファンド資産から支払われ、元本の払戻しに相当する場合があることを理解していない投資家が多い。投資信託の収益は分配金に基準価額変動を加えたトータルリターンでみることを徹底すべきだ」という点にあった。

なお筆者の知る限り、投資信託を保有する投資家一人ひとりに対し、保有ファンドのトータルリターンを定期的に通知する制度はアメリカ・ヨーロッパには存在しない。

7 リスクの表示方法が異なる（情報開示制度の海外との比較）

(1) 投資家の買付け時における開示

目論見書によって開示を行うことは、日本・アメリカ・ヨーロッパに共通である。

しかし、日本・ヨーロッパが重要度によって2段階に分けているのに対し、アメリカは3段階に分けていることが異なる。すなわち、日本は、①交付目論見書と②請求目論見書の2段階、ヨーロッパは、①重要情報書（略称「ＫＩＩＤ」）と②目論見書の2段階であるのに対し、アメリカは、①要約目論見書、②目論見書、③追加情報書の3段階となっている。

そして、いずれも①について投資家への交付義務があること（電子交付も可）、②（アメリカは③を含む）についてはウェブサイトに掲載するとともに、投資家からの請求があれば交付することで良いとされている。

投資家に交付を要する目論見書の必要記載項目を掲げると、図表９－５のとおりである。

ファンドの投資目的、リスク、運用実績、コストを記載することは共通しているが、アメリカ

図表９－５　投資家に交付を要する目論見書の必要記載項目の比較

日本 （交付目論見書）	アメリカ （要約目論見書）	ヨーロッパ （重要情報書）
①ファンド名称 ②委託会社等の情報 ③ファンドの目的・特色 ④投資リスク ⑤運用実績 ⑥手続・手数料等 ⑦追加的情報	①ファンドの投資目的 ②手数料・報酬の一覧表 （付）ポートフォリオ回転率 ③投資戦略、リスク、パフォーマンス ④投資顧問会社・サブアドバイザー・運用担当者（担当年数を含む） ⑤購入・売却方法、税制 ⑥ファンドまたは投信会社からの販売会社への報酬支払に関する記述	①投資目的・投資政策 ②リスク・リターン・プロフィール ③手数料・報酬 ④運用実績 ⑤その他概要情報（運用者への報酬支払方針の詳細がウェブサイトで得られることの記述を含む）

（出所）　日本は金商法、アメリカは投資会社法と1933年証券法に基づくForm N1-A、ヨーロッパはUCITS指令に基づき筆者作成

では、運用担当者情報が入っていること（なお、追加情報書において、運用担当者の当該ファンド保有状況など運用担当者に関する詳細情報の開示が必要である）、および「ファンドまたは投資信託会社からの販売会社への報酬支払（利益相反の可能性）に関する記述」の義務があることが日本・ヨーロッパと異なる。

また、ヨーロッパの重要情報書は、A４判で２ページと決められているが、日本の交付目論見書、アメリカの要約目論見書については確たる量的制限はない。

各国とも、目論見書にファンドのリスクを表示することを義務づけて

いることは共通であり、文章による記述と図表による提示を求めていることも共通であるが、図表による「リスクの量的表示方法」が異なる。

実例は、図表9－6のとおりである。

日本では過去5年間の年間騰落率と分配金再投資基準価額の推移に加え、「他の代表的な資産（株式・債券）との比較」を提示している（なお、別途「運用実績」の項において過去10年間の基準価額・純資産の推移を記載）。

これに対しアメリカは、過去10年間の年別リターンを棒グラフで表示（期間中の四半期別リターンの最高・最低値を付記）するとともに、過去1年、5年、10年の年平均リターンを表で記載、さらに市場指数のリターンを併記することを求めている。

一方、ヨーロッパは過去5年間のファンド基準価額・分配金の週次データをもとに計算したリターンの変動度合い（いわゆる「ボラティリティ」であり、リターンの標準偏差で示す）によって「7段階に分けたリスク度表示」（標準偏差が0・5％未満であるならリスク1、……5～10％未満がリスク4、……25％以上はリスク7に分類）を提示している。

実はアメリカでも1990年代に、基準価額変動率の標準偏差などによるリスク表示の数値化を検討したことがあった。しかし、投資家間で「リスク」の概念が異なり、また投資目的も多岐にわたるなかで、リスクを一元的数値で表示することは困難であり誤解を招くおそれもあるとし

図表9－6　目論見書におけるリスクの量的表示方法の違い（例）

[日本]

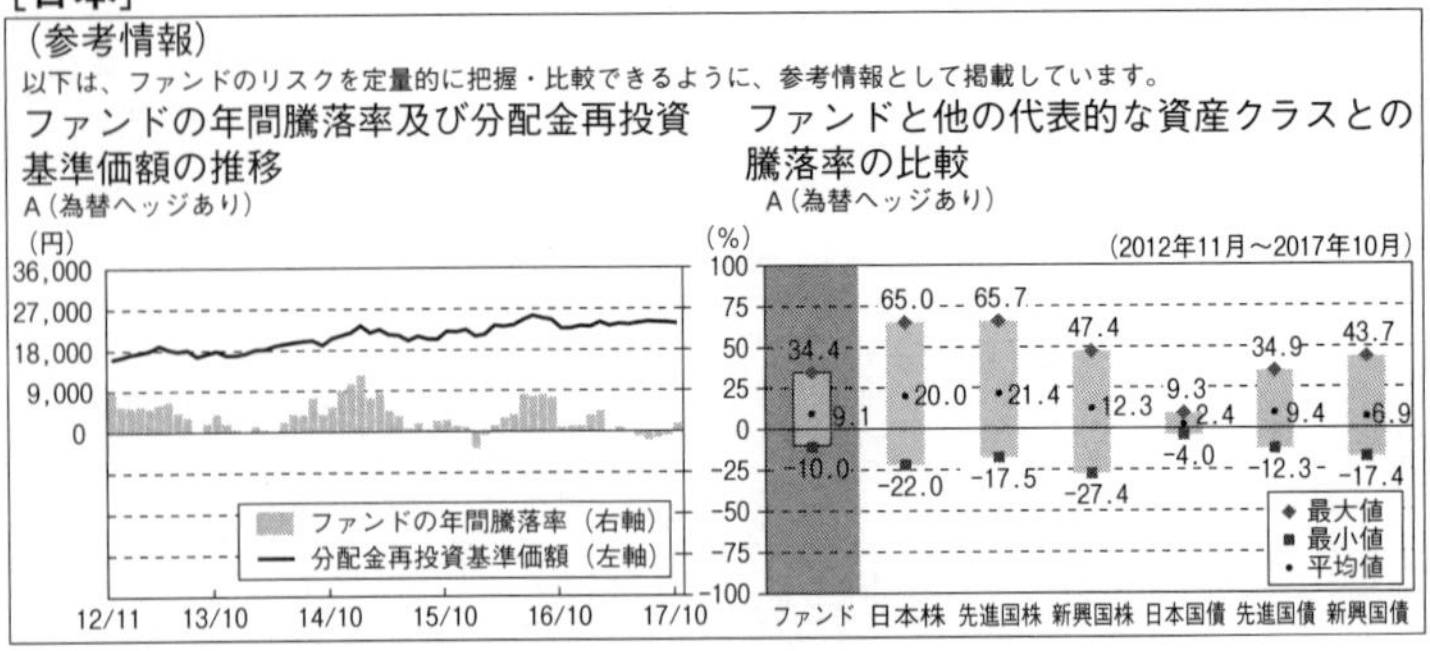

[アメリカ]

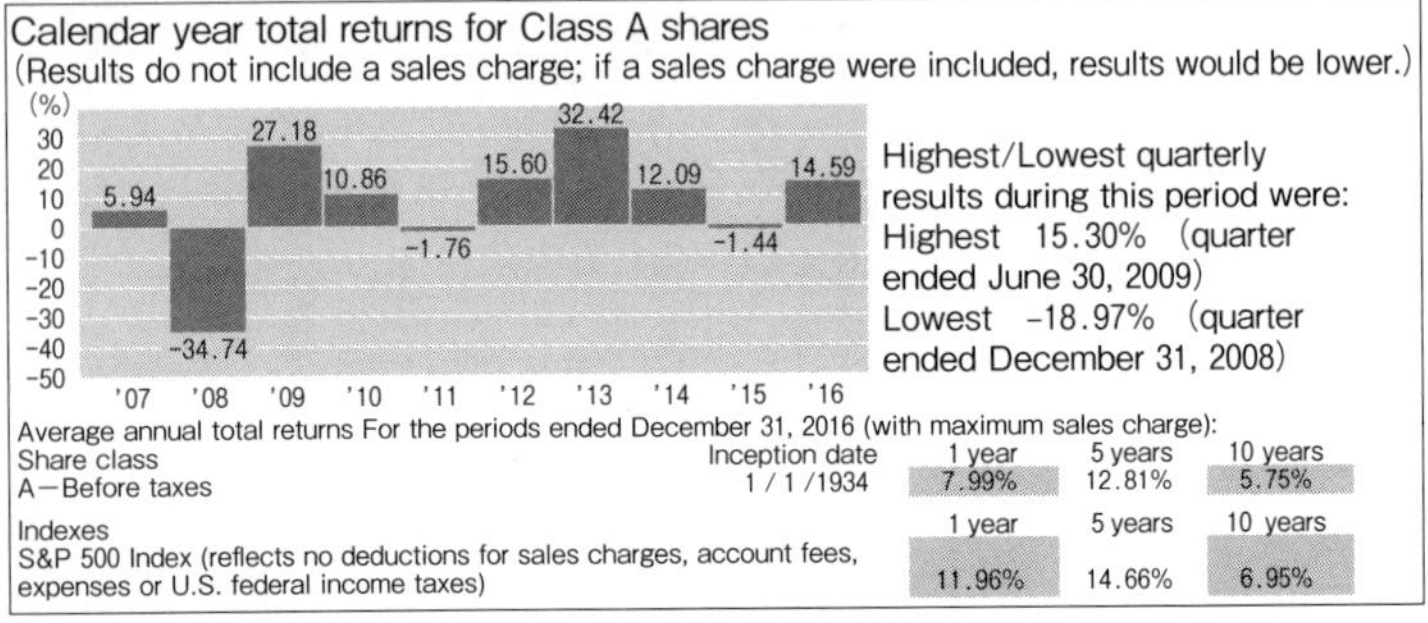

Average annual total returns For the periods ended December 31, 2016 (with maximum sales charge):

Share class	Inception date	1 year	5 years	10 years
A−Before taxes	1 / 1 /1934	7.99%	12.81%	5.75%

Indexes	1 year	5 years	10 years
S&P 500 Index (reflects no deductions for sales charges, account fees, expenses or U.S. federal income taxes)	11.96%	14.66%	6.95%

[ヨーロッパ]

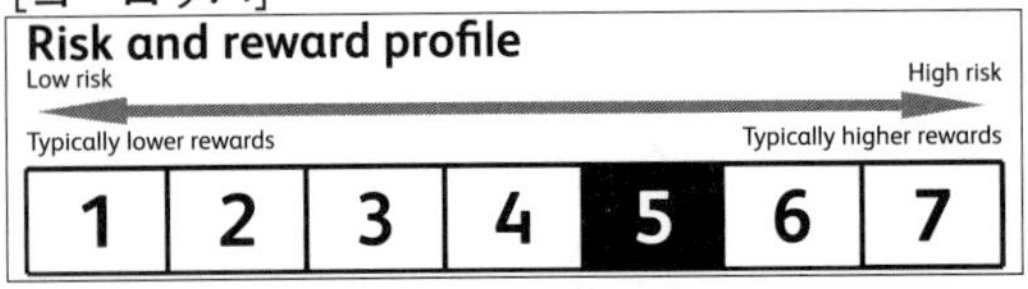

（出所）　日本：https://www.fidelity.co.jp/static/fund-document/220001/prospectus/pro/USR_PRO_0618.pdf

アメリカ：https://www.americanfunds.com/individual/pdf/shareholder/mfgeipx-004_icap.pdf

ヨーロッパ：http://docs.mandg.com/KIID/global-themes-fund_gbp_a_inc_uk_kiid_eng_uk_gb0030932346.pdf

て見送った（その結果、リターンの変動を棒グラフで示す等の現行方法を採用した）経緯がある。

このため、ＩＣＩ（アメリカ投資信託協会）は、ＣＥＳＲ（ヨーロッパ証券規制者委員会）が２００７年10月に「標準偏差によるリスクの段階別表示」を提案した際にＣＥＳＲに意見書を送り、アメリカにおける検討の経緯を説明したうえで、「競争投資商品との比較もなしにリスクの法定的表示を行うことは、投資信託が競争投資商品とは別のリスクをもっていると誤解させるおそれがある」などとして、一元的リスク表示を見送るべきだと述べていた。

筆者は、日本のリスク表示方式（リターンの変動度合いを示すとともに、他の代表的資産として株式・債券との比較を加えた方法）は、アメリカ方式（当該ファンドだけのリターンの変動実績を図示することによりリスク度を示す方式）や、ＥＵ方式（リターンを示さず、かつ投資信託のなかだけでのリスク度の７段階分類）よりも投資家の理解を得られやすいと考えている。しかも、株式・債券がそれぞれ日本・先進国・新興国に分けて表示されることは、グローバル投資時代に即した投資教育効果を生むことも期待される。

(2) 投資家の保有中（ファンド運用中）における開示

投資家に交付を要する運用報告書（アメリカ・ヨーロッパにあっては年次報告書、半期報告書という）の記載要件について、他国にはない記載項目をあげると次のとおりである。

日本は、前述の目論見書のリスク表示を受けて「代表的な資産クラスとの騰落率の比較」が入っており、アメリカは「ファンド取締役・オフィサーの情報（氏名、当該ファンド業務従事年数、主たる業務と責任）」「投資顧問契約承認に関する記述（契約締結または更新について取締役会が承認した理由など）」が入っている。一方、ヨーロッパは「運用関係者への報酬支払実績」を記載する点が日本・アメリカにない特色である。これは、第4章2⑶①の運営当事者規制において触れた運用者報酬に関する新たな規制導入（2008年の国際金融危機後の一連の金融規制強化、なかでもリスク管理強化の流れのなかでヨーロッパが2016年に導入した措置）を受けたものである。

また、細部についていえば、経費の記載について、日本・ヨーロッパは組入証券の取引コスト（株式売買委託手数料など）を記載要件としているが、アメリカは入っていない。また、ヨーロッパの年次・半期報告書の組入銘柄記載にあたっては、各銘柄の組入金額ではなく、ファンド純資産に対する割合（%）を表示することを義務づけている。

交付方法については、日本・アメリカ・ヨーロッパとも電子交付が可能である。

なおＥＴＦについては、指数連動型ファンドしか存在しない日本においては運用報告書の作成は不要とされているが、アメリカ投資会社法・ヨーロッパＵＣＩＴＳ指令においては、ＥＴＦの年次・半期報告書作成免除規定は見当たらない。

〔参考〕わかりやすい情報開示のために

投資信託の情報開示については、世界各国とも「わかりやすくするための努力を重ねてきた。

アメリカでは、30年以上も前（1983年）に目論見書を2分冊化（目論見書と追加情報書とに分冊化）した。それ以来、1998年の表現方法の改善（後述するプレーン・イングリッシュの使用義務づけ）、2009年の要約目論見書の導入（買付け時の情報開示を3段階化）など数次にわたって目論見書の改善を重ねてきた。

「プレーン・イングリッシュ」に関しては、目論見書の表紙ページ・要約・リスク説明の記述にあたり、証券法規則において「明快な言葉（Plain English）を使用しなければならない」と規定し、具体的に次の6原則に従うことを義務づけた。

①文章は短くせよ、②意味明瞭、具体的かつ日常使用する言語を用いよ、③動詞は能動態を使え（受動態は使うな）、④複雑な事柄については、可能な限り表や箇条書きを使用せよ、⑤法律用語や、むずかしいビジネス用語は使うな、⑥二重否定は使うな。

このほか、「見出し・小見出しは内容を要約したものにせよ」といった記述にあたっての一般原則や、4つの避けるべき事項（量だけ多くし情報の質を高めない繰り返し記述など）も規定している。さらにSECは、前記の趣旨を徹底するために、明快な言葉の手本を示した「プレーン・イングリッシュ・ハンドブック」を刊行した。

そして、いままたSECはディスクロージャーの改善に取り組む意向を示している。2017年12月にICI主催のコンファレンスで演説したSECダリア・ブラス投資管理監督局長は「21世紀のテクノロジーの進歩は、いままで以上に双方向、かつ個々の投資家に対応するディスクロージャーへの扉を開くものだ」と指摘し、効果的ディスクロージャーの徹底に向けての意欲を示している。

また、**ヨーロッパ**では、過去の失敗経験に基づき、前述のように重要情報書を2ページに制限して「読まれる資料」とすることに腐心している。

日本でも、目論見書について2004年に交付目論見書と請求目論見書に2分冊化した後、2009年に交付目論見書の内容の簡素化を実施するとともに運用報告書についても2分冊化を実現した。また投資信託協会規則・細則により、交付目論見書をわかりやすいものにするため、難解な専門用語はできるだけ使用しないことなど「注意すべき文章表現等」を定めている。

以上のように各国とも「わかりやすい情報開示」へ取り組んできたが、投資家の利用度・

理解度はまだ十分でないといわれる。表現方法の改善を含め常に見直しに取り組む必要があろう。

第10章

これからの投資信託

第4～9章で、世界と日本の投資信託の制度・実態の比較を行ってきた。これをふまえて、本章では今後の投資信託の方向を考える。

まず世界と日本の投資信託の現況を俯瞰した後、世界と日本の投資信託の課題を掲げる。そして本書の締めくくりとして、投資信託が最も適性を発揮する「退職に備える資産形成」と投資信託、および重要性を増している「退職後の資産を取り崩しながらの運用」と投資信託について検討する。

1 世界の投信残高は5000兆円・新興国の成長大（世界と日本の投信の現況）

(1) 2000年代に入ってからの投資信託残高の変化

世界の投資信託残高は、図表10－1に示すように2000年代に入ってから、2008年のリーマンショック（注1）による残高減少はあったものの、2017年末に至る18年間で3・8倍に拡大した（1999年末11・8兆ドル→2017年末44・9兆ドル）。年率7・7%の増加率で

図表10－1　世界と日本の投資信託残高の推移

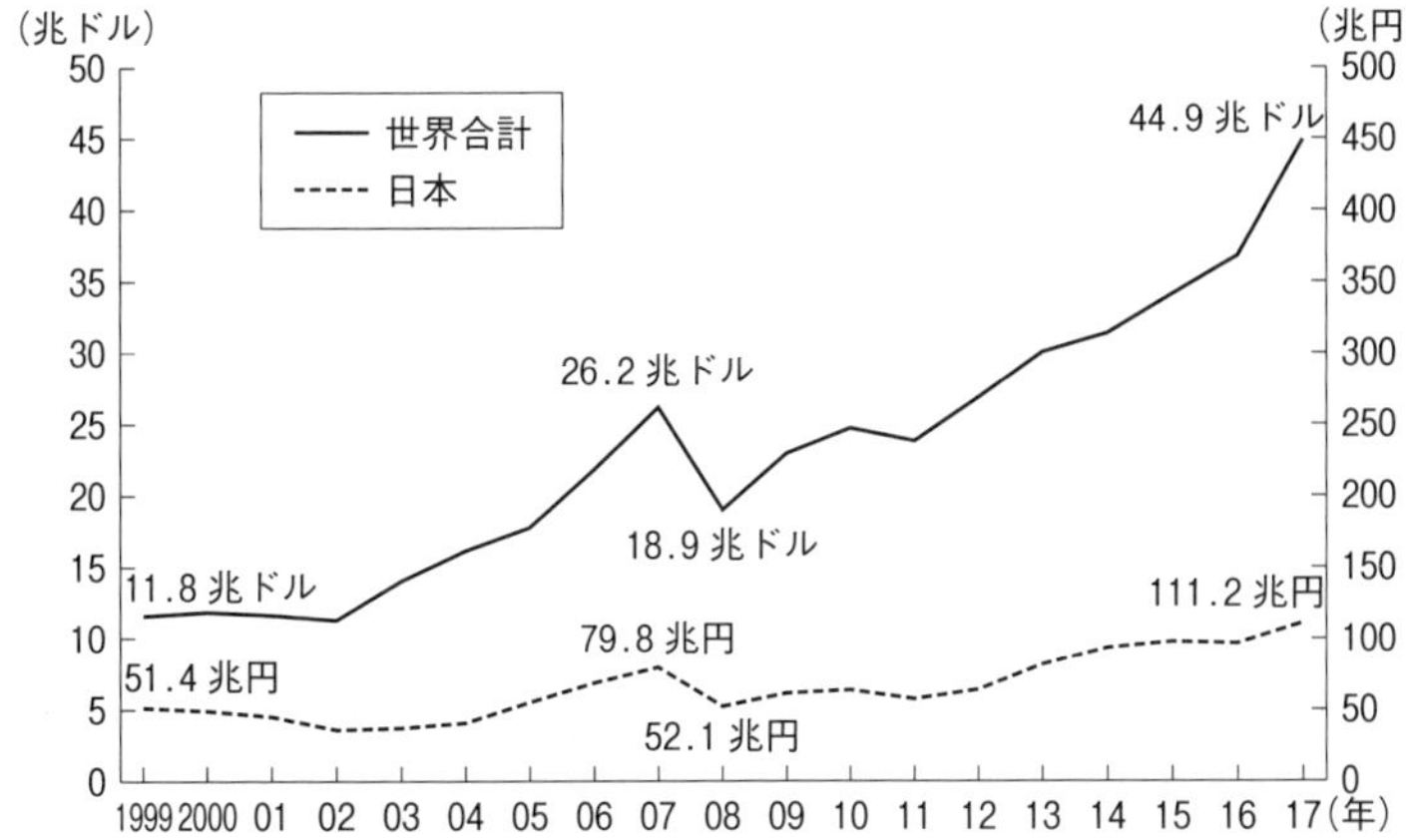

（出所）　IIFA、投資信託協会統計より筆者作成

あるから、まずまずの成長であったといえよう。２０１７年末の残高を同時点の為替レート１１２・65円で換算すると５０００兆円強となっている。

日本の２０１７年末の残高は１１１・２兆円で、18年間の伸びは２・２倍、年率４・２％であるから、世界全体に比べ見劣りしていた。その理由は次のとおりである。

世界全体の投資信託残高の増減要因を、資金要因（投資家資金の流出入）と、その他要因（組入証券の価格変動、分配金支払等）の２つに分けてみると、資金要因は18年間通算では15・６兆ドルのプラス（資金流入）であった。一方、その他要因も18年間通算で17・５兆ドルの大幅なプラスとなった。この間、世界の株価はＩＴバブルの崩壊、リーマンショックなどがあったが、通算すればアメリカ（S&P500指数）が82％上昇、ドイツ（DAX指数）が86％上昇など概して堅調であった。

日本は、資金要因は18年間通算で85・6兆円の大幅なプラスであったが、世界と違って、その他要因がマイナス25・8兆円であった。株価不振（東証株価指数＝TOPIXの上昇率は6％にとどまった）など市況要因が世界と異なったほか、毎月分配型ファンドを中心とする分配金の大量流出（投資信託協会統計のある2010年以降だけで40・2兆円の流出）も響いている。

(2) 新興国の成長が目立つ

国別に残高増加率をみると、新興国が高い。

図表10－2は、国際投資信託協会（IIFA）の統計に基づき、1999年末・2008年末（リーマンショック時）・2017年末の国別投資信託残高、世界全体に占めるシェアおよび残高増加率（1999年末から2017年末に至る18年間通算と、その内書きとして2008年からの増加率）を、先進国と新興国に分けて掲げたものである。

残高増加率は新興国が高いことが目立つ。新しく投資信託を導入した国があるほか、中国、インドなどの伸び率が高い。2007年からIIFAの集計対象に入った中国の直近残高は世界第7位にランクされるに至った。この結果、新興18カ国の合計値をみると、直近の残高シェアは世

図表10－2　世界の国別公募証券投資信託（ETFを含む）残高の変化

（単位：十億ドル）

		1999年		2008年	2017年			残高増加率	
		残高	シェア	残高	順位	残高	シェア	99→17	(08→17)
先進国	アメリカ	6,846.3	59.1%	9,602.9	①	22,147.0	49.3%	223%	131%
	ルクセンブルク	661.1	5.7%	1,860.8	②	4,422.1	9.8%	569%	138%
	フランス	656.1	5.7%	1,591.1	③	2,313.6	5.2%	253%	45%
	アイルランド	95.2	0.8%	720.5	④	2,283.6	5.1%	2299%	217%
	オーストラリア	371.2	3.2%	841.1	⑤	2,144.1	4.8%	478%	155%
	イギリス	375.2	3.2%	527.0	⑥	1,914.9	4.3%	410%	263%
	カナダ	269.8	2.3%	416.0	⑧	1,292.0	2.9%	379%	211%
	日本	502.8	4.3%	575.3	⑨	986.7	2.2%	96%	72%
	オランダ	94.5	0.8%	77.4	⑩	923.3	2.1%	877%	1093%
	スイス	82.5	0.7%	135.1	⑫	558.8	1.2%	577%	314%
	ドイツ	237.3	2.0%	238.0	⑬	461.5	1.0%	94%	94%
	韓国	167.2	1.4%	222.0	⑭	451.9	1.0%	170%	104%
	スウェーデン	83.3	0.7%	113.3	⑮	356.0	0.8%	328%	214%
	スペイン	207.6	1.8%	271.0	⑯	351.3	0.8%	69%	30%
	イタリア	475.7	4.1%	263.6	⑱	256.7	0.6%	-46%	-3%
	デンマーク	27.6	0.2%	65.2	⑳	145.8	0.3%	428%	124%
	その他先進国13カ国計	244.3	2.1%	400.4		668.9	1.5%	174%	67%
	先進29カ国計	11,397.7	98.4%	17,896.6		41,678.1	92.8%	266%	133%
新興国	中国	na	na	276.3	⑦	1,689.0	3.8%	na	511%
	ブラジル	117.8	1.0%	479.3	⑪	747.7	1.7%	535%	56%
	インド	13.1	0.1%	62.8	⑰	307.4	0.7%	2253%	389%
	南ア連邦	18.2	0.2%	69.4	⑲	181.8	0.4%	897%	162%
	その他新興国14カ国計	33.1	0.3%	258.2		311.7	0.7%	842%	21%
	新興18カ国計	182.2	1.6%	1,146.0		3,237.6	7.2%	1677%	183%
世界合計		11,579.9	100.0%	19,042.6		44,915.8	100.0%	288%	136%

（出所）IIFA統計より筆者作成

界全体の7・2%にすぎないものの、残高増加率は1999年末→2017年末の通算で1677%に達し、先進29カ国合計266%の6倍となっている。

以上のように、新興国の高成長が世界全体の投資信託の成長に貢献している。

(3) 全天候型の品揃えが証券市況下落時の資産減少を緩和

投資信託の商品バラエティは1970年代初めにMMFが開発されたことにより飛躍的に充実した。

なぜなら、以前から存在していた株式投資信託と債券（長期債）投資信託は、いずれも金利上昇時にパフォーマンスが悪化する弱みがあった。

しかし、MMFという「リターンが短期金利に追随する（金利が上がればファンド利回りも上がる）」商品ができたことによって、全天候型の品揃えが整い、株式ファンド・債券ファンド・MMFの3本柱が相補いあって投資信託の成長を支えてきた。また、MMFはリスクに不慣れな投資家の証券投資の入口商品としての役割を果たすとともに、株価急変時における顧客資金の一時退避の受け皿となる機能も果たしてきた。

2000年代に入ってからの世界の商品別投資信託残高の推移は、図表10－3のとおりである。

図表10－3　世界の商品別投資信託残高の推移

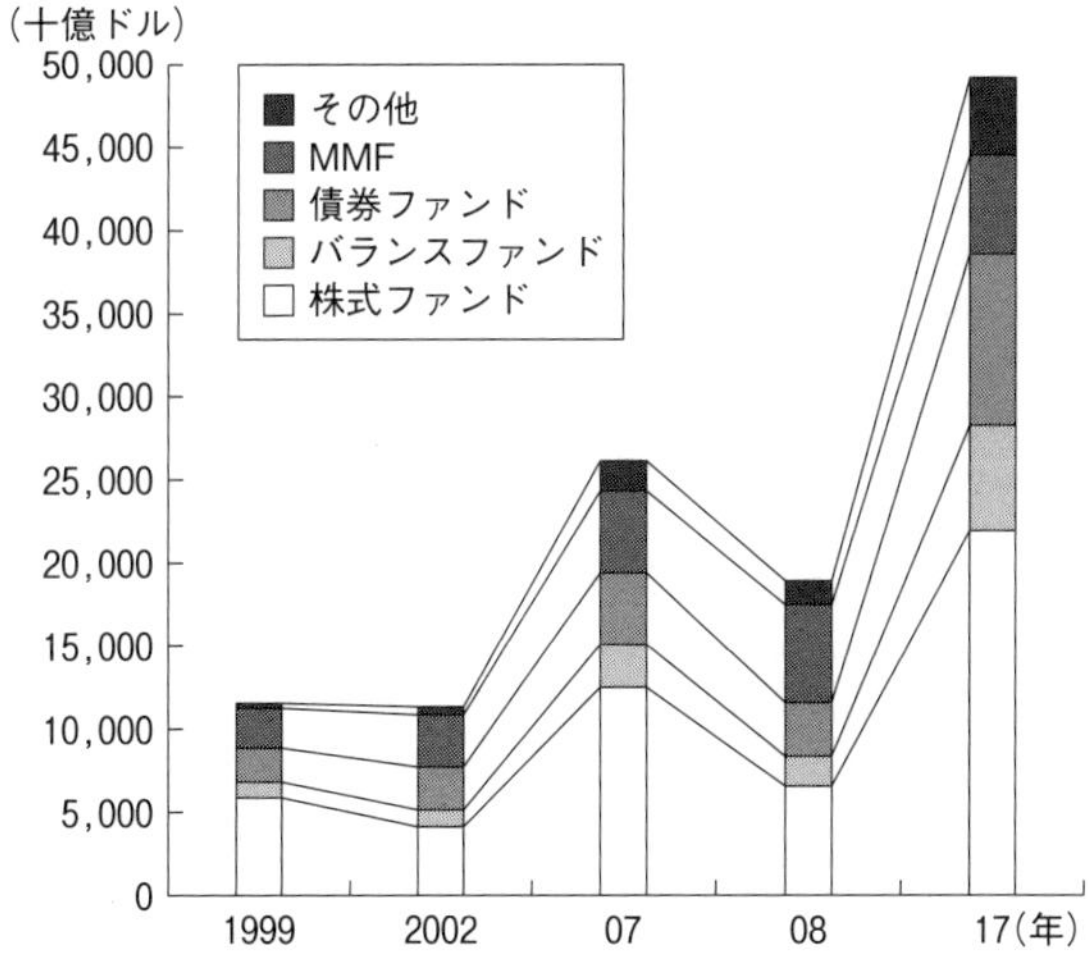

（注）　データの制約により2017年は私募投信込み。
（出所）　IIFA 資料より筆者作成

２０００年代当初（２０００年～２００２年）のＩＴバブル崩壊時には、債券投資信託・ＭＭＦの拡大が株式投資信託残高の減少をカバーした。また２００８年のリーマンショック時には株式投資信託残高が前年比48%も減少したが、ＭＭＦが株式投資信託から流出した安全指向資金の一部を吸収し、投資信託全体の残高減少率を28%に食い止めた。その後２０１７年にかけての市況回復期には、株式投資信託・債券投資信託中心に伸びている。また、アメリカのＤＣ年金市場でターゲット・デート・ファンド（第5章6(2)で解説した商品）が増加していることなどから、２０１０年頃からバランスファンドの伸びも大きい。

図表10－4　主要国の投資信託普及度（2017年現在）

	国内籍投信純資産(A)(十億ドル)	GDP(B)(十億ドル)	GDPに対する投信残高の比率(A/B)	円換算国内籍投信純資産(C)(兆円)	人口(D)(百万人)	1人当り投信保有額(C/D)	投信の世帯普及率(2015年)
日本	987	4,884	20.2%	111.2	126.7	88万円	8.7%
アメリカ	22,147	19,362	114.4%	2494.9	325.4	766万円	43.0%
イギリス	1,915	2,565	74.8%	215.7	66.0	327万円	na
ドイツ	462	3,652	12.7%	52.0	82.7	63万円	na
フランス	2,314	2,575	89.9%	260.7	64.9	402万円	na

（注1）　ドイツはルクセンブルクなど国外にファンドを設立して国内に持ち込んでいるケースが多いため残高が少なめに出ている。
（注2）　円換算レートは2017年末レート：1ドル＝112.65円。
（出所）　投信純資産については日本が投資信託協会・他はIIFA、GDP・人口はIMF。世帯普及率は日本が日本証券業協会（個人調査）・アメリカはICI

(4)　投資信託の普及度

次に、主要先進5カ国について投資信託の普及度（2017年現在）を比べると、図表10－4のとおりである。

日本の人口1人当りの投資信託保有額は88万円で、アメリカの766万円の9分の1にすぎず、フランス、イギリスと比べても4分の1程度である（ドイツはルクセンブルクなど国外にファンドを設立して国内に持ち込んでいるケースが多いため、国内籍ファンドだけで計算した本表のデータでは小さく出ている。しかし、ドイツの個人金融資産に占める投資信託の比率は10％に達しており、日本の4％を大きく上回っている）。

また、投資信託の世帯普及率（全世帯のうち投資信託を保有している世帯の割合）について、データの

図表10－5　主要国の1人当り投資信託保有額

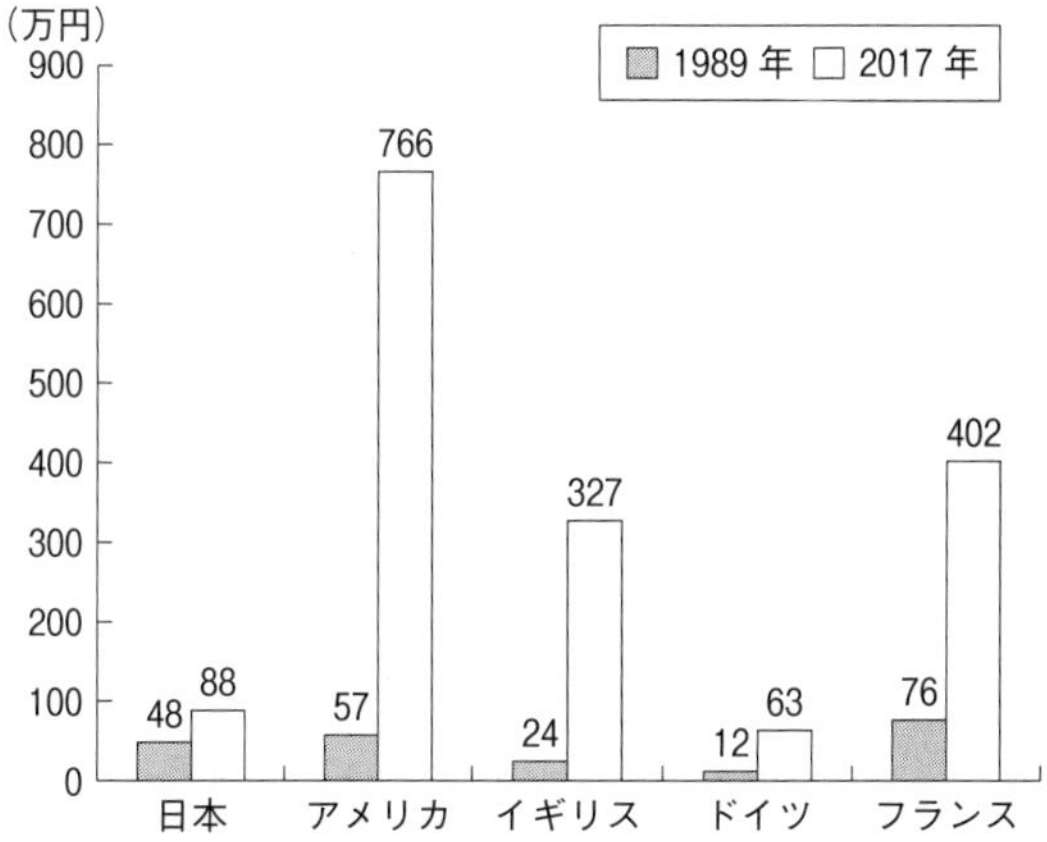

（出所）　投資信託残高はIIFA、人口はIMF 統計を用い
筆者作成

ある日本とアメリカを比較すると８・７％対43・０％と大きな開きがある。

ところで、前記のような日本と外国の普及度の差は、１９９０年代以降に発生した。

１９９０年代初（＝１９８９年末）と２０１７年末の人口１人当り投資信託保有額を比較すると、図表10－５のとおりである。１９８９年末には日本の１人当り投資信託保有額は48万円で、アメリカの57万円と大きな差はなく、イギリスの24万円を上回っていた。しかし、その後２０１７年にかけてアメリカ・イギリスの投資信託残高が10倍以上に増加、ドイツ、フランスも5倍以上になったなかで、日本は2倍以下の増加にとどまった。

また、日本とアメリカの世帯普及率も図表

図表10－6　日本とアメリカの投資信託世帯普及率の変化

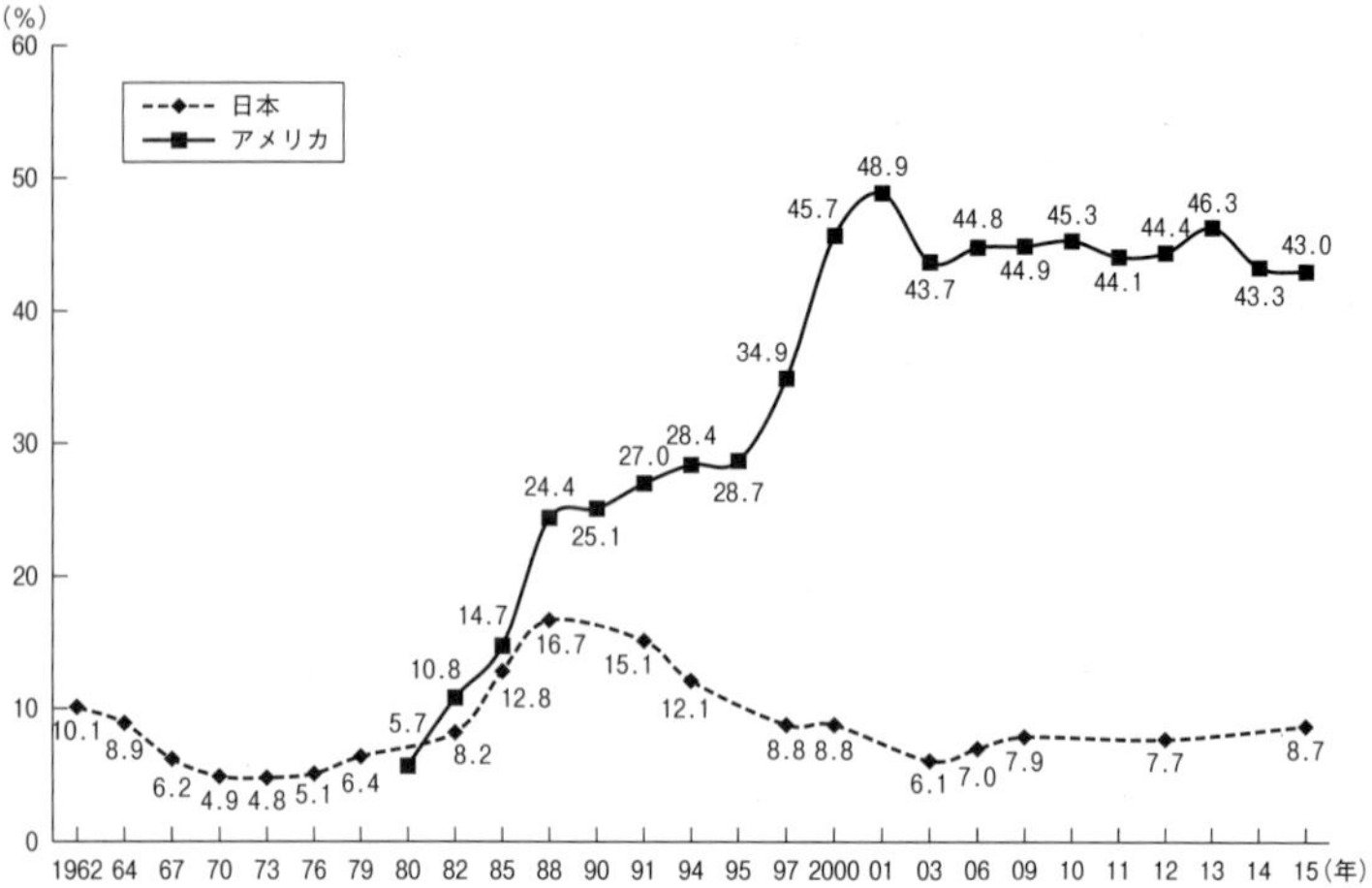

（出所）　アメリカはICI "Ownership of Mutual Funds, Shareholder Sentiment, and Use of the Internet"、日本は日本証券業協会「証券投資に関する全国調査」（2003年までは世帯調査、2006年以降は個人調査）

10－6のとおり、1980年代中頃には両国とも十数パーセントで大きな差はなかった。しかし1990年代以降にアメリカの世帯普及率が急激に高まったのに対し、日本の普及率は低下してしまった。

前記のように、1990年代以降に日本と他の先進国の間で普及度に大きな差がついた主因は、株価にあると筆者は考えている。

1990年代初（＝1989年末）を100として5カ国の株価の推移を描くと、図表10－7のとおりである。2017年末までにアメリカ（S&P500指数）が758、ドイツ（DAX指数）が722に値上りしたなかで、日

図表10－7　1990年代以降の主要国株価の推移（各年末、1989年末＝100）

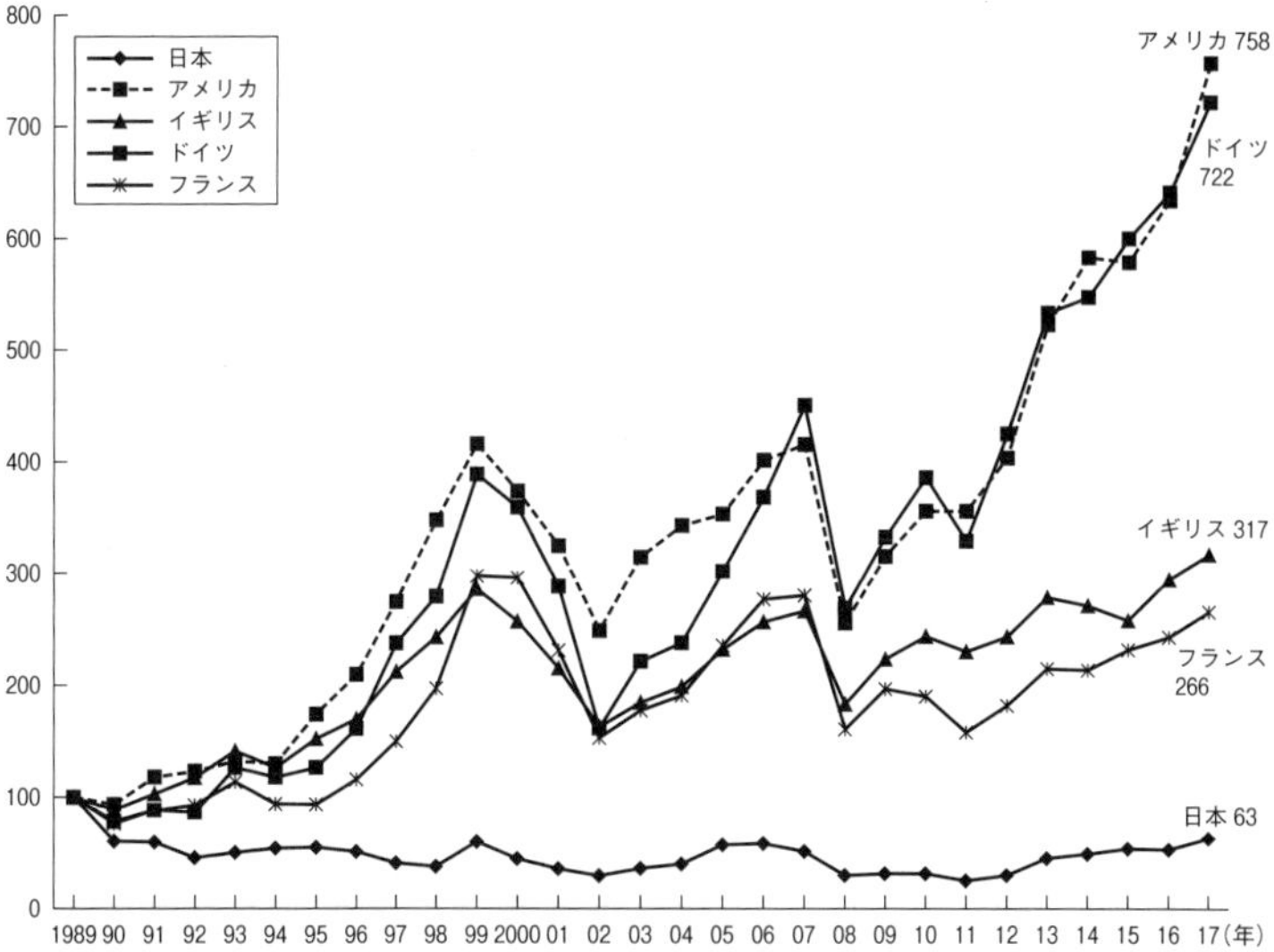

（注）　日本はTOPIX、アメリカはS&P500、イギリスはFTSE100、ドイツはDAX、フランスはCAC40種をとった。

本（TOPIX）の株価は63に落ち込んだ。

株式を主たる投資対象とする投資信託において、株価が投資信託のリターンを左右することはいうまでもない。また日本では株価の大幅下落・長期低迷のなかで投資家の心理も冷え切って投資信託への投資意欲を削ぐことになった。

(5)　世界の投資信託の変化のトレンド

以上、2000年以降の世界の投資信託の量的変化について述べた。

次に、投資信託の質的変化について述べる。大きな潮流として、①グ

図表10－8　ルクセンブルク・アイルランド籍ファンドの世界における比重

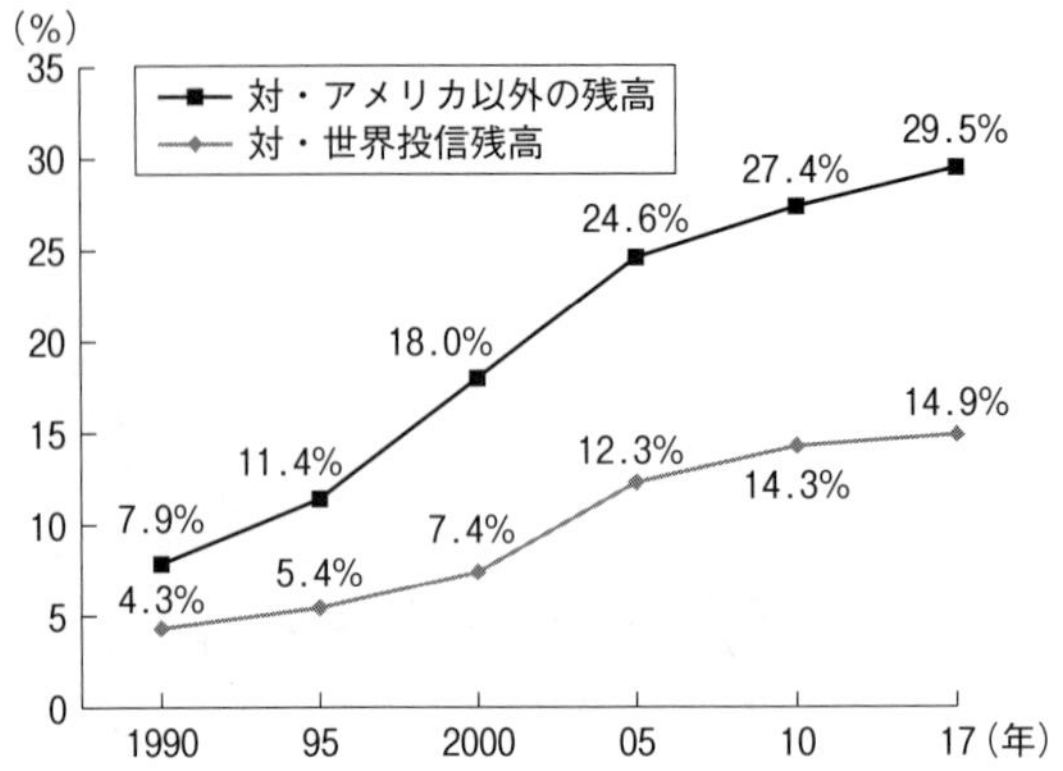

（出所）　IIFA 資料より筆者作成

ローバル化、②投資家のコスト意識の高まり、③IT化の進展の3点を指摘できる。

①　グローバル化

投資信託の資産運用・資金獲得（販売）の両面でグローバル化が進んだ。資産運用面で各国とも海外投資が進展したことは、第7章6において述べたとおりである。

販売面についてもクロスボーダー化（外国投資家資金の獲得）が進んでいる。

世界におけるファンド輸出入の進み具合を測るには、もっぱら外国で販売することが想定されているオフショアファンドの設立拠点国のファンド残高が参考となる。そのオフショアファンド設立拠点国としてはイギリス領のケイマン諸島等も有名であるが、筆者が残高統計を得られたのはIIFAの加盟国であるルクセンブルクとアイルランドである。

この2カ国で設立された公募ファンド残高の世界全体の投資信託残高に対する割合は、図表10－8のように傾向的に上昇してきた。2017年末では15％程度になったほか、実質的に外国ファンドの販売を禁止しているアメリカ（注2）を除いた（言い換えれば外国ファンドの販売が可能な国々の）投資信託残高に対する割合では30％に接近している。

第3章3⑷においても述べたヨーロッパのUCITS制度（ヨーロッパ域内で国境を越えてファンド販売を可能とする制度）の成功を参考に、近年、アジアにおいても国境を越えてファンド販売を容易にする制度の導入が進みつつある。それは、アジア地域ファンド・パスポート（略称「ARFP」）、アセアンファンド・パスポート、中国・香港のファンド相互乗り入れ制度である。ARFPは、2018年9月現在、日本・韓国・オーストラリア・ニュージーランド・タイの5カ国が協定に署名しており、2019年2月以降に動き出す見込みである。

② 投資家のコスト意識の高まり

アメリカを中心に投資家のコストへの関心が高まり、それを反映してETFが急速に拡大していることは、第5章6⑴において述べたとおりである。また、アメリカでは一般ファンドにおいてもノーロード販売が増加していることは、第6章4⑷において述べた。

さらに、最近のロボアドバイザーの台頭も投資家の低コスト選好の表れとみることもできる。

〔参考〕コストの国際比較およびアメリカの投資信託業界の収入

〔コストの国際比較〕

投資信託のコストには買付け時の購入手数料と毎年の信託報酬がある。

三菱UFJ国際投信が行っている貴重な国際比較調査によると、2017年末現在のデータ（注3）で、長期ファンドの購入手数料は、日本は平均2・15％で集計対象8カ国中、高いほうから4番目である（アメリカ・イギリス・イタリア・オーストラリアより高く、ドイツ・フランス・ルクセンブルクより低い）。一方、信託報酬（アメリカ等はファンド経費率）の平均は、日本は1・08％で集計対象9カ国中、低いほうから3番目（アメリカ・イギリスより高く、ドイツ・フランス・イタリア・カナダ・オーストラリア・ルクセンブルクより低い）となっている。

ただ、（この調査レポートを執筆した松尾健治、窪田真美の両氏も指摘しているとおり）投資家コストは単純に前記データだけで比較することはできなくなっている。なぜなら、第6章4(4)で述べたように、アメリカでは、FAのアドバイスフィー、あるいはファンドラップ・フィーなど、投資家がファンドの外で（自分の懐から）フィーを支払うケースが増加してい

図表10－9　アメリカの投資信託経費率の推移

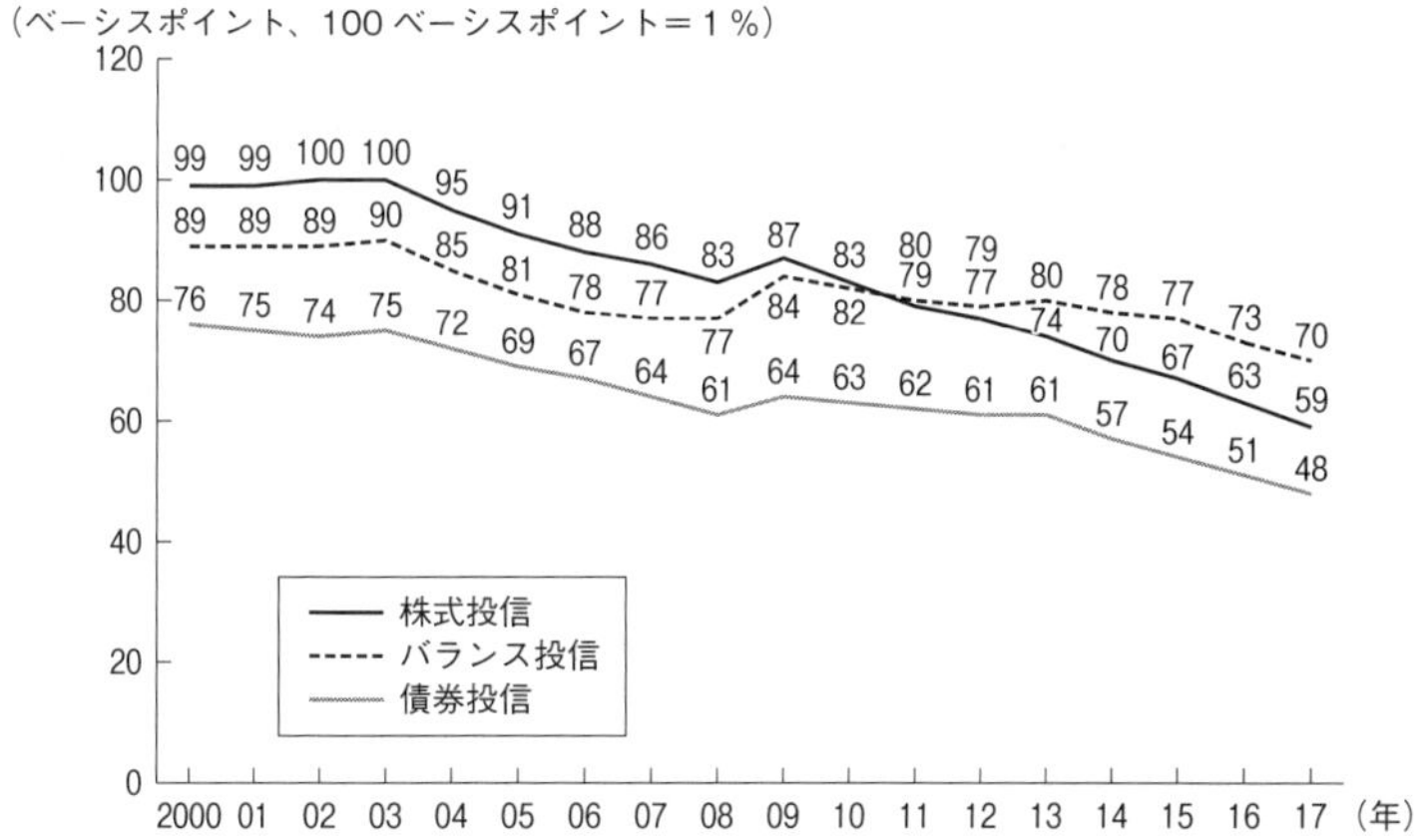

るからである（また、イギリスでも第4章(3)で述べたように、2012年末から、アドバイスの対価をファンドから受け取ることを禁止し、顧客から直接受け取るようにする規制が施行された）。

したがって、今後、投資信託の投資家コストを論じる際は、ファンド外で投資家が負担するコストを加えた「投資家総コスト」のベースで議論していくべきであると筆者は考える。

【アメリカのファンド経費率と投資信託業界の収入】

アメリカのファンド経費率（日本の信託報酬率に相当する費用率）は、図表10－9のように低下してきた。株式投信の場合、2000年の0・99％から2017年には0・59％に低下している（いずれも資産額加重平均値）。

その理由は、投資家が低コストファンドに資

図表10－10　アメリカの投資信託残高の推移

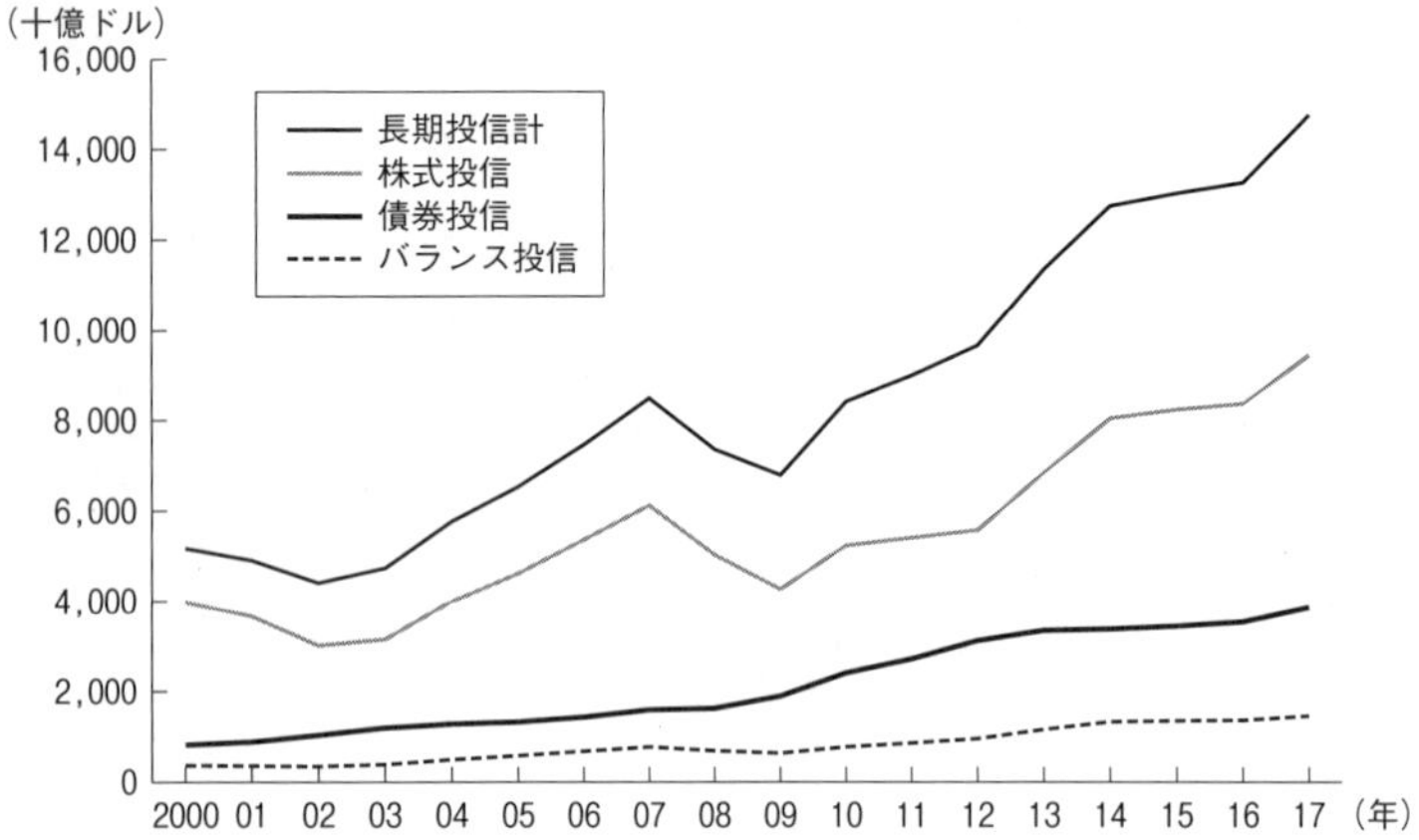

金をシフトしたことにもよるが、図表10－10に示す規模の拡大（長期投信合計で5・2兆ドルから14・8兆ドルへ2・8倍に拡大）に伴いコスト引下げを実現できたことにもある。すなわち、ファンド規模の拡大に伴い運用報酬率を引き下げる仕組みになっているほか、資産保管費用、投資家口座の管理費用なども（固定費的部分があるため）規模の拡大により単位当りコストが低下した。

そして、ファンド経費（言い換えれば業者の収入）の率は下がったが、残高規模の拡大により、ファンド運営にかかわる業者全体の収入金額（平均残高に収入率を乗じて算出、販売手数料は含まない）は、図表10－11のように長期投信合計で2000年の490億ドルから2017年に844億ドル（2017年末の1

図表10－11　アメリカの投資信託業界収入（対ファンド残高部分）の推移

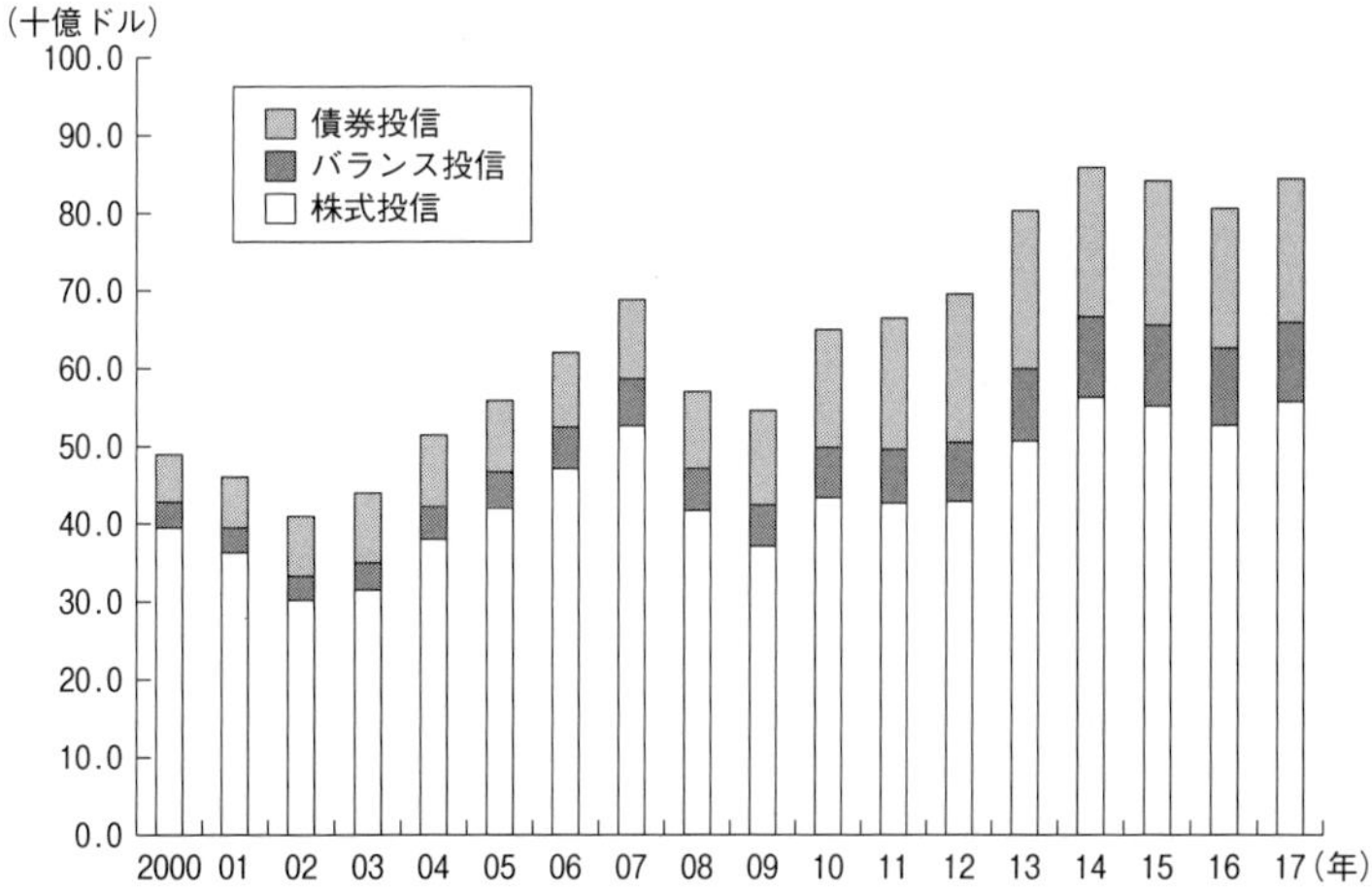

（注）　業界収入は年平均残高×経費率により計算。したがって販売手数料、FA のアドバイスフィーは含まない。
（出所）　図表10－９～11につき、ICI "*2018 Investment Company Fact Book*" 掲載データより筆者作成

ドル112円換算で9・5兆円）へ7割以上も増加している。

「規模拡大のメリットを投資家と業者が分け合う＝両者がウィンウィンの関係にある理想的な姿」になっているといえよう。

③　ＩＴ化の進展

投資信託ビジネスにおいてもＩＴ（情報技術）の活用が急速に進んでいる。

資産運用面では、コンピュータをフルに活用するクオンツ（数量分析）投資を発展させ、スマートベータ、投資ファクターの開発・利用が進んでいることは第7章4(3)において述べた。また、投資信託販売面では、アメリカでファンドスーパー（第6章4(1)参照）が1990年代から導入されたほか、最近は、販売促進・情報提供にあたってソーシャルメディアの活用が進んでいる。さらにロボアドバイザーの出現もＩＴの発達が可能にしたことはいうまでもない。

一方、ＩＴ化の影の部分としてのサイバーセキュリティ問題への対応が投資信託業界においても大きな課題となっている。

2　投資家リターン向上・受託者責任の遂行など（世界と日本に共通の課題）

前記のように、世界の投資信託は2000年以降、量的にも質的にも大きな変貌を遂げてきた。今後の投資信託の課題は何であろうか。

まず、世界と日本の投資信託に共通の課題を取り上げる。

当然のことであるが、①「投資家にいかに貢献していくか」は永遠のテーマであり、そして、②「大きくなった投資信託が社会的責任をどう果たしていくか」、③業界として「ビジネスをいかに拡大していくか」が課題としてあげられる。

(1) 投資家にいかに貢献していくか

ここでは、①運用リターンの確保、②投資家リターンの向上、③投資収益以外の付加価値の提供、④フィデューシャリー・デューティの遂行、⑤国境を越えたファンド販売の推進を取り上げる。

① 投資環境の変化のなかで、いかに運用リターンを確保していくか

2000年代に入って、経済成長の鈍化を背景に世界的に株式・債券のリターンが低下している。前掲の図表10－7において1990年代以降の主要5カ国の株価上昇の姿を示したが、実は1999年までと2000年以降とではまったく様相が異なっている。たとえば、米国株は1999年までの10年間に316%上昇したが、2000年代に入ってからは2017年まで18年間で82%しか上昇していない。

債券利回りについても大きく低下し、たとえば、米国10年国債利回りは1999年までの平均

6・66%から、2000〜2017年の平均は3・54%に下がり、2017年末には2%台になっている。

また、コンサルティング会社マッキンゼーは、2016年に発表したレポート（注4）において、2014年までの30年間と今後の20年間の証券実質リターンを比較して、アメリカ株は7・9%から4・0〜6・5%へ、ヨーロッパ株は7・9%から4・5〜6・0%へ、アメリカ債券は5・0%から0〜2・0%へ、ヨーロッパ債券は5・9%から0〜2・0%へそれぞれ低下すると予測していた。

このように証券のリターンが低下するなかで、投資信託はいかにして預金等を上回る良好なパフォーマンスを提供していくことができるだろうか。

(i) リターンの相対的関係（預金＜債券＜株式）は変わらない

まずいえることは、証券の絶対リターンは低下しても、預金等とのリスク・リターンの相対的関係は変わらないということである。

第2章において述べたように、証券はリスクがあるため平均リターンは預金より高い。言い換えると、「預金より債券のリターンは高く、債券より株式のリターンはもっと高い」という関係は変わらない。したがって、株式や債券を組み入れる投資信託のリターンは長期・平均値でみれば預金等より高く維持できる。

よって、投資家に対し有リスク商品であることを十分に説明したうえで、長期投資商品として引き続き投資信託の保有を働きかけていくことが可能であると考えられる。

(ii) 機関投資家として株式価値の向上に貢献する

次に、主要な投資素材である株式について、機関投資家としての厳しい銘柄選択、議決権行使、企業との建設的対話を含む「スチュワードシップ」の履行等を通じ、上場企業の企業価値の向上を図っていく――それによって投資信託のパフォーマンス向上を実現していくことが考えられる。

また、第7章5(2)でも述べたとおり、単純に市場時価総額に応じて投資するインデックス運用では「高収益会社の資本調達を助け、低収益会社に市場からの脱退を迫る」という株式市場に期待される資本配分機能が十分に発揮されない。したがって、中長期的な視点から運用者やアナリストが主体的判断と分析に基づいて銘柄を選択するアクティブ運用ファンドが高い投資成果を収め、投資家の支持を得ていくことが望まれる。

(iii) ＡＩの活用

投資信託の資産運用にあたってＡＩの活用が進んでいることは第7章4(3)で指摘したとおりである。

現代投資理論は１９５０年代のマルコウィッツの分散投資理論の発表から数えると60年、ウィリアム・シャープのＣＡＰＭ（資本資産評価モデル）の誕生から起算しても50年以上経過しており、製造業などに比べると資産運用の世界では技術革新が進んでいないとみることもできる。この間にデリバティブをはじめとする新たな投資手段の利用が進み、一方、前述のように証券リターンが低下するとともに、国際分散投資の有効性が薄れるなど投資環境は大きく変化している。

モノやサービスの世界で人工知能の活用を含め技術革新が次々と進むなかで、資産運用の世界でも（ファクター投資理論等は開発・利用されているものの）さらに画期的イノベーションが起こることを期待したい。

② 投資家リターンの向上（積立投資の推進）

運用者がいくら頑張って良いファンド・パフォーマンスを出しても、肝心の投資家が成功体験をもたなければ投資信託は成長しない。その投資家は、第６章３で指摘したとおり、ファンドを高値で買って安値で売ってしまう傾向があるため、投資家リターンがファンドリターンより悪いという問題が存在している。

これを改善するため、第６章３で述べた「ドルコスト平均法を生かした積立投資」をさらに推進すべきであろう。

③　投資収益以外の付加価値の提供

投資信託が金融商品として投資家に提供できる付加価値は、投資パフォーマンスがすべてではない。便益性も重要であり、分配金を自動的に再投資する仕組みや、少額からできる積立投資システムなどは各国とも数十年前から取り入れてきた。

今後、資産運用業界は「退職に備える資産形成への貢献」に引き続き取り組むとともに、「退職後の資産運用・取崩しサービス」を充実させるべきであろう。退職後の運用も重要と考える理由は、世界的にベビーブーマー（団塊の世代）の引退が進み、かつ長寿化が進行するなかで、「退職後の資産運用・取崩しをいかに効率的に行うか」が多くの投資家の課題となっているからである。この2つのテーマについては、本章4、5において詳述する。

④　フィデューシャリー・デューティの遂行

近年、世界的に資産運用関連業者の投資家に対するフィデューシャリー・デューティ（受託者としての責任）が問われている。運用会社については、日本・アメリカなどで従来から法的に忠実義務が規定されているほか、最近、欧米では販売業者に対して投資家との利益相反を避けるための措置が導入されていることについては、第4章3(3)において述べたとおりである。

ところで、フィデューシャリー・デューティの典型としてあげられる例は、医者と患者、弁護士と依頼人の関係（患者は医者の、依頼人は弁護士の専門的な技能や知識に依存しており、医者・弁護士は高い倫理観のもと受託者としての責任を遂行する義務を負うという関係）である。乱暴な言い方であるが、医者も弁護士も高所得者であることを考えれば、「低料金」がフィデューシャリー・デューティの要ではなく、投資ビジネスにおいても、関係者が専門的能力・サービスに対して妥当な報酬を得ることが否定されるものではないだろう。

そして「フィデューシャリー・デューティの遂行」と「投資関連業者の収入の確保」を両立させる1つの手段は、当然のことであるが、運用者は投資家と分かち合う収益のパイ（報酬控除前の収益）を大きくすることであり、販売者はアドバイスの価値・顧客の信頼を高めることであろう。後者について、第4章3⑶で触れた英国RDRに関して英国金融行為規制機構（FCA）が行った実施2年後調査報告書（2014年12月公表）においても、「消費者はアドバイザーを選ぶ際、コスト以上に信頼（trust）や評判（reputation）などのクオリティ指標を評価している」という結果が示されている（注5）。

⑤ 国境を越えたファンド販売を推進し、投資家の幅広い商品へのアクセスを可能とする

投資信託販売のクロスボーダー化が進んでいることは、本章1⑸①で述べたとおりである。ただ、ヨーロッパのUCITS、あるいはアジアにおける動きは、いずれもヨーロッパ域内あるいはアジアの特定国内という「ブロック化」である。

投資家のために望ましい究極の理想像は、「世界中の人々が、世界中のファンドを、世界中の業者から自由に購入できるようになること」であろう。そうなれば、世界で9万5000本（2017年末現在）もあるファンド数が減ってコスト削減効果も期待できる。

その方向に進むためには、ヨーロッパ域内だけ、アジア地域内だけといったブロックを越えて、まさに地球ベースでファンド輸出入や業者参入の自由化が進むことが望ましい。

(2) 社会的責任をどう果たしていくか

ここでは、①証券市場の質的向上への貢献、②ESG投資の定着、③世界金融システムの安定性への配慮を取り上げる。

① 証券市場の質的向上への貢献

本章2(1)において、投資信託のパフォーマンス向上の観点から、機関投資家として上場企業の株式価値の向上に貢献すべきであると述べた。

しかし、上場企業の株式価値の向上は、投資信託のためだけではなく証券市場全体の質的向上（市場の平均リターンの向上）に資する――すなわち、社会的責任を果たすことでもあることはいうまでもない。

その実現のためには、アクティブ運用がより高い投資成果を収めて拡大すること、パッシブ運用を含めて議決権行使をはじめとするスチュワードシップ・コードの積極的履行が望まれることは、既述のとおりである。

② ESG投資の定着

資産運用業界の社会的責任の遂行の見地から、ESG投資は重要なテーマである。第5章6(3)で指摘したように、ESGスクリーニングは、以前のように専門ファンドだけが使う段階から、すべてのファンドの銘柄選択に組み込む段階に来ているといえよう。

③ 世界金融システムの安定性への配慮

投資信託に対する規制は、以前は主に「投資家保護」を意図していたが、リーマンショック後においては、「金融システムの維持」の観点から導入されているケースが多い。

たとえば、G20傘下のFSB（金融安定理事会）によるシャドーバンキング規制の一環としてMMFが対象になり、その規模が大きいアメリカを先頭に日本・ヨーロッパにおいても規則等の変更が行われた。

また長期ファンド（株式ファンド、債券ファンド）についても、IMF等が、流動性の低い資産（新興国債券など）へ投資するファンドについて大量解約が発生した場合の当該市場への影響などについて懸念を表明した。また、急拡大したETFが証券市場の価格形成に与える影響も取り沙汰されている。こうしたなかで、投資信託の規模が大きいアメリカにおいて2016年にファンドに対し流動性規制（現金など高い流動性をもつ資産を一定比率以上保有することなど）が導入された。

これらの規制強化は、投資信託の規模が拡大し市場で重要な地位を占めるようになったことの反映であり、投資信託が市場と共存・共栄していけるよう行動することは当然であろう。そして一方で、「規制強化のなかでいかにイノベーションを確保するか」も業界の重要な課題であることはいうまでもない。

(3) ビジネスをいかに拡大していくか

ここでは、①新興国市場への期待、②フィンテックの活用を取り上げる。

① 新興国市場への期待

本章1(2)で示したように、新興国の投資信託残高は先進国より大きく増加してきた。今後も新興国市場の成長性が高いことが見込まれる。

図表10－12は、G20諸国のうち投資信託残高統計のある16カ国の「1人当りGDP」と「GDPに対する投資信託残高の比率」の関係を図示したものである。図が右上がりになっていることは、「横軸の1人当りGDPが増えれば、縦軸のGDPに占める投資信託残高の比率も上昇する」関係にあることを示している。

したがって、経済成長率が高い国は、「GDP成長」に伴う投資信託残高の成長と、「GDPに

図表10－12　G20諸国の「１人当りGDP」と「投資信託残高の対GDP比率」の関係（2016年現在）

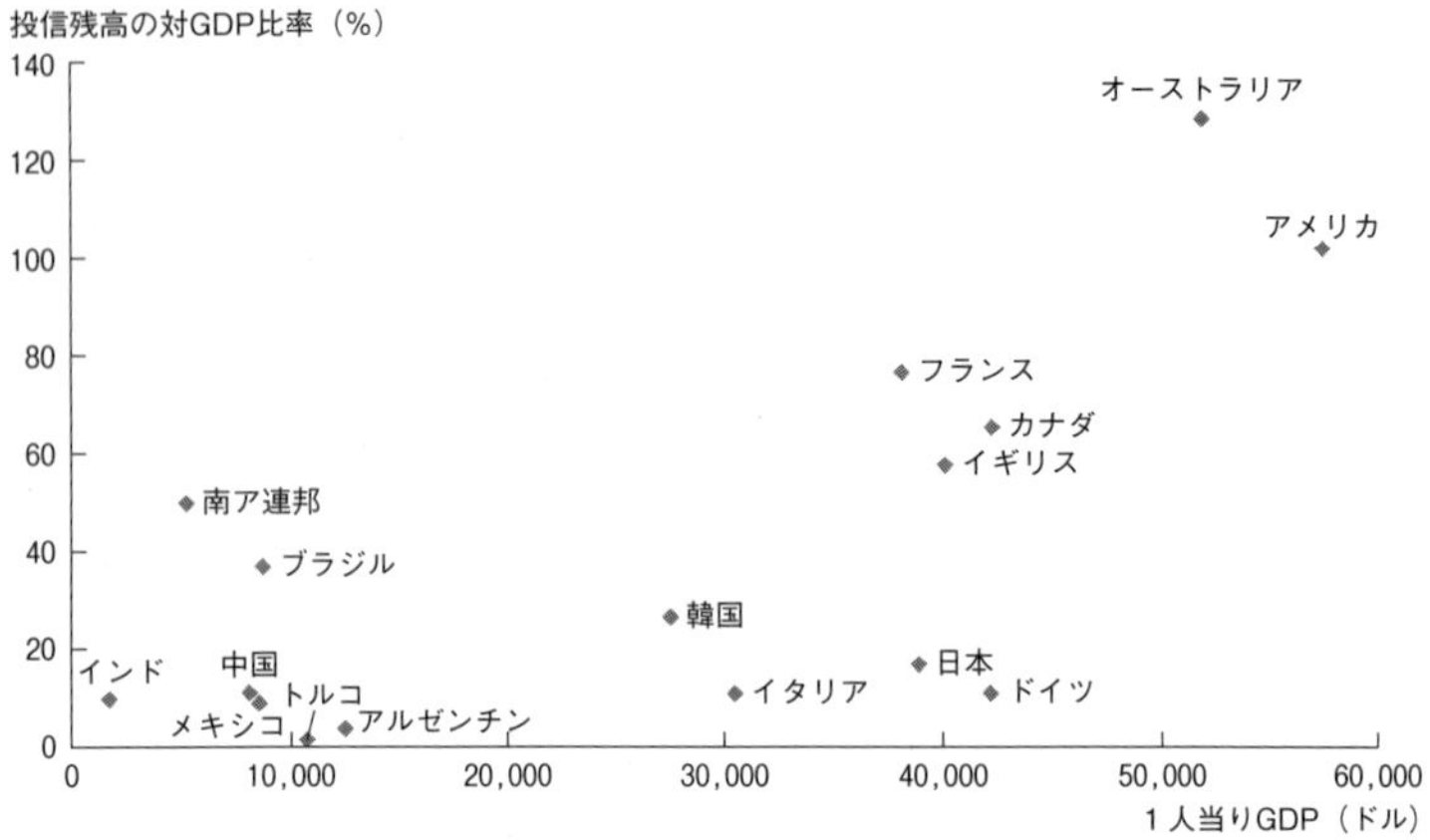

（注）　ドイツ・イタリアはルクセンブルクなど自国外にファンドを設立して国内に持ち込んでいるケースが多いため残高が少なめに出ている。
（出所）　投信残高はIIFA、GDP・人口はIMF "World Economic Outlook Database Apr. 2017" を用い筆者計算

対する投資信託残高の比率の上昇」との掛け算効果で投資信託残高が急拡大することが見込まれる。

一例として中国をあげよう。プライスウォーターハウス・クーパース（ＰｗＣ）が２０１７年２月に発表した"The World in 2050"は、中国の２０５０年のＧＤＰは58・５兆ドルとなり、１人当りＧＤＰは４万ドルを超えると予測していた（２０１６年基準購買力平価ベース）。

もし２０５０年における中国の「ＧＤＰに対する投資信託残高の比率」が現在と同水準の11％であるなら、投資信託残高は６・４兆ドル（58.5兆ドル×11％＝6.4兆ドル、１ド

ル110円換算で700兆円）程度となる。しかし、前述のとおり、「1人当りGDP」の成長とともに「GDPに対する投資信託残高の比率」が上昇すると想定される。図表10－12を参考に、仮に中国の「GDPに対する投資信託残高の比率」が現在のイギリス（1人当りGDP4万ドル）並みの58％に上昇するとすれば、中国の投資信託残高は33・9兆ドル（58.5兆ドル×58％＝33.9兆ドル、同3,700兆円）になると計算される。

以上のように、投資信託普及度が低い新興国においては、今後、経済成長率の数倍もの投資信託残高の成長を期待できると考えられる。

②　フィンテックの活用

運用パフォーマンスの向上のためのAIの活用については、本章2⑴①で触れたとおりである。

今後、投資信託業界が販売および商品開発においても、さらにフィンテックを活用すべきであることは当然であろう。すでに、中国では2013年以降アリババ集団などがインターネットを通じMMFに大量の資金を集めていることはよく知られている。

そして、フィンテックの進展は投資信託業界の地図を塗り替えることも想定される。グーグル、フェイスブック、アマゾンといったIT関連会社が投資信託業界に参入することを予想する向きも多い。

従来、世界の投資信託会社は、もともと資産運用会社であった独立系のほか、銀行・証券・保険など広義の金融業界を母体とする会社で占められていた。これからは、まったく異色の競争者が参入する可能性があり、そうした会社と競争していくために、既存会社は投資家に提供する付加価値の内容を抜本的に見直す必要に迫られる可能性がある。

3　販売改善・企業価値向上への貢献など（日本独自の課題）

本章2で述べたことは、世界全体の投資信託の課題であり、したがって日本の投資信託の課題でもある。これに加えて日本独自の課題について触れたい。

第4～9章の制度・実態の国際比較から浮かび上がった日本の投資信託の問題点として、次の事項があげられる。

① 商品について、新商品の設定が多いためファンド数が他の先進国より多い。新商品に偏った販売姿勢に起因すると考えられる。

② 販売面で、投資家の平均保有期間が短い。販売会社の営業姿勢が影響しているという批判がある。また、日本ではＩＦＡ（独立ファイナンシャル・アドバイザー）が育っていない。

③　日本の年齢別の投資信託保有比率をアメリカと比べると、特に若年層の保有比率が低い。DC年金の普及度の違いが一因であると考えられる。

④　日本のファンドは契約型であり、また運営の中心的役割を果たす投資信託委託会社の多くが独立会社でない（銀行・証券・保険などの金融グループに属している）ことから、運営のガバナンスに問題があるといった意見がある。

以下、前記の問題の改善策と、加えてその他の日本の投資信託の課題について考えてみたい。ここでは、(1)販売面の改善、(2)DC年金、つみたてNISAの推進、(3)運営のガバナンスの検討、(4)外国投資家の資金獲得、(5)商品体系、(6)海外証券の運用体制について取り上げる。

(1)　販売面の改善

前述①〜④の問題点のうち、①と②は販売に関する問題である。

ここ数年、日本では投資信託の販売姿勢について規制当局・メディアなどから厳しい批判が繰り返されてきた。「顧客の利益より業者の利益が優先されている」「手数料稼ぎのため売りやすい新商品をつくっては既存商品から乗換えさせている」といった見方である。

そして、金融庁が2017年に「顧客本位の業務運営に関する原則」を打ち出し、さらに2018年には「比較可能な共通KPI（成果指標）」として3つの指標を掲げ、各社に公表を促していることは第4章および第6章で述べたとおりである。

筆者は、日本の投資信託販売に関する批判の多くが、アメリカとの比較に基づいていること（たとえば、「アメリカではシンプルで低コストの既存国内株ファンドを継続販売しているのに対し、日本は毎月分配型や複雑な高コストの新商品を販売して手数料を稼いでいる」といった批判）に疑問を感じている。

① 販売姿勢の問題を生じさせた根因は異常な投資環境

なぜなら、1990年代以降のアメリカと日本の投資環境があまりにも違っていて、同列には比較できないと思うからである。

株価を例にとれば図表10－7に示したとおりであり、1990年代初（＝1989年末）を100として2017年末にアメリカ株が758に上昇したのに対し、日本の株価は63に落ち込んだ。758対63の違いはとてつもなく大きい。

また債券利回りの推移は図表10－13のとおりであり、アメリカが1990年代は5％以上、2000年代が4％程度、2010年代も2～3％台を維持し、債券の投資魅力は維持されていた。一方、日本の債券利回りは1990年代末から2％以下、2011年から1％未満に低下し、債券投資はリスクを伴う（第2章で説明したように金利が上昇に転じれば債券価格は下落する）水準に落ち込んでしまった。

図表10－13　日本とアメリカの長期金利（債券利回り）の推移

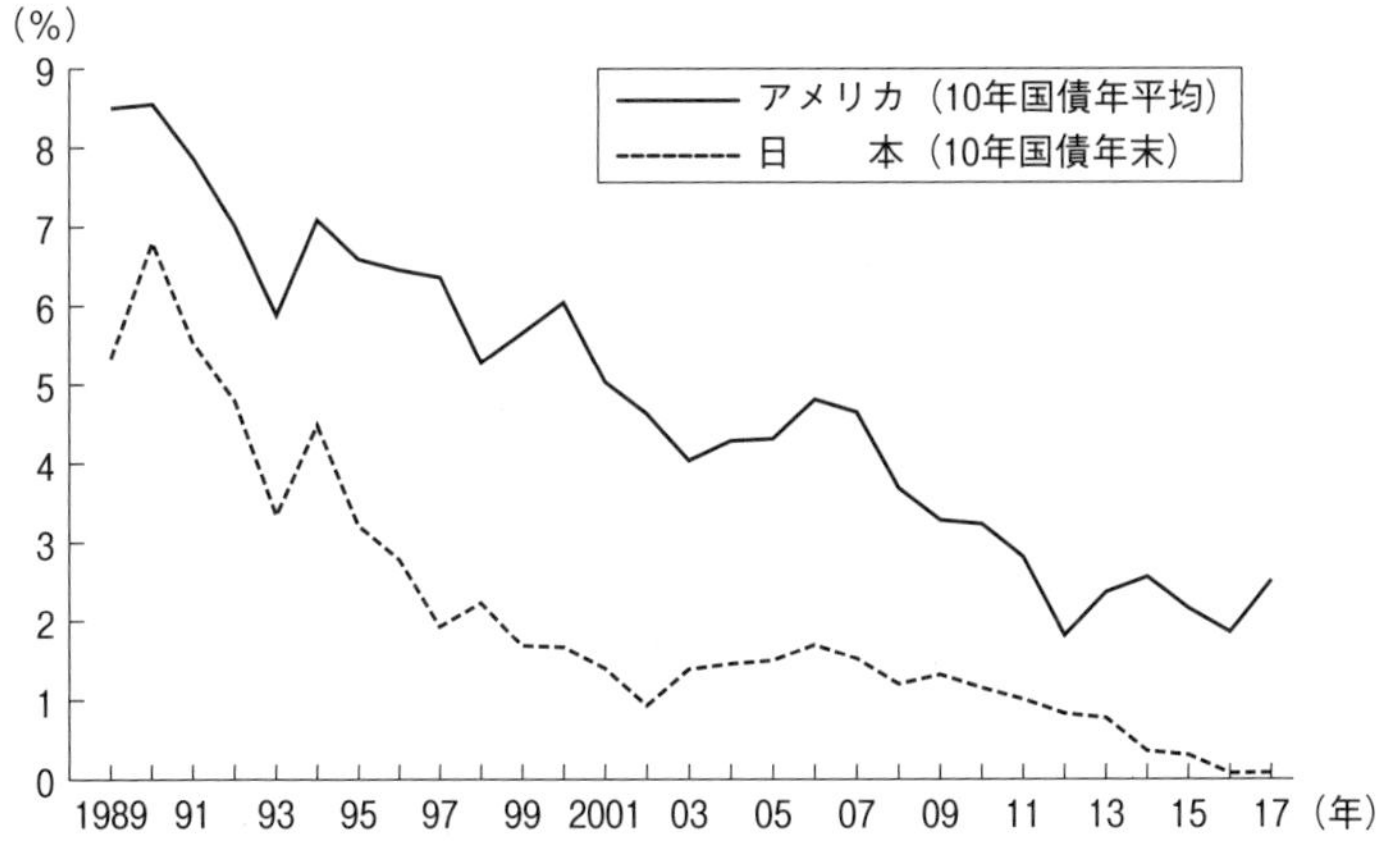

（出所）日本銀行金融経済統計月報

こうした悪環境のなかで日本の投資信託はグローバル投資に活路を見出そうとしたが、超円高に見舞われてパフォーマンスが悪化（外貨建て資産の円換算額が下落）してしまったことは記憶に新しい。

前記のような投資環境のもとで、1990年代以降のアメリカと日本の投資信託ビジネスは、図表10－14のように展開した。要約すれば、アメリカは良好な投資環境→投資家の成功体験をベースに好循環し、反対に日本は超株安・超低金利・超円高→投資家の長期投資への不信のなかで悪循環に陥っていたと考えられる。

ここで強調したいことは、図表10－14のビジネスの流れの起点（結果をもたらした根源）はマーケット・パフォーマンス（証券市況）の違いであって、商品政策や販売姿勢の違いではないとい

図表10－14　1990年代以降のアメリカと日本の投資信託ビジネスの流れ

アメリカ	日本
株価の長期上昇・債券の数％利回りの継続	**株価の長期下落・債券の超低利回りの継続**
⬇	⬇
シンプルな商品の提供と長期保有により報われる投信パフォーマンスの実現	海外証券に投資する高分配商品（批判の多い毎月分配型や複雑な仕組みの通貨選択型）を販売（しかし超円高に見舞われた）
⬇	⬇
投信残高の安定的拡大	投資家は長期投資への不信感から少し利が乗れば売却（投信残高は拡大しない）
⬇	⬇
対残高フィーをベースとした無理のない販売	販売会社はフロー収入（募集手数料）に頼る営業姿勢（新商品への乗換推奨も）
⬇	⬇
投資家の信頼定着	顧客の信頼を確立できない
⬇	⬇
さらなる残高拡大	残高伸び悩み

（出所）　筆者作成

うことである。

アメリカにおいても国内株価が長期低迷した１９７０年代には、投資信託の人気が離散し（10年間の残高成長率はゼロ）、証券会社が投資信託販売から一時撤退するなどの結果を招いた事実がある。そして１９８０年代以降の投資信託の大発展について「マーケットが良かっただけ」と極論する向きもある。それほどでないにしても、第3章で引用した『The Rise of Mutual Funds』の著者である元ＩＣＩ理事長フィンク氏も、同書のなかで米国投資信託の成長をもたらした要因として「株価の大幅な上昇があったこと」を何度も指摘している（注6）。

以上のように、投資信託ビジネスの基盤となるのは証券市場であり、１９９０年代以降の日本の証券市況はあまりにも悪過ぎた（落ち込みの程度と期間の長さにおいて、おそらく世界の投資信託史上最悪の投資環境であった）といえよう。

以上をふまえて、日本の投資信託販売に関する問題点の改善策として次の諸点をあげたい。

②　投資信託販売の改善策

(i)　上場株式の企業価値の向上を図る

投資信託運用会社はスチュワードシップ・コードの履行を通じ、日本企業の価値向上に積極的に貢献し、運用パフォーマンスのさらなる向上を図るべきであろう。

「販売」の問題の改善策が「運用」であることは、奇異に感じられるかもしれない。しかし、①で述べたように、投資信託ビジネスの基盤となるのは証券市場であり、運用の主要素材である株式の長期リターンを高めて、投資信託の長期保有が報われる状態にすることが、優れたファンドの長期的販売に自然につながっていくことはアメリカの例からも指摘できよう。

日本の証券市場は失われた20年を経て、株価はようやく企業業績、企業の株式価値を反映して動くようになった。デフレ脱却の政策が進められ、そして何よりも企業価値を高めるための施策（機関投資家のスチュワードシップ・コードのほか企業のコーポレートガバナンス・コード）も充実・定着しつつある。

第7章5で述べたように、国内株ファンドの過去10年間（2008～2017年）の収益率をみると、10年間平均（幾何平均）で5・9％（算術平均では9・1％）のリターンを収めている。投資家に長期投資を勧められるパフォーマンスになってきた。

さらに、NISA、iDeCoも拡充し、長期・積立投資の推進に追い風が吹いている。

(ii) 販売会社報酬について「販売手数料（コミッション）中心」から「残高報酬（フィー）中心」への転換の検討

第6章で述べたとおり、アメリカでは証券ビジネスのモデルが「販売コミッションから残高フィーへ（販売でなく投資家の長期保有により販売者の収入が確保される仕組みへ）」移行している。日本でもラップアカウントの拡大や一部のFP会社の動きにみられるように、顧客に対するアドバイス報酬を、販売手数料でなく残高報酬で受け取る方向への変化がみられる。残高報酬への転換は、前述の「手数料稼ぎのための短期売買」問題の改善に寄与することはいうまでもない。

ただ、残高報酬への転換は投信販売ビジネスの根幹にかかわる事柄であり、一挙に転換することは考えにくい。アメリカでも第6章の図表6－11で示したように、対残高フィーへの移行は

1980年代から始まってすでに30年もかかっている。その間、好調な証券市況が残高の拡大を可能にし、それが対残高フィーへの移行を可能にしてきた。しかし、現在でも業界全体としてみれば販売手数料は存在している。

また、アメリカにおいて「ファンドから残高フィーを受け取る方式」から「顧客から別途アドバイスフィーを受け取るという方式」に変わってきた（第6章4(4)参照）背景には、もともとアメリカではプロの助言に対する投資家のニーズがあったこと、IFA（独立ファイナンシャル・アドバイザー）を含め、FA（ファイナンシャル・アドバイザー）が提供するファイナンシャルプランニングの内容が充実した（証券会社の営業スタイルも個別商品販売型から資産管理型営業に変わった）ことにより、顧客から別途アドバイスフィーを受け取れる状況になったことがある。

日本の現状（報酬を支払ってファイナンシャルプランニングを求めようとする投資家ニーズが弱いこと）から考えると、顧客から別途アドバイス報酬を受け取る方式は（ラップアカウント以外では）まだむずかしく、残高報酬への転換を図るにしても、ファンドからの残高報酬（代行手数料）方式が当面は現実的ではないだろうか。

いずれにしても、販売手数料および残高報酬について、公正な競争のもとで投資家にとっても業界にとっても持続可能で適切な水準を見極めることを含め、包括的な検討が必要であろう。ただ、1つ言えることは、販売者報酬が顧客資産の時価評価残高に対するフィーになることは、

「顧客の資産が増えれば販売者の収入も増える」ことを意味し、「投資家と販売者がウィンウィンの関係になる」という観点からも望ましいということである。

(iii) 販売会社の客観的評価の開始

第6章で取り上げた販売会社評価制度の導入も、販売姿勢の改善に大きく寄与しよう。

筆者は、日本の投資信託における販売にかかわる問題が数十年にわたって改善されなかった状況をふまえ、〝顧客本位〟などの「精神論」によるのではなく、販売姿勢の改善に有効に働くなんらかの「仕組み」の導入を検討すべき時期に来ていると感じていた。販売会社の評価制度（中立機関による評価、比較可能な共通KPIの公表）は、その「仕組み」となるのではないか。

第6章でも述べたが、筆者の知る限り、世界に投資信託の「運用」を評価する制度はあっても「販売」を評価する制度はない。裏返すと日本の投資信託の販売に関する問題はそれだけ深刻だということである。販売姿勢の改善により、このような制度が不要になる時が来ることを望みたい。

(2) DC年金、つみたてNISAの推進

第6章で述べたとおり、日本の年齢別の投資信託保有比率をアメリカと比べたときに、特に若年層の保有比率が低いことの原因は、DC年金の普及度の違いが主因であると考えられる。

日本では「ｉＤｅＣｏ」（個人型ＤＣプラン）が拡充し、さらにアメリカにはない「税優遇の対象を株式・株式投資信託に限定したＮＩＳＡ」も創設された。つみたてＮＩＳＡなどを活用して若年層に投資信託をもってもらうことは、日本の投資信託顧客層の厚みを増すことはいうまでもない。

そして、ＤＣ年金・つみたてＮＩＳＡの両方とも、長期・積立投資を想定しているものであるから、投資信託の平均保有期間の長期化に寄与するとともに、ドルコスト平均法のメリットを生かして投資の成功体験につながることも期待できよう。

なお、海外と比べたときに日本のＤＣ年金制度はまだ拡充の余地があると考えられる。これについては後掲４で述べる。

(3) ファンド運営のガバナンスの検討

第５章で述べたように、日本のファンドは契約型である（ファンド内に取締役会などのガバナンス組織をもたない）こと、ファンド運営の中核的立場にある投資信託委託会社の多くが銀行・証券・保険などの金融グループに属している（独立会社でない）ことを背景に、商品設計・資産運用（組入株式の議決権行使）にあたっての独立性確保を含め、業務運営のガバナンスを改善すべきだという声がある。

これについては、第4章5で述べたとおり投資信託協会が定めた「投資信託の信認のための行動憲章」のなかで独立性の確保や投資家との利益相反の対応を宣言し、実際に投資信託委託会社が独立取締役を招聘する、あるいはファンド運営について独立顧問会的組織をつくるといった動きも進んでいる。

問題の抜本的解決策として、ファンドの形態を契約型から会社型へ移行させることを唱える向きもある。しかし、契約型が主流であるヨーロッパ大陸において、日本と同様に銀行・保険会社などのグループ内にある運用会社が独立性を確保しながら運営している例もある。日本ですでに進んでいる改革の動きをいっそう促進することによる改善も可能ではないか。

(4) 外国投資家の資金獲得

外国投資家の資金を獲得しようとする動きが世界的に進んでおり、特に新興国市場の潜在成長性が高いことは前述したとおりである。

日本の投資信託ビジネス拡大にあたっては、諸外国以上に外国資金の獲得が必要であろう。なぜなら、日本の家計金融資産は経済成長の鈍化を反映して伸び悩んでおり、今後大きな拡大を期待できないからである。

その状況をみると、日本の家計金融資産残高は2000年代に入って18年間で1・3倍に増加

図表10－15　日本・アメリカ・ドイツの家計金融資産純取得率の推移

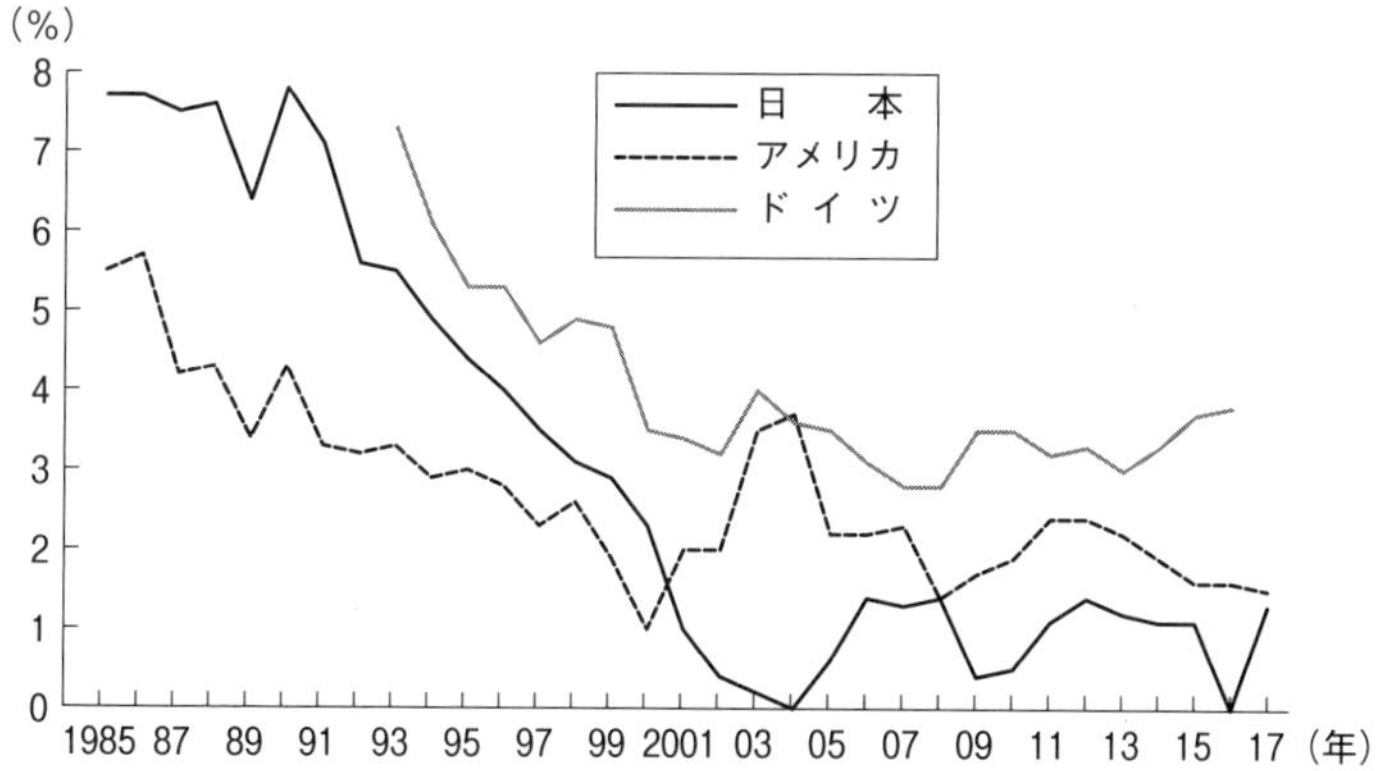

（出所）日本・アメリカは中央銀行資金循環統計、ドイツはユーロスタット統計より筆者が計算

した（1999年末1402兆円→2017年末1855兆円）が、増加倍率はアメリカの2・3倍、ドイツ（2016年末に至る17年間）の1・7倍に比べて劣っている。

この金融資産残高（ストック）の増減をもたらす要因は2つある。①資金フロー（金融資産の取得から処分を差し引いた純取得）と、②金融資産の時価上昇である。

日本の家計金融資産残高の伸びが鈍い理由は、預貯金に偏った資産構成を反映して②の時価上昇が鈍いこともあるが、経済成長の鈍化・高齢化などを反映して①の資金フローが縮小していることにもよる。

図表10－15は、日本の家計の金融資産純取得率（前年末金融資産残高に対する当年の金融資産純取得額の割合）をアメリカ・ドイツと比べたものであ

る。日本の金融資産純取得率は１９９０年代まではアメリカを上回っていたが、２０００年代に入ってからは１％程度に落ち込み、ドイツだけでなくアメリカをも下回っている。

日本の家計金融資産１８００兆円はたしかに大きい。そのなかに占める投資信託の割合は４％にすぎないのだから、もっと家計に投資信託を保有してもらう（家計金融資産のリターンを高めてもらう）努力が必要なことは当然である。しかし、家計金融資産に占める投資信託の比率が現在の４％から仮にアメリカ並みの12％に高まったとしても、１４４兆円の増加（1,800兆円×８％）にとどまる。世界の投資信託残高は５０００兆円に達しているのであるから、世界の投資家の資金を獲得することを考えてもよいのではないか。アジア地域ファンド・パスポート（加盟国の拡大も期待できる）の活用などが考えられよう。

なお、日本の投資信託運用会社が外国投資家の資金を獲得することは、運用資産規模の拡大によるコスト削減効果を期待でき、国内投資家の利益にも資すると考えられる。

(5) 商品体系はＭＭＦを欠いたままでよいのか

日本では、マイナス金利下で２０１７年までに全社のＭＭＦが償還されてしまった。

しかし、第３章３および本章１(3)で述べたように、ＭＭＦは「金利上昇に強い商品」として投資信託の品揃えを強化し、株式投資信託・債券投資信託とともに数十年間にわたって世界の投資信託の成長を支えてきた。

アメリカ・ヨーロッパでは苦しいながらも（ヨーロッパでは、第8章3で解説したようにマイナス分配まで行いながらも）ＭＭＦを存続させている。

日本においても、個別会社ベースでは選択と集中があって当然だが、業界全体としては全天候型品揃えをもつことが望ましい。証券会社の証券総合口座専用のＭＲＦは存在しているものの、金利環境が変化した後には幅広いチャネルで販売できるＭＭＦを復活させ、商品体系の充実を図るべきではないだろうか。

(6) 海外証券の運用体制をどうするか

投資信託運用会社の資産運用体制の整備・拡充は永遠の課題ともいえる。日本の運用会社の場合、グローバル投資の体制整備が遅れていると指摘される場合がある。現在、外国証券の運用については外部委託しているケースが多いことは、第7章1で述べたとおりである。

海外運用会社の実情をみると、ヨーロッパ諸国の投資信託運用会社は自国市場が小さいだけに、もともと外国投資に活路を見出していた。しかし、アメリカの場合には、一部の大手会社を除き必ずしもグローバル運用体制を整えているようにはみえない。最大手のバンガード社は海外についてもインデックス運用を指向していることはよく知られている。費用対効果を考えれば当然とも考えられる。

日本についても、投資信託残高が数倍にも拡大すれば別だが、当面はパッシブ投資、あるいは外部委託（言い換えれば「運用の地域別分業」）の活用が現実的選択肢であるように思われる。

ただし、アジアについては、欧米勢に比べ地の利がある（近くて時差も小さい）ことや、今後のアジアの成長性を考慮すると、なんらかの対応があってもよいのではないか。アジア全域を対象にすることがむずかしければ、たとえばアセアンなど限定地域に特化したブティークになることも考えられよう。

4 確定拠出年金制度の活用（退職に備える「資産形成」と投資信託）

(1) 「退職に備える資産形成」はだれでも必要

日本における貯蓄の3大目的は、住宅取得・子どもの教育・老後の準備といわれてきた。

しかし、日本人のライフスタイルの変化により、住宅取得・子どもの教育資金については位置

図表10－16　ライフスタイルと資産形成・資産運用

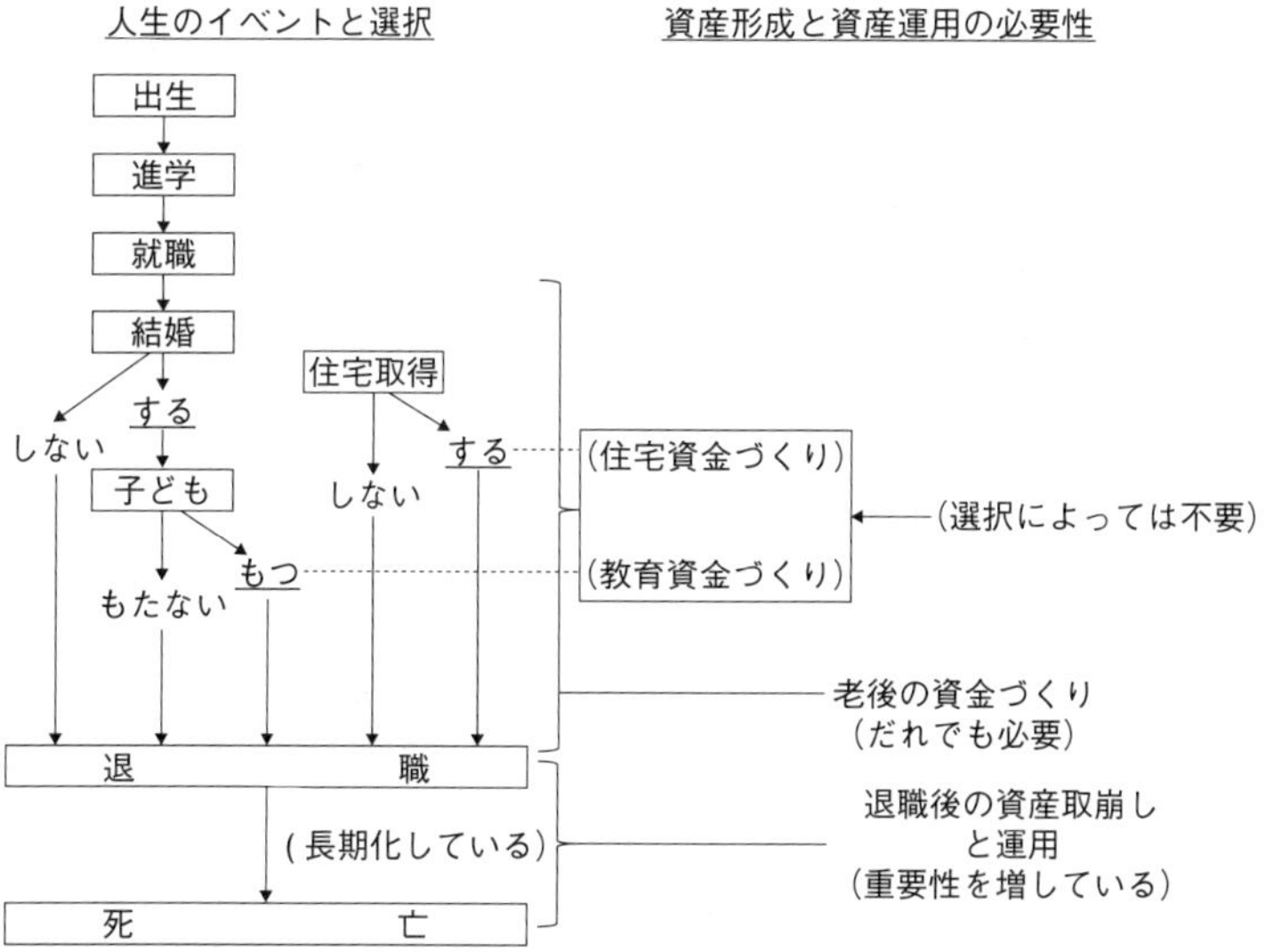

（出所）　筆者作成

づけが変わってきた。「結婚しない」「住宅をもたない」「子どもをもたない」という選択をする人が増え、その場合には住宅・教育資金は不要となるからである（図表10－16）。

一方、老後に備える資産形成については「だれもが老後を迎える」のでだれもが必要とし、また長寿化により老後準備資金の必要額が増えていることから、ますます重要性を増している。

実際に、日本人の金融資産保有目的は、過去30年間に図表10－17に示すように変化した。住宅・教育資金目的は減少し、老後の生活資金目的が大きく増加している。

なお、退職後の資産管理を必要とす

る期間が伸びていることから「退職後の資産取崩しと運用」の必要性も高まっているが、これについては5で取り上げる。

(2) 退職に備える資産形成にあたって留意したいこと

退職に備える資産形成にあたっては、①早く始めること、②資産運用にあたって収益性を重視すること、③優遇税制を活用することがポイントとなる。

① 早く始める(時間を味方にする)

アメリカの投資の本には、よく「時間を味方にする」という言葉が出てくる。「何十年といった長期で考えれば、資産づくりは容易で、利回りの高いリスク資産にも投資できる」という意味である。

アメリカの金融情報サービス会社バンクレート社の最近の調査によると、アメリカ人は、「退職準備貯蓄を始める理想的年齢は22歳」と考えているという(注7)。アメリカでは確定拠出(Defined Contribution = DC)年金制度が普及しているの

図表10－17　日本人の金融資産保有目的の変化

	病気や不時の災害への備え	子どもの教育資金	子どもの結婚資金	住宅の取得または増改築などの資金	老後の生活資金	耐久消費財の購入資金	旅行、レジャーの資金	納税資金	遺産として子孫に残す	特に目的はないが、金融資産を保有していれば安心	その他
	%	%	%	%	%	%	%	%	%	%	%
1987年	76.4	42.0	15.5	20.4	46.1	9.4	6.1	4.7	－	26.1	1.6
2017年	62.8	28.1	5.4	12.3	69.2	13.8	14.0	5.7	8.6	22.5	4.5

(出所)　金融広報中央委員会「家計の金融行動に関する世論調査」

図表10－18　日本人の年齢別にみた金融資産保有目的（複数回答、2017年）

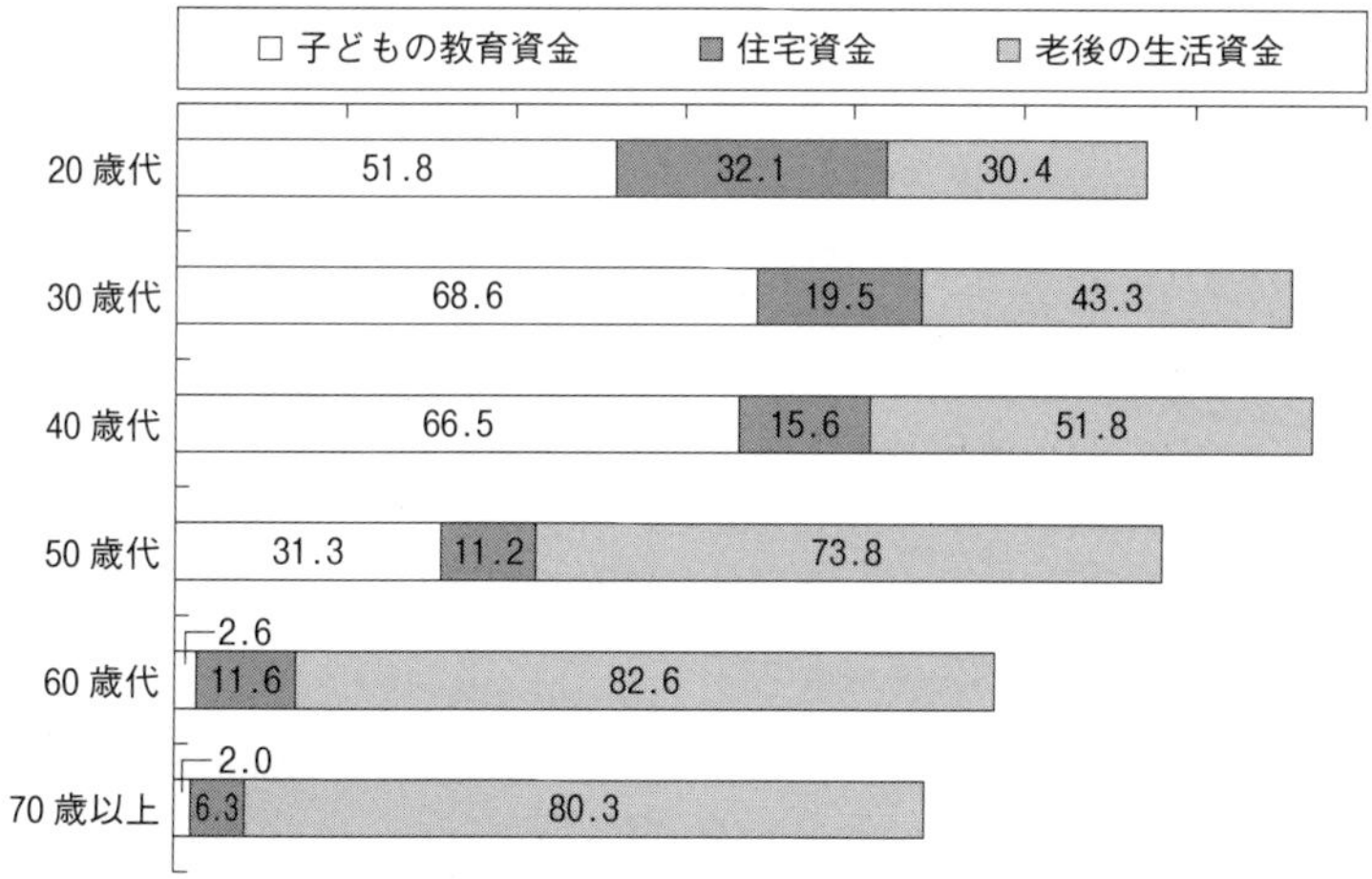

（出所）　金融広報中央委員会「家計の金融行動に関する世論調査」2017年

で、学校を卒業して会社に入れば、DC年金制度に加入して直ちに積立を開始するケースも多いと想像される。

日本では、年齢別に貯蓄目的をみると、図表10－18のとおり、老後に備える資産形成が本格化する（他の貯蓄目的を上回る）のは50代からとなっている。今後は後述するDC年金の普及促進などを通じ、スタート時期をもっと早めることが望ましいといえるだろう。

②　資産運用にあたって収益性を重視する

老後に備える資産の運用にあたっては、運用期間が数十年にわたること、退職時までに資産を増やしておきたいことから、短期的リスクはあっても長期的にはリターンが高い資産に投資することが望ましいことはいうまでもない。

株式は短期的にはリターンの振れが大きいが、長期に保有すれば年当りリターンが安定することは第2章で述べたとおりである。そして、個人が株式への分散投資を行うことは資金面などからもむずかしいため、投資信託の活用が選択肢となろう。

投資信託は、DC年金資産の運用手段として、最も適性を発揮する。なぜなら、投資信託を毎月購入し、退職時まで保有することにより、分散された証券ポートフォリオに、時間分散投資して、長期保有の果実を得ることができるからである。

また、DC年金制度を通じる投資信託の買付けは、月掛投資であるから、第6章3で述べた投資家の恣意的行動に伴う高値買い・安値売りを排除するとともに、ドルコスト平均法の効果と相まって、投資家利回りの向上につながることが期待される。

さて、日本とアメリカのDC年金の資産配分を比較すると、図表10-19のとおりである。日本は運用資産が預貯金（36％）・保険（18％）という元本確保商品に偏っていて、株式ファンド（21％）など収益追求商品の比重が小さい。なお、図には表示していないが、アメリカでは「株式ファンド」と「バランスファンドのうちの株式組入部分」をあわせた株式投資割合は66％に達している。

また、アメリカでは、企業型DC年金（401（k）プラン）の資産運用について、政府（労働

図表10－19　企業型確定拠出（DC）年金の資産運用の日米比較

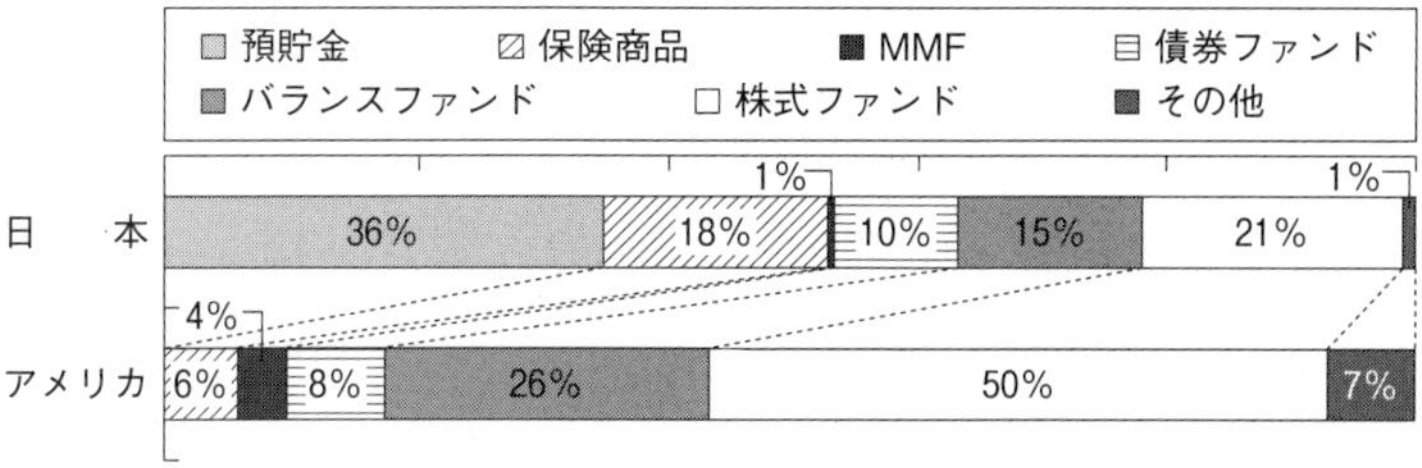

（注１）　日本は2017年３月、アメリカは2015年末。
（注２）　アメリカの保険商品には他の元本確保商品を含む、また株式ファンドには自社株を含む。
（出所）　日本は運営管理機関連絡協議会統計資料（2017年３月末現在）、アメリカはICI “401(k) Plan Aseet Allocation, Account Balances, and Loan Activity in 2015”より筆者作成

省）が「ＭＭＦや元本確保商品は、長期でみた場合に株式組入商品のような好リターンを生まないため、プラン加入者が退職時に十分な資産を形成できないおそれがある」として、株式組入商品をデフォルト商品（加入者の運用指示がなかった場合の投資適格商品）としていることは、第６章１(4)で述べたとおりである。

③　優遇税制を活用する

退職に備える資産形成については税の優遇措置がある。

日本ではＤＣ年金について、積立段階で一定額まで課税所得から控除できるほか、運用期間中の運用益が非課税、引出し時にも一定額まで非課税となる税の恩典（公的年金控除）がある。

そして、２０１７年から個人型ＤＣ年金（愛称：ｉＤｅＣｏ、イデコ）制度が拡充した。従来はＤＣ年金制度の対象に入っていなかった人々（主婦、公務

員、確定給付型年金＝ＤＢはあるが企業型ＤＣのない企業の従業員）について、イデコへの加入を可能とするとともに、企業型ＤＣのある企業の従業員がイデコにも加入できる（言い換えれば、すべての現役世代がイデコに加入できる）こととなった（注８）。

また、資産運用について、制度の運営を行う「運営管理機関」が預金など元本確保型商品を提供する義務の廃止、デフォルト商品について分散投資効果が期待できる商品設定を促す措置なども取り入れ、資産運用の効率向上を図っている。

しかし、海外を見渡すと、多くの国で「公的年金を補完するためＤＣ年金を活用して個人の自助努力による老後所得を確保しよう」という動きが急ピッチで進んでいる。以下、世界のＤＣ年金制度の動向について解説する。

(3) 世界の確定拠出（ＤＣ）年金制度の動向と日本の対応

① 世界の確定拠出（ＤＣ）年金制度の動向

世界では、(i)ＤＣ年金制度への加入率向上、(ii)拠出額の引上げ、(iii)ＤＣ年金資産の運用の効率化に向けた動きが進んでいる。

(i) ＤＣ年金加入率向上に向けた、強制あるいは自動加入方式採用の動き

ＤＣ年金への加入方式については、①対象者全員に加入を義務づける「強制加入」、②対象者

全員を自動的に加入させる（ただし脱退を認める）「自動加入」、③加入・非加入を対象者の選択に委ねる「任意加入」の３つの方式がある。

②の自動加入方式とは、対象者が制度に加入するか否かを選択する方式（オプトイン）ではなく、全員がいったん自動的に制度に加入し、制度に残りたくない対象者だけが脱退を選択（オプトアウト）するという方式である。

日本は任意加入であるが、世界では強制加入や自動加入を採用している国がある。たとえば、ＯＥＣＤ“Pensions at a Glance 2017”によれば、２０１６年現在でＯＥＣＤ加盟34カ国のうち、17カ国で強制（類似を含む）加入の私的年金制度が実施されている。オーストラリアでは、「スーパー・アニュエーション」と呼ばれる私的年金が古くから存在していたが、１９９２年に政府は全雇用主に対し、スーパー・アニュエーションへの拠出を義務づけた。

また、イギリスでは、22歳以上の非雇用者全員について、前記②の「自動加入・オプトアウト方式」を、２０１２年以降、大企業から段階的に取り入れている。この方式の導入については、行動経済学の知見（人間は「今日」が大事で、今日のことを決めるのは簡単だが、40年先のことを決めるのはむずかしい。多くの人は年老いることを考えたくないし、ましてやいかにして十分な退職後準備貯蓄をしようかなどとは考えたくない性向があること）に基づいて、「勤労者に自発的貯蓄を勧める方法では現在の退職準備貯蓄の不足を解決できない」と政府が判断したことが背景にある。このため、以前は「加入するために行動（申込み）が必要」であったものを逆転させて「非加入にするために行動（申込み）が必要」に切り替えたものである（注9）。

また、アメリカでは2006年の年金改革法により、企業型DC年金である401（k）プランに関し、企業が全従業員を対象にプランへの自動加入・オプトアウト方式を採用できることとなった。

(ii) **十分な退職後所得の確保に向け拠出額を向上させる動き**

退職時までにどれだけのDC年金資産を蓄積できるかは、「毎年の拠出額×拠出年数」によって決まる。したがって退職準備資産の拡大を図るには、給与からの拠出率を高めること、拠出期間を長くすることが課題となる。

オーストラリアのスーパー・アニュエーションへの企業の拠出率は強制方式を取り入れた1992年においては給与の3%であったが、徐々に引き上げて2019年度に12%へ引き上げることが決まっている。このほか、従業員が任意で上乗せ拠出を行うことが可能である。また、自動加入方式を採用したイギリスでは、最低拠出率を2012年のスタート時には2%としていたが、徐々に引き上げ2019年4月に8%とする予定である。

一方、アメリカの401（k）プランについては、自動加入方式を取り入れた企業の場合、従業員の給与からの天引き率を、1年目の最低3%から2年目4%→3年目5%→4年目以降は最低6%（いずれも最高10%まで設定可能）へ自動的に引き上げていくことを可能としている。そして401（k）プランにおいては、従業員拠出に企業のマッチング（上乗せ）拠出を加える場合が多い。マッチングの方法（定率か定額かなど）や拠出率は企業により異なるが、「従業員拠出6%までの部分について従業員拠出の半分（3%）を上乗せする」ことが1つの典型的パターンである。したがって従業員と企業の拠出額を合計すると、9%以上になる企業が多いと考えられる。

なお、拠出期間を長くすることについては、(i)で述べたDC年金制度への強制あるいは自動加入方式を導入することが拠出開始時期を早める効果をもつほか、拠出可能年齢（日本は60歳まで）を引き上げることが考えられている。

(iii)　資産運用の効率化のため、ライフサイクル投資理論に基づくデフォルト商品を採用する動き

(ii)で述べた拠出額の増大とともに、拠出した資産の運用効率を高めることが、退職時の資産残高（年金原資）を大きくすることはいうまでもない。

そこでDC年金資産の運用効率化のために、デフォルト商品戦略を採用する国が増えている。これは、「資産運用について自分で選択しない、あるいは選択できない勤労者が多い」という現実をふまえて、プラン加入者が運用方法を指定しなかった場合の投資先とする商品（デフォルト商品）をあらかじめ用意しておき、そのデフォルト商品の資産運用を、ライフサイクル投資理論

（若いうちはリスクをとってリターンの高い資産で運用し、退職が近づくにつれ安定性の高い資産を増やすべきだとする理論）に沿って行う方式である（具体的には第5章6の世界の注目商品において取り上げた「ターゲット・デート・ファンド」が利用される）。

アメリカの2015年末の401（k）プランの運用資産配分は前掲図表10‐19に示したとおりであり、バランスファンド26％のうち20％をターゲット・デート・ファンドが占めていた。現在はさらに増加しているとみられる。

② 確定拠出（DC）年金の充実は日本においてこそ必要

以上のように、世界でDC年金の拡充が進んでいる。

そして、日本においてDCなど私的年金を充実する必要性は外国以上に高いと思われる。なぜなら、日本における賦課方式の公的年金の維持基盤は、人口構成からみると諸外国に比べ脆弱と思われるからである。たとえば、アメリカと比べると、「65歳以上の高齢者人口」に対する「15～64歳の現役人口」の倍率、言い換えれば「高齢者1人を何人の現役世代が支えるか」の比率は、2015年現在でアメリカの4・5に対し日本は2・3、2050年にはアメリカの2・7に対し日本は1・4に落ち込む見込みである（注10）。

DC制度を一段と拡充するためには、日本における年金制度についての議論を、いままでの公的年金偏重から、「DCなど私的年金を公的年金と並ぶ年金制度の柱として位置づける方向へ」

転換していく必要があろう。

イギリスの「全被用者を対象としたDC自動加入制度」も、2000年代の公的・私的を通じた年金制度の一体改革の一環として生まれている。その過程で、イギリス政府は公的・私的年金改革の基本哲学を打ち出した第1回年金白書（2006年5月発表）において、第一原則として「個人の責任の強化」を掲げたうえで、「政府は〝個人一人ひとりが退職後に備える責任があること〟を明確にする必要があると考える」と宣言し、国民の理解を求めた。そして全国各地で開催した年金討論会などを通じて民意を汲み上げ、年金改革検討のスタート時点から10年かけて改革を実行に移した。

日本においても年金財政が苦しいなかで、今後、老後の所得確保について「自助努力の重要性」を国民に訴えていかざるをえないであろうし、DCへの自動加入方式導入なども検討課題となろう。

5　長寿化で重要性増す（退職後の「資産を取り崩しながらの運用」と投資信託）

投資家および金融サービス業界にとって、いままでは「退職に備える資産形成」が重要な課題であり、前述のとおり確定拠出年金制度も充実してきた。

しかし、近年「退職後の資産運用・取崩しを効率的に行うサービス」の重要性が増している。なぜなら、①世界的に第2次世界大戦直後生まれの世代の退職が進み老齢人口が増加している、②平均余命が伸長し退職後の生存年数（資産管理年数）が長期化していることに加え、③世界的な低金利のなかで、資産を預金など安全資産一辺倒でなく効率的に運用しながら取り崩していく必要性が増しているからである。

しかし資産取崩しは、資産形成よりずっとむずかしい。なぜなら、退職時の資産総額、退職後の収入見通し、リスク許容度、子どもに遺産を残すか、などが個人によって大きく異なるため、汎用性のある取崩し公式を見出しづらいからである。そして何より「あと何年生きるかわからない」という問題がある。また後述するように、資産形成は「定額積立」によって効率的に行えるが、資産取崩しにあたって「定額引出し」は効率的でないという問題もある。

(1) 退職後の資産管理（運用と取崩し）にあたって留意したいこと

前述のように、退職後の資産運用・取崩しについては、リスク許容度など個人によって異なる要因は多々あるが、共通的に留意すべき事項として、①長生きリスクへの対応、②インフレリスクへの対応、③定額引出しの問題点への対応があげられる。

①は、自分の想定以上に長生きして資産が枯渇してしまうリスクへの対応であり、長寿化が進むにつれ重要度が増している。抜本的対応としては、生きている限り年金を受け取れる終身年金保険に加入する（長生きリスクを保険会社に移転する）方法があるが、「コストが高い」「低金利期に加入すると年金受取額が少なくなってしまう」「インフレリスクがある」などの問題がある。

また、アメリカでは行動ファイナンスの知見として、多くの人々は「資産から生じるインカム（果実）を消費すること」に比べ、「資産（元本）を食いつぶすこと」には罪の意識をもつといわれ（注11）、年金保険購入のために資産の多くを費やしてしまうことには抵抗感が強いという指摘もある。

そこで、一般的な長生きリスク対策としては、資産の運用利回りを上げることにより取崩し可能年数（「資産寿命」と呼ばれる）を伸ばすことがあげられている。

たとえば、元金を年4％ずつ取り崩すと何年もつかを、運用利回りとの関係でみると図表10－

図表10－20　元金を年４％ずつ取り崩すと何年もつか

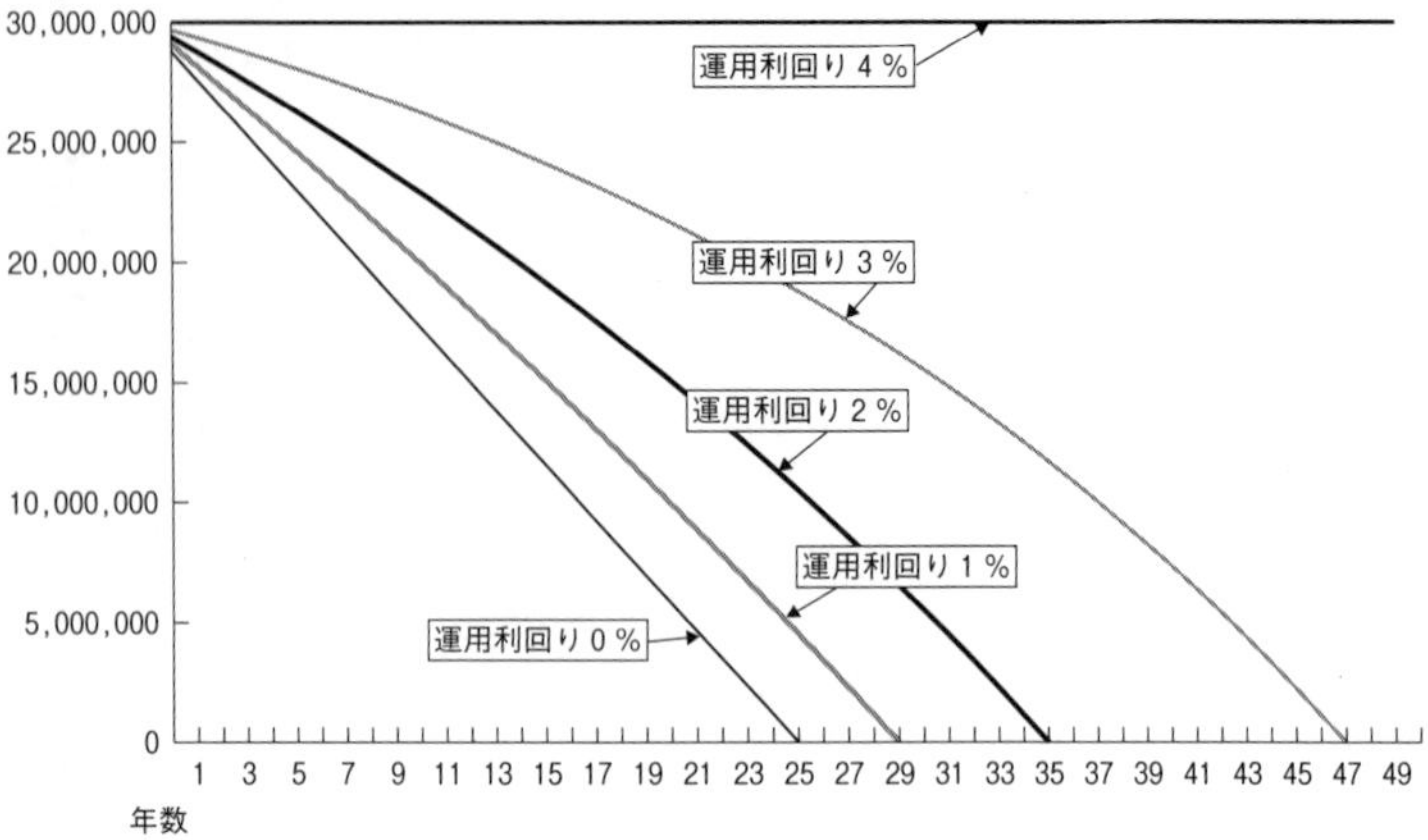

（注）　元金3,000万円の例、年末に取り崩すとして計算。
（出所）　筆者作成

20のとおりである。まったく運用しなかった（運用利回り０％の）場合は25年でなくなってしまうが、年３％で運用していけば約47年もつ。当然のことであるが、もし４％で運用できれば資産は減らない。図には示していないが、仮に年５％で運用できれば30年後には元金を当初の１・７倍に増やせる計算になる。

②のインフレリスクへの対応は、退職者が現役世代と違って、物価上昇に連動して増加を期待できる賃金所得を得る機会が少ないことから、現役世代以上に重要度が高い。

対応策としては、インフレ連動債や株式などインフレに強い資産（現実にはこれらの資産を組み入れる投資信託）を保有することが一般的にあげられている。

③の定額引出しの問題とは、保有している

株式や投資信託などの価格変動資産を定額（たとえば、毎月10万円ずつ）換金していくと、「時価が高いときに少ない量（株数・口数）を売り、時価が安いときに多い量（株数・口数）を売ることになるため、平均売却単価を引き下げてしまう」という問題である。

言い換えると、積立（買付）段階においては定額（ドルコスト平均）がプラスの効果をもつが、換金（売付）段階においては定額（ドルコスト平均）がマイナスに働いてしまうという問題である。これへの対応については、後掲(3)③において詳述する。

次に、以上の3点に留意しながら退職後の資産管理を実際にどう行うかについて、アメリカにおける考え方を紹介する。

(2) アメリカにおける資産引出しについての考え方

退職後の資産運用は、保有資産を何年間で引き出すかによって変わってくる。そこで、まず資産引出しの方法論を紹介する。後述する「4％ルール」をベースにして、多様な考え方がある。

① 定額（当初元本の一定率）＋インフレ対応額を引き出す

これは、退職後の資産引出しの基本パターンとされている。具体例を円表示で示すと、引出し開始時の資産が3000万円の場合、初年度にたとえば4％の120万円を引き出し、2年目以降はインフレ対応分を上乗せしていく（2年目は前年のインフレ率が1％なら120万円×1.01＝121万円、３年目は前年のインフレ率が２％なら121万円×1.02＝123万円）という方法である。

引出し率は、引出期間を何年に設定するかなどよって当然異なるが、著名ファイナンシャル・アドバイザーのWilliam Bengen氏が、１９９４年に「引出期間30年、資産配分を株式50～75％（残りを債券）とする前提で、過去の証券収益率により計算すると、初年度引出し率を４％までとすれば失敗がない」との研究論文（注12）を発表した。この「４％ルール」はシンプルでわかりやすいことから、その後、アメリカでは資産引出しの基本パターンとして浸透している。なお日本では、野村グループが行った実態調査によると、老後の金融資産の年間取崩し率は３％程度になっているという（注13）。

次に、この「定額（当初元本の一定率）＋インフレ対応額を引き出す」方法の変形として以下の考え方がある。

・引出し開始後、株式市況の下落・低迷時は引出し額を少なくして元本減少を抑える（たとえば、引出し額を25％カットする、あるいはインフレスライドを行わないなど）

・引出し開始時の株式市場のバリュエーション（株価収益率＝ＰＥＲ）などを考慮して、引出し額を決める（たとえば、高ＰＥＲであったら当初元本の３％、低ＰＥＲであったら当初元本の５％）

②　毎年の資産残高（時価評価額）の一定率を引き出す

前年末の時価評価資産額の一定割合（たとえば、４％）を引き出していくという方法である。

時価評価の変動に応じ引出し額は増減し、元本はなくならない。

また、この方法の変形として次の方法がある。

・前年末残高に対する定率引出しを原則とするが、市況変動による引出し額の変動をなだらかにするため、引出し額に上限・下限を設ける（増加額は前年比5％以内・あるいは当初引出し額の25％以内、減少額は前年比2・5％以内・あるいは当初引出し額の10％以内など）

③　資産が生み出すインカム（利子・配当収入）だけを引き出す

元本には手をつけないで、果実だけを引き出していくという方法である。引出し額は比較的安定しており、元本はなくならない。

④　ライフステージ（年齢の段階）に応じ引出し額を変更する

退職後の年齢（活動状態）に応じ、引出し額を変えるという方法である。すなわち、第1期（65～74歳）はまだ活動期であるので、引出し額を多くし（たとえば、当初資産額の4％＋インフレに完全スライド）、第2期（75～84歳）は、インフレスライド率を低く（たとえば、インフレ率－2％に）抑える、そして第3期（85歳以上）は、医療費の増加などを見込んでインフレスライド率を上げる（たとえば、インフレ率－1％とする）という方法である。

⑤　引出し率を毎年見直す

「4％ルールは1990年代までの証券収益率を前提に開発されたもので、近年の超低金利・

市場のボラティリティ上昇のもとでは新しいアプローチが必要だ」として、J・P・モルガン・アセット・マネジメントは、２０１４年に「動態的資産取崩しモデル」を発表した（注14）。

これは、個人の生涯効用（満足度）を最大にするという基本思想のもとに、５つの要素をインプットして年齢別に引出し率と資産配分を決定し、それを定期的に見直していくというものである。５つの要素とは、㋑各個人の希望引出し額と引出し時期についての選好（若いうちに多く引き出したいかなど）、㋺保有資産（ストック）の額と、年金など生涯保証収入（フロー）の見込額、㋩現在年齢と見込余命年数、㊁市場のランダム性と想定外の出来事の可能性、㋭個人の意思決定過程の動態性（各年の個人支出と運用収益の実績に応じて、翌年の引出し率と資産配分を見直す）があげられている。

(3) アメリカにおける退職後の資産運用（資産配分）についての考え方

次に、資産をいかに運用していくか（資産配分）については、①定率法、②目的・期間別に資産を分割して運用する方法、③ダイナミック（動的）に資産配分を変更する方法などがある。いずれも安全一辺倒ではなく、運用効率（収益性）を重視して長生きリスクやインフレリスクに対応しようとしていることがうかがえる。

① 定率法

株式と債券への投資配分比率を一定（たとえば、60：40）に保つ（時価変動による定率からの乖離を修正するため定期的リバランスを行う）方法である。具体的な比率については、資産取崩し期間を数十年とする長期運用の前提のもとで、次のように株式比率を50％以上で計算する例が多い。

前記(2)①で触れたBengen氏のシミュレーション（引出し期間30年）は、資産配分を定率法で行っており、同氏は株式比率を50～75％とすることを勧めている。また、アメリカで2006年に20名の著者が分担執筆して刊行された退職後の所得確保に関する専門書 *"Retirement Income Redesigned"*（Bloomberg Press発行）の13章において、同氏は1926～2005年の80年間について株式63％：債券37％の資産配分により計算した結果を掲載している。

一方、1998年にPhilip L. Cooley, Carl M. Hubbard and Daniel T. Walzの3氏が発表した論文（注15）（3氏ともテキサス州サンアントニオのトリニティ大学のファイナンス教授であったことから、一般に「トリニティ・スタディ」と呼ばれている）においては、「引出し率を初年度4％（以降インフレ率を加算）とした場合、30年間引出しに成功する確率は、株式50％：債券50％の資産配分で計算すると95％であったが、株式比率を75％にすると成功確率が98％に高まった」と記述していた（1926～1995年の70年間を対象に計算）。

② 目的・期間別に資産を分割して運用する方法

これは、①の定率法の欠点を是正しようというものである。その欠点とは、第一に、全資産を株式・債券へ投資して、これを換金していくと「投資元本を食いつぶしている」という心理的不安を生じること（前記(1)①の行動ファイナンスの知見）、第二に、投資ポートフォリオを輪切りで定期的に定額換金することは、取引コストが高くつくだけでなく、「売却におけるドルコスト平均の逆効果」（前記(1)③の問題）を生じることである。

この欠点を是正する方法として、前掲書 *"Retirement Income Redesigned"* の共著者の1人であり同書の編者でもある Harold Evensky 氏（著名ファイナンシャル・プランナー）は「目的・期間別に資産を分割して管理する方法」を提唱している。同書の11章および2008年の投資コンファレンスにおける同氏の発言録（注16）などから、その内容を整理すると次のようになる。

(i) 資産を、(イ)生計費補てんに充てる目的の「現金準備資産」と、(ロ)収益を得るための「投資資産」とに区分する。

(ii) (イ)には2年分の生計費補てんに充てる金額を入れ、残りは(ロ)に入れる。

(iii) (イ)はMMFおよび短期債で、(ロ)はトータルリターンを追求するために株式・債券で運用する。

(iv) (ロ)については定期的にポートフォリオを見直して、値上りしている資産の一部を売却する。

この売却代金を(イ)の現金準備資産に組み入れることにより(イ)の枯渇を防ぐ。

(v) (ロ)の投資資産のうち一部は中短期債で保有し、証券市況の長期低迷などにより、(iv)で述べた投資資産の利食い機会が来る前に(イ)の資金が不足する場合には、この中短期債（第二の現金準備資産と呼ぶ）を売却して(イ)に繰り入れる。

この方法の第一の長所は、生計費等の補てんに充てる資金を、投資資産とは別勘定である「現金準備資産」（行動ファイナンスでいう「別のポケット」）から引き出す（投資資産には手をつけない）ため、「投資元本を食いつぶす」という心理的不安を避けられることにある。そして第二の長所は、投資資産は(iv)で述べたように、定期的見直しにより利益の出ている時に売却することを基本とするため、証券を機械的に毎月定額売却することによる「ドルコスト平均の逆効果」を回避できることである。

さて、この方法によると、資産配分比率はどうなるか。Evensky氏は、毎年の引出し率を当初元本の5％とする場合の例として、10％を現金準備資産（MMFおよび短期債）、23％を債券（1～10年債）、66％を株式とするモデルを提示している。これは、本来の資産配分を株式60％：債券40％とする前提に立ち、現金準備資産を10％もつことによる機会損失を相殺するために株式比率を66％に上げるという考えによるものである。

以上のEvensky氏の「目的・期間別に資産を分割して管理する方法」を支持する向きは多

い。たとえば、アメリカ・モーニングスター社のコラムニスト Christine Benz 氏は、同社のウェブサイト上で、Evensky 氏の考え方を取り入れ、これに若干の修正を加えた案を提示している。たとえば、取崩し期間・リスク許容度別に、①取崩し期間25年以上の場合で株式比率を50％とする積極ポートフォリオ（注17）、②取崩し期間20年の場合で株式比率40％の中庸ポートフォリオ（注18）、③取崩し期間15年の場合で株式比率25％の保守的ポートフォリオ（注19）の３つのポートフォリオを提示し、分析結果などを掲載している。

③　ダイナミック（動的）に資産配分を変更する方法

(2)⑤で触れたJ・P・モルガン・アセット・マネジメントのレポートは、５つの要素のデータを定期的に入れ直して、引出し率とともに資産配分も定期的に見直す動的モデルを提案している。種々のケースについて提示している最適資産配分比率の範囲をみると、債券の配分比率が０～62％（言い換えれば株式が38～１００％）となっている。

なお、こうした定量モデルを使う以外にも、個人資産を預かるファイナンシャル・プランナーや投資顧問会社が、各顧客の資産や収支状態、ニーズの変化などに応じ顧客資産のポートフォリオを適宜変更することは当然行われていると考えられる。

(4) アメリカにおける退職後の運用・引出しのための専用商品

以上、述べてきた資産引出しと資産運用を実際に行うには、証券の売買発注その他の手続のほか、ポートフォリオのメンテナンスも必要であり、多くの場合ファイナンシャル・プランナーなど専門家に頼らざるをえない。

そこで、一般個人向けに資産運用と引出し（換金手続や預金口座への入金）を一括提供する商品が生まれている。

代表例は「バンガード・マネージド・ペイアウト・ファンド」である。これは基本的には(2)②で述べた「毎年の資産残高の一定率を引き出す」タイプであるが、引出し額の変動を和らげるため、ファンドの一時点の時価を基準とするのではなく「過去3年間の平均時価に当年初の保有口数を乗じた額（基準資産額）」の4％」を年間支払額とし、その12分の1の金額を毎月支払うとしている。ファンドに満期はなく、各年初の資産残高の4％を支払うだけであるので、資産は消滅しない（当然のことであるが、ファンドの年平均パフォーマンスが4％を超えれば資産は増えていく）。

(5) 日本でこそ充実が必要な「退職後の効率的な資産運用と引出しの支援」

以上、アメリカにおける退職者向けの資産引出し・資産運用についての考え方について述べてきた。こうした研究および退職者向けサポートは日本においてこそ充実する必要があるのではないだろうか。なぜなら、退職後の資産運用・引出しを効率的に行う必要性は日本のほうが高いと考えられるからである。

① 長生きリスク、インフレリスクへの対応の必要性が高い

(1)で取り上げた退職後の資産管理にあたって留意すべき事項（長生きリスク、インフレリスクへの対応）については、日本こそ必要度が高い。

まず、長生きリスクは長寿大国日本のほうが大きい。たとえば、65歳における平均余命は男性がアメリカ18・0年に対し日本は19・6年、女性はアメリカ20・6年に対し日本は24・4年である（日本は2017年、アメリカは2015年現在）（注20）。世帯主が男性の夫婦世帯における資産取崩しにあたっては、夫の死後に残される妻の生活を考慮し、妻の平均余命を前提とする必要があるから、日本とアメリカの長生きリスクの差は約4年ある。

インフレリスクについても、日本では長く続いたデフレの影響で問題意識が低いが、これからは緩やかなインフレ経済への転換が想定されている。加えて、アメリカの公的年金は物価スライドが維持されているのに対し、日本の国民年金・厚生年金は、2004年のマクロ経済スライド制の導入により、年金の物価スライド率を消費者物価上昇率より低く抑える（実質給付額を下げる）ことになっている。このように日本の高齢者収入の7割近くを占める公的年金（後述）のイ

図表10－21　日本とアメリカの高齢者世帯の収入源の比較

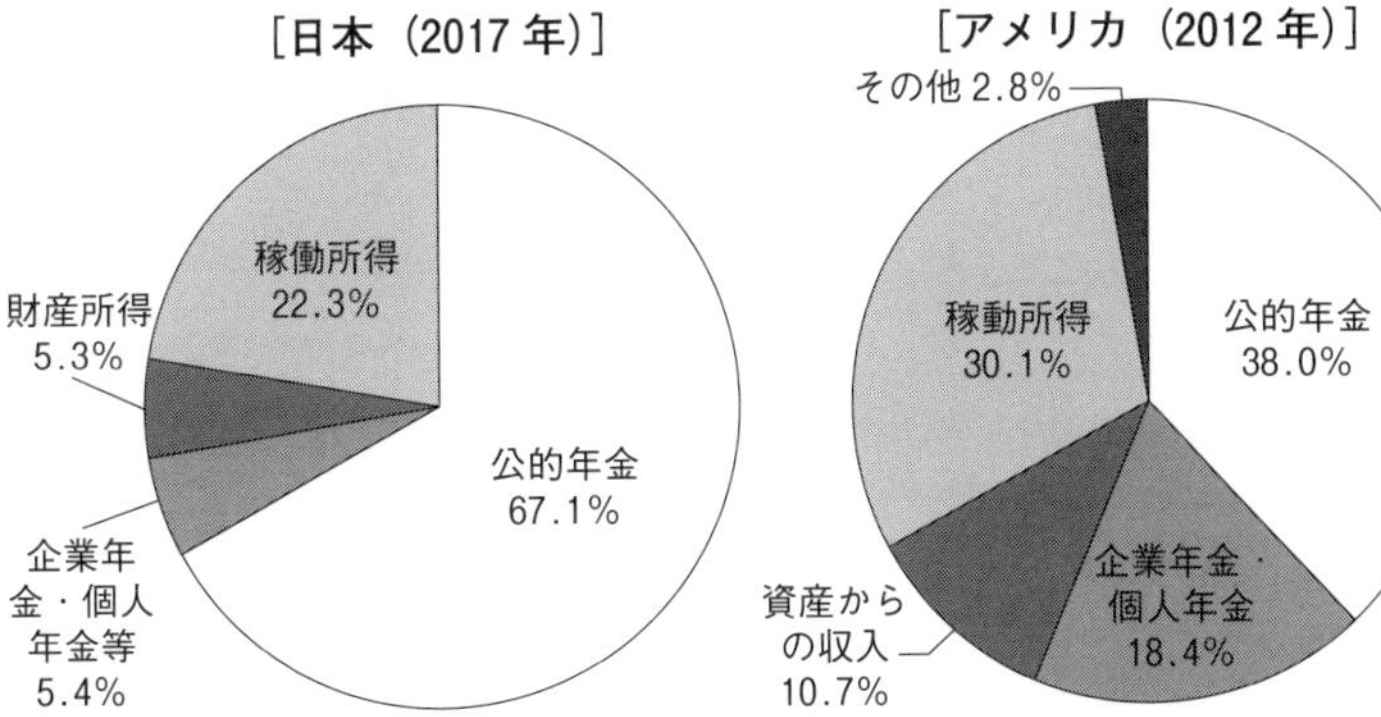

（注）　公的年金には恩給等を含む。
（出所）　日本は厚生労働省「国民生活基礎調査」（2017年）、アメリカは Employee Benfit Research Institute 推計（2014年7月）

ンフレ追随度が低いことは、退職後の資産運用にあたってインフレに配慮する必要性が高いことを意味する。

②　資産収入が少ない日本の高齢者

高齢者（65歳以上）世帯の収入源について、入手可能な直近データに基づき日本とアメリカの比較をすると、図表10－21のとおりである。

この図からは、①日本の高齢者は公的年金への依存度が67・1％とアメリカの38・0％に比べ著しく高く、反対に企業年金・個人年金など私的年金収入の割合は5・4％とアメリカの18・4％の3分の1以下、②財産所得（資産収入）の割合は5・3％とアメリカの10・7％の半分にとどまっていることを指摘できる。

①に関しては、日本の公的年金の維持基盤がアメリカより弱いことを併せ考えると、本章4(3)で

述べたとおり、日本において確定拠出年金など私的年金の充実が喫緊の課題であることをあらためて認識させられる。

そして、②は本章5(3)で取り上げている退職後の資産運用にかかわる問題である。日本の高齢者の収入に占める資産収入の割合が小さいことは、運用効率が低いことに起因しよう。日本の個人金融資産が預貯金に偏っていて運用効率が悪いことは周知のとおりである。高齢者といえども、退職後の資産運用期間が以前より長期化していること、金利が低下していることを考慮すると、ある程度リスク資産を保有してリターンの向上を図る必要があろう。

そして、退職後の資産運用の効率を高めることは、高齢者の所得確保に資するだけでなく、日本の個人金融資産全体の運用効率の底上げにもつながることが期待される。

ちなみに、アメリカでは、個人の金融資産配分を考えるにあたって「100から自分の年齢を差し引いた数字（%）を株式への投資配分比率のメドと考えればよい」ということがよくいわれる。40歳なら（100－40=60）で60%、50歳なら（100－50=50）で50%を株式にするという方法である。ライフサイクル投資理論に基づく考え方であり、この公式でいくと、60歳でも40%、70歳でも30%の株式を保有することになる。また、(3)③で述べたアメリカにおける退職後の資産運用についてのさまざまな考え方やシミュレーションにおいても、株式投資比率を「50～75%（Bengen氏）」「60%（Evensky氏）」など50%以上に設定しているケースが多い。

③ 今後の対応

前述したように日本では現役世代対象の「資産形成」については確定拠出年金・NISAなどの制度や対応商品が整備されてきたが、「退職後の資産管理」に関しては、方法論の研究や商品・サービスの発達が遅れていた。

しかし、2016年頃から急速に対応が進み始めた。保険会社がトンチン年金（注21）的な年金保険を発売した（筆者は、個人的にはインフレに対応でき保険料の安い「変額・長期据置型トンチン年金」の出現を待っている）ほか、2018年に投資信託委託会社が、退職者向けに年3％程度のリターンを目指すファンドを発足させた。

また、金融庁も高齢社会における金融サービスを重視する方針を打ち出している。すなわち、2017年11月発表の金融行政方針のなかに「我が国の高齢化率は世界の中でも最も高い水準となっており、退職世代等に関する取組みが重要な課題であることから、退職世代の金融資産の運用・取崩しをどのように行い、幸せな老後につなげていくか、金融業はどのような貢献ができるのかについて、外部有識者の知見を活用しながら、検討を進める」ことを盛り込んだ。

この方針をふまえ、「高齢化が進行する現状や退職世代等を取り巻く状況、退職世代等が抱える課題等について、学識経験者、シンクタンク、金融機関、業界団体等へのヒアリング等も行いながら、金融庁が整理・分析を進めた結果」を、2018年7月に「高齢社会における金融サービスのあり方（中間的なとりまとめ）」として公表した。そして「今後各方面と議論をしながら、さらに検討を深めていく」としている。

退職後の資産運用は、一般的な退職金支給年齢である60歳前後に本格化する。２０１７年10月現在で日本の60代人口は１７７３万人、今後10年間に60代になる50代人口は１５７５万人に達する。退職後の資産運用・引出し支援に対する潜在需要は大きい。そして、その需要に対応するため、柔軟な商品設計が可能で多様なニーズに対応できる投資信託を活用する可能性は大きいと考えられる。

なお、４で述べた「退職準備積立」と、５「退職後の資産運用」は本来断層があるものではない。両者をつなぐ一貫した制度・商品・サービスの開発もこれからの課題であろう。

（注１）アメリカの投資銀行リーマンブラザーズの破綻をきっかけとする、世界金融危機に伴う株価急落を指す。

（注２）アメリカは原則として外国投資信託の公募を禁止しており、外国業者がアメリカで自社ファンドを販売したいのであれば、アメリカ法に基づくファンドをアメリカ国内に設立して販売すればよいではないかというスタンスをとっている。

（注３）三菱ＵＦＪ国際投信 松尾健治・窪田真美「投信調査コラム」日本版ＩＳＡの道、その２１２「世界の投資信託コスト（販売手数料・信託報酬）を２０１７年12月まで12年間にわたり長期国際比較」２０１８年１月29日。

（注４） McKinsey Global Institute “Diminishing Returns: Why investors may need to lower their expectations” May 2016.

（注５） Europe Economics “Retail Distribution Review Post Implementation Review 16 December 2014”, p37.

（注６） Matthew Fink “*The Rise of Mutual Funds*” Oxford University Press, 2011, p7, 76, 144, 277.

（注７） “Retirement: Americans think 61 is the ideal age to stop working”, USA Today, published 12:01 a.m.ET, July18, 2018. https://www.usatoday.com/story/money/2018/07/18/retirement-whats-ideal-age-stop-working/788987002/

（注８） ただし、企業型年金加入者が個人型年金にも加入するには、企業型年金規約に個人型年金に同時加入可能である旨が定められている必要性がある。

（注９） イギリスの年金改革については、日本証券経済研究所ウェブサイトの出版物・研究成果等→トピックス欄掲載の「「自動加入方式」を採用する英国の新個人年金制度―行動経済学を取り入れた改革―」杉田浩治（２０１０年１月掲載）を参照いただきたい。

（注10） 国連“*World Population Prospects: The 2017 Revision, Volume I: Comprehensive Tables*”より筆者計算。

（注11） Harold Evensky “Withdrawals Strategies; a Cash Flow Solution” *Retirement Income Redesigned*, Bloomberg Press 2006, p187および Robert P. Kreitler “Tools and Pools: Strategies for Increasing Retirement Cash Flow”, *Retirement Income Redesigned*, Bloomberg Press, 2006, p245.

（注12） William Bengen “Determining Withdrawal Rates Using Historical Data”, *Journal of Financial Planning*, October 1994, p171-180.

（注13） 「金融ジェロントロジーにおける資産運用に関する調査」結果について（野村アセットマネジ

メント／野村資本市場研究所）２０１８年1月26日。
（注14） J. P. Morgan Asset Management "Breaking the 4% rule, Dynamically adapting asset allocation and withdrawal rates to make the most of retirement assets". https://www.jpmorganfunds.com/blobcontent/13/504/1323375360677_RI-DYNAMIC.pdf
（注15） Philip L. Cooley, Carl M. Hubbard and Daniel T. Walz "Retirement Savings: Choosing a Withdrawal Rate That Is Sustainable", *AAII Journal, February 1998.*
（注16） Harold R. Evensky "Retirement Income Redesigned; Master Plans for Distribution" *CFA Institute Conference Proceedings Quarterly,* September 2008, p64-74.
（注17） "An aggressive Retirement Portfolio in 3 Buckets". http://news.morningstar.com/articlenet/article.aspx?id=635019
（注18） "A Moderate Mutual Fund Portfolio in 3 Buckets". http://news.morningstar.com/articlenet/article.aspx?id=635827
（注19） "A conservative Retirement Portfolio in 3 Buckets". http://news.morningstar.com/articlenet/article.aspx?id=638252
（注20） 日本は厚生労働省・平成29年簡易生命表、アメリカは保険福祉省 "National Vital Statistics Reports, Volume 66, Number 6" Nov. 27, 2017.
（注21） 加入者が死亡した場合の死亡返戻金や解約返戻金の支払を抑え、その原資を生きている加入者に配分するため、加入者は長生きすれば多くの年金を受け取れる仕組みの商品。17世紀のイタリアの銀行家ロレンツォ・トンティ氏が考案したといわれる。

あとがき

筆者は投資信託が好きである。

「共同投資により分散投資と専門家運用を可能とする」という合理的仕組みが好きである。アメリカのベビーブーマーも、この合理性を評価して投資信託を買っていると聞いた。

しかし仕組みは良くても、その運営が悪ければ評価されない。日本の投資信託については販売面を中心にたしかに問題があった。しかし、その根源は日本の異常なマーケット（証券市況）にあったと筆者は考え、アメリカとの違いを第10章で繰り返し述べた。

よくアメリカの投資信託がお手本としてあげられるが、最近、筆者は「見倣うべきはアメリカの資本市場ではないか」と考えるようになった（アメリカの株式市場は株主資本主義がきちんと機能し、債券市場も社債等の残高が大きいなど厚みがある）。

日本で「確定拠出（DC）年金が発達すれば投資信託は伸びる」という議論があるが、投資信託のリターンが悪ければDC資金は投資信託に向かわない。アメリカでも1990年代初頭には職域型DC年金資産のうち投資信託で運用されている割合は1割台にすぎなかった（第6章図表6－5）。その後、株価の上昇が続いて投資家が「株式の長期リターンに対する確信を深めた」からこそ株式投資信託への投資が増えたのである。その株価上昇を可能にしたのは企業の成長であることはいうまでもない。言い換えれば、退職準備資産など国民の富を増やす源泉は企業であり、企業および証券市場への信頼が国民の投資意欲を高め、ひいては資産運用業・投資信託の拡大につながるのだ。

話は変わるが、「早く死にすぎて困らぬために保険があり、長生きして困らぬために投信がある」という一文がある。1961年に野村證券調査部が発行した『成長経済下の投資信託』のむすびのなかにあり、60年近くも前に書かれたものだが、投信の果たすべき機能を言い当てている。

筆者がこれを「月刊資本市場」2018年3月号の掲載原稿のなかで引用したところ、ある資産運用業界の重鎮から「残念ながら投資信託は期待された機能を果たしてこなかったねー」と厳しいご指摘をいただいた。日本の投資家が長期投資の成功体験を積めず、投資信託が「長生きして困らぬために」活用されてこなかったことは事実だ。また、「長期安定資金の導入」など数十年前から言い古されてきた投資信託の課題も、改善の兆しをみせては挫折を繰り返してきた。

その根因についても証券市場要因を指摘せざるをえない。しかし、日本の株価は失われた20年を経て（20年は長かった）、ようやく企業業績、企業の株式価値を反映して動くようになった。そして何よりも、上場会社の企業価値を高めるための施策（企業のコーポレートガバナンス・コード、機関投資家のスチュワードシップ・コード）も充実・奏功しつつある。この動きは過去にはなかったものであり、「今度は違う」と筆者は期待している。

人生100年時代を迎え、「退職に備える長期的資産形成」に加えて「退職後の効率的資産運用」も重要になっている。そうしたニーズに応えるために柔軟な商品設計が可能な投資信託が果たせる役割はますます大きくなっているといえよう。高齢化で世界の先頭を走る日本においてこそ、投資信託が多くの人に活用されることを願ってやまない。

【ヘ】

【ホ】

【マ】

【ミ】

【メ】

【ヒ】

【フ】

【ナ】

【ニ】

【ネ】

【ノ】

【ハ】

【ツ】

【テ】

【ト】

【シ】

【ク】

【ケ】

【コ】

【サ】

【キ】

事項索引

■ 著者略歴 ■

杉田　浩治（すぎた　こうじ）

日本証券経済研究所特任リサーチ・フェロー。早稲田大学ビジネス・ファイナンス研究センター「ファンドマネジメント講座」講師、投資信託協会「資産運用業に係る海外動向等の調査部会」委員を兼務。

日本証券アナリスト協会検定会員。

野村證券投資信託委託（現・野村アセットマネジメント）企画部長・NY 駐在員事務所長などを経て、2006年より日本証券経済研究所に勤務。2014年７月～2018年３月投資信託協会主任研究員。

著書に『投資信託の法務と実務』（共著、金融財政事情研究会、2002年）、『プロフェッショナル投資信託実務』（共著、経済法令研究会、2000～2018年）、『投資信託の制度・実態の国際比較』（単著、日本証券経済研究所、2018年）などがある。その他論文・レポート（日本証券経済研究所ウエブサイト「出版物・研究成果等→トピックス」欄に掲載など）多数。

投資信託の世界

2019年1月11日　第1刷発行

著　者　杉　田　浩　治
発行者　倉　田　　　勲

〒160-8520　東京都新宿区南元町19
発　行　所　一般社団法人 金融財政事情研究会
企画・制作・販売　株式会社 き　ん　ざ　い
出 版 部　TEL 03(3355)2251　FAX 03(3357)7416
販売受付　TEL 03(3358)2891　FAX 03(3358)0037
URL https://www.kinzai.jp/

校正：株式会社友人社／印刷：奥村印刷株式会社

ISBN978-4-322-13429-2